鬼谷子

靈活應變處世學

（戰國）鬼谷子◎著

鬼谷子其人其書

相傳，鬼谷子先生從其師父手中繼承了竹簡一卷，此乃師父仙逝時留給他的真傳。簡上書名「天書」二字，打開看卻並無一字。在松明火的映照下，竹簡上竟閃出道道金光，一行行蝌蚪文閃閃發光。鬼谷子一口氣讀下來，從頭到尾背之成誦。原來書中記錄的是一種思想：盡講捭闔、反應、內揵、抵巇、飛箝、度量、揣摩之術，共十四篇。也即是傳說中的《無字天書》。

曠世奇人「鬼谷子」

鬼谷子何許人也？或許我們可以從《東周列國志》的作者明代著名小說家馮夢龍的結論中作一了解：「其人通天徹地，有幾家學問：一曰數學，日星象緯，在其掌中，占往察來，言無不驗；二曰兵學，六韜三略，變化無窮，布陣行兵，鬼神莫測；三曰遊學，廣記多聞，明理審勢，出詞吐辯，萬口莫當；四曰出世學，修真養性，服食引導，卻病延年，衝突可俟。」

在中國歷史上很少有人能像鬼谷子一樣具有濃重的神祕色彩而又極具爭議。他是什麼時候的人？為什麼會用這樣一個怪異的稱謂？他的真名、居住地到底在什麼地方？《鬼谷子》究竟是不是他所著？為什麼會有那麼多人研究他的思想？他的思想之廣博，思維之縝密，為後世諸多學派所用，

那麼他究竟應該屬於哪個流派？……史書上真正關於他本人的記載只有《太平廣記》和《史記》上區區50多字的介紹；而關於他的傳說，在野史和民間傳說中卻語之甚多。近年來研究鬼谷子的學者越來越多，專著也非常多。他究竟是個什麼樣的人也就成為大家關注的主要問題之一。

鬼谷子生活的時代

鬼谷子作為傳說中人物，歷史上對其身世的爭議頗多。

據《錄異記》記載，鬼谷子「自軒轅之代，歷於商周，隨老君西化流沙，泊周末復還中國，居漢濱鬼谷山」。按照他的意思鬼谷子在西元前二千多年前就生活在黃帝時代，直至周朝末年的西元前四世紀，壽命達千年之久。

漢代應劭在《風俗演義》裏說：「鬼谷先生，六國時縱橫家。」六國時跨幾百年，那麼鬼谷子的具體生活年代從這裏面也無法確切得出。

宋代的《太平廣記》則說他是晉平公時代的人，壽命是數百歲，晉平公在位是西元前557～前532，所以鬼谷子是生活在中國春秋時期。

而司馬遷《史記》又說：蘇秦「東師事於齊，而習之於鬼谷先生」，張儀「嘗與蘇秦俱事鬼谷先生學術，蘇秦自以不及張儀」，那麼鬼谷子是蘇秦、張儀的老師，蘇秦死於西元前317年，張儀死於西元前309年，鬼谷子應該是和他們同時代且稍早於他們，傳說中鬼谷子還是龐涓和孫臏的老師，龐涓卒於西元前341年，孫臏卒於西元前310年，這與《史記》中所說相距不遠，這種說法認為鬼谷子生活在戰國時代。

還有傳說鬼谷子是秦始皇時期的人，南北朝時期梁武帝在《金樓子》中提到：「秦始皇聞鬼谷先生言，因遣徐福入海求金菜玉蔬」，據此有人認為鬼谷子生活在西元前二世紀的秦始皇時期。

　　又據《琴纂》載漢朝蔡邕曾入清溪谷訪鬼谷先生，那麼鬼谷子先生又成為西漢時期的人物。

　　從一些史料記載分析來看，鬼谷子確有其人。但其生活年代則眾說紛紜，有的認為是神仙，跨越時空距離的；有的認為是黃帝時代的；有的認為鬼谷子不是一個人，而是眾多隱者的通稱；而生活在戰國時代是相對比較可信的說法。其最主要的根據就是《史記》，此書是公認的比較可靠的史料，司馬遷在寫《史記》時是有文獻依據的。從《鬼谷子》一書的內容也可以大致推斷出其生活年代是戰國時期，當時說客之多是中國古代史是最為密集的時代，《鬼谷子》主要也就是論述遊說的方法的技巧。

鬼谷子的稱謂由來

　　鬼，有兩個含義，一個意思是人死之後，靈魂不滅，變為另一種狀態存在，即「鬼」；另一個意思是在中國古代通「詭」，辯論、狡詐。鬼谷子這個稱謂的來由，據鬼谷子研究者認為有以下一些觀點：

　　一是由居住地名而來。鬼谷是地名，子則是中國古代對賢人的尊稱，鬼谷子即為居住在鬼谷的賢者。鬼谷子並非其真實名字，而只是人們對他的尊稱。世傳鬼谷先生所居之地有青溪，也叫做清溪；又有鬼谷，也叫鬼谷墟。傳說鬼谷子

有名字為王詡、王蟬、王利、王栩，因不願入仕，過著隱居生活而自號鬼谷子。這一地名究竟在何處，說法很多。有的說是在古穎川陽城（今河南登封縣東南鄂嶺），有的說是古扶風池陽（今陝西三原縣西北），有的說是荊州臨沮（今湖北當陽），還有的說是山西運城、浙江寧波、湖北安遠、湖南大庸、陝西韓城等等諸多地方，甚至在新疆哈密也有地名為鬼谷。

按照民間傳說來看，《鬼谷子》的作者鬼谷先生是春秋戰國時期楚國人，相傳祖籍朝歌（今河南淇縣）城南，一生中曾遊歷全國各地，也許上述的所有號稱為「鬼谷」的地方是其所經歷之地，後在雲夢山（朝歌城西15公里）水簾洞隱居講學，創建中國古代第一座軍事學校——「戰國軍庠」。培養出蘇泰、張儀、孫臏、龐涓、毛遂等著名的政治家、軍事家。

二是由鬼所生，故名鬼谷子。據河南淇縣與河北臨漳等地民間傳說，鬼谷子的母親是趙家之女，親生父親是周家之子，養父姓王。原來周趙兩家是鄰居，周家是軍隊駐地方長官，趙家在當地經商，相交甚厚，二人從小青梅竹馬、兩小無猜。趙家看周家門當戶對，主動向對方提親，雙方訂立婚約。後周家父母相繼去世，家境敗落，趙家遂撕毀婚約。周子看到娶趙女為妻已經無望，傷心加上氣惱，不久去世。趙家之女聞聽此事，到亡夫墳前，悲哭不止，哭昏過去。恍惚之中，夢見丈夫讓其吃墳前一株穀子，她醒來後看到身邊確有一株稻穀與其他穀子不同，一把抓起生吃了下去。以後就懷孕，生一男孩。趙女因鬼生穀，因穀生子，所以給這孩子

起乳名為鬼谷子。恰逢有王家剛生子即夭折，就收留了母子二人，並給孩子取名王栩。

三是歸谷。因為在古代「歸」與「鬼」音同義通。「人所歸為鬼」。

四是鬼谷子並無其人。他是蘇秦為了讓人信服，增加神祕感而杜撰出來的人物。有學者認為歷史上根本就沒有鬼谷子其人，鬼谷子只是蘇秦的借名。蘇秦年輕時在秦國遊說失敗，回家後發奮研讀《陰符》一書，一年後大徹大悟。他再三揣摩說服君王的技巧，後編寫成書。為了使其具有神祕性，故意托為鬼谷子所寫並題名為《鬼谷子》，因此實際上蘇秦就是鬼谷子。

還有一種看法，認為鬼谷子並非一個人的名字而是鬼谷學派中傑出者的統稱。這是鬼谷子出現在橫跨歷史從黃帝時代直至漢代二千多年最合理的解釋。這種觀點認為鬼谷並非一人專用，而是眾多隱者高人的通用名字。

鬼谷子的派別

傳說鬼谷子精通數學星緯、兵學韜略、遊學勢理、養性捨身及縱橫術，那麼他究竟應該劃為哪家？

在風起雲湧、天崩地坼的春秋戰國時期，諸子百家眾說紛紜，士人卿客各說其主，百家爭鳴，儒家、法家、道家、墨家、兵家、陰陽家、縱橫家、農家、名家、雜家等等流派紛呈，爭先輝映，紛紛尋求機會登上政治舞臺，積極推銷自己的策略、主張，中國人的政治智慧發揮到了極致。

縱橫家之說：縱橫家是指從事外交遊說活動的謀略家，

「縱者，合眾弱以攻一強也；橫者，事一強以攻眾弱也。」他們朝秦暮楚，事無定主，反覆無常，設計劃謀多從主觀的政治要求出發。

史書記載多說鬼谷子是縱橫家，因《鬼谷子》一書十四篇以「捭闔」開篇，以縱橫之術為總起，多角度、多層次地詳盡闡述了言談技巧及遊說者自身的修養，體現了縱橫家的總體風貌，書中對遊說進行了全面的經驗總結，並上升到了理論高度。

在《史記》中記載他是著名縱橫家蘇秦、張儀的老師，縱橫家的謀略、遊說技巧皆出於他所撰寫的《鬼谷子》；《隋書》是最早將《鬼谷子》錄入正式典籍的史書，該書中將《鬼谷子》著錄三卷，並列於縱橫家之下。在後人對他思想的研究中，縱橫家對鬼谷子學說的繼承和發展貢獻也是最多，從這些角度來看，將鬼谷子列為縱橫家是理所當然。

兵家之說：兵家是春秋戰國「百家」中的一個重要學派，以研究作戰、用兵為其主要宗旨。兵家著作分為四類：兵權謀類——側重於軍事思想、戰略策略；兵形勢類——專論用兵之形勢；兵陰陽類——以陰陽五行論兵，且雜以鬼神助戰之說；兵技巧類——以兵器和技巧為主要內容。鬼谷子的思想中諸如鉤語、不爭不費與兵家的「以靜觀動」、「上兵伐謀」相類似，出奇制勝、欲擒故縱則如出一轍。

傳說中鬼谷子是戰國時期軍事家孫臏與龐涓的老師，所以很多學者把鬼谷子學說當作兵家學說。《尚友錄》中記載「孫臏與龐涓俱學兵法於鬼谷」，而孫臏則是中國兵家鼻祖，正是由於鬼谷子將一部天書傳給孫臏，孫臏才得以在軍旅生

涯中屢戰屢勝，留下諸如田忌賽馬、圍魏救趙、桂陵之戰、減灶惑敵、馬陵之戰等等著名戰例。實際上，《鬼谷子》從其內容上來看並不能算是軍事著作，其主要內容主要是遊說活動而言。但是其中的思想與策略也為歷代兵家重視，並運用於軍事關係的處理上，而且軍事本身就與縱橫術密切相關，所以將其劃為兵家也自然有其道理。

陰陽家之說：陰陽家是以陰陽五行學說和數術為基礎形成的學派，講究天時地利人和、星占風水命運，其代表人物為鄒衍。

傳說鬼谷子很懂得星相學，觀天文察地理看人相，被稱為星命經典的《命書》就題為「周代鬼谷子撰」。《鬼谷子》一書長於揣摩，精於說服，其中的捭闔、反應、飛箝、揣情、摩意諸法都是揣摩人心、分析人事、推測未來的方法，陰陽家們也把這些當作自家的學說，從事相面推命活動。關於鬼谷子算命的傳說在民間甚多，而且也一直被陰陽星命先生敬奉為先師，這也是確實存在的實際情況。

道家之說：鬼谷子的思想中，道家思想是其基調，著重吸收了道家道為萬物本源的思想，如講述相反相成中「將欲歙之，必固張之；將欲廢之，必固興之；將欲奪之，必固予之」、「欲聞其聲，反默；欲張，反歙；欲取，反與。」都與道家強調的事物的對比轉化相似。

傳說仙道家茅濛、徐福及計然都是鬼谷先生的學生，鬼谷子向他們分別傳授長生術、經商術、占卜術等。《錄異記》中說「鬼谷先生者，古之真仙也。」傳說鬼谷先生懂得仙術，修身養性，懂得醫道。鬼谷子的學說在道家中也頗有市

場，中國的道家是非常有意思的一種學派，兼容並包，無論是什麼人都有可能被納入其神仙譜系，鬼谷子也不能例外。這可能與《鬼谷子》最初注解者——陶弘景有關，陶是南朝時期有名的道家高人。《本經》、《持樞》、《中經》可能就是陶在注解時附會進去的，因為其與另十二篇風格不一。鬼谷子學問淵博，但其生性澹泊，樸而不露，與道家的超脫塵世思想相合，這也許正是鬼谷子在史書中鮮有所提的原因。

　　在民間更傳說他還是靴鞋業、眼鏡業的祖師，但這些都無從考證了。

　　無論他屬於哪個流派，他是一個成功的教師是無庸置疑的。儘管他本人並沒有直接從事政治、軍事活動，但其學生或者說是傳說中的學生蘇秦、張儀、龐涓、孫臏、茅濛、徐福卻都是中國歷史上不可或缺的人物，這也從另一個側面說明了鬼谷子的價值。

曠世奇書──《鬼谷子》

　　《鬼谷子》一書也像其作者一樣充滿了神祕色彩。作者是不是就是傳說中的鬼谷子？這本書究竟是什麼時候出現的？該書表達的主要思想是什麼？其應用範圍之廣的原因是什麼？歷史上對此書的評價褒貶懸殊，其道理何在？

關於該書的作者及成書年代

　　據現代研究鬼谷子的專家考察認為其作者的爭論主要有三種說法：一是說戰國時期鬼谷子所撰；一是說蘇秦所撰；還有一種說法是六朝時某好事者偽作。

一般來講，人們都認為鬼谷先生是作者，書以其名命名，主要根據是《隋書》著錄。《鬼谷子》一書在《漢書‧藝文志》並沒有被收錄，始見於《隋書‧經籍志》。

二是上文提到的蘇秦是作者。《史記‧正義》中提及「秦欲神祕其道，故假名鬼谷。」但新的考古發現斷定在蘇秦成名以前已經有了初步的《鬼谷子》一類的著作。

三是六朝時某好事者所著。認為此書是後出之書，清代姚際恒在《古今偽書考》中認為此書第一次錄入是在《隋書》並由此斷定：《鬼谷子》是出於六朝時某好事者之手，是一部托古偽作。這種觀點也經不住推敲，《鬼谷子》雖然沒有編入《漢書》，但在西漢劉向所編的《說苑》中曾經提到過「鬼谷子曰」。《史記》也提到了蘇秦、張儀曾就學於鬼谷子，此外漢代的楊雄、王充也提到過鬼谷子與蘇秦張儀的師生關係。春秋戰國時，諸子百家的創始人的學說多由其弟子記述整理而成，因此其所著的時代肯定不是六朝時期。

最後有學者就根據這些推斷出此書應該是奠基於戰國時某隱士，經蘇代、張儀一類縱橫家的豐富充實，成熟於蘇秦時代，因其密傳，所以不見於世，直至陶弘景時才為大眾所閱讀。

該書的歷史地位

《鬼谷子》一書產生於戰國中期，是一部集縱橫家、兵家、道家、仙家、陰陽家等思想於一體的政治理論著作。

《鬼谷子》認為，一個成功的謀臣策士在遊說之前必須「定計」，「定計」前必須「知情」。「知情」的要旨在於掌

握對方的隱情，包括諸侯國的政治、經濟、軍事、外交以及諸侯間的關係、民心的向背和政治家本人的心性、能力、品質、憎惡喜怒等。根據這些情況制定謀略計策，並依內外因素的變化修正自己的決策，然後加以實施。應該說，這是為謀臣策士們實施遊說而提供的一套行之有效的方法和技巧。

在世事變化無常、人際關係微妙的戰國時代，鬼谷子還提出了遊士們應該遵循的處世原則、交友技巧，以及勾心鬥角的方法和手段，並特別強調了君主應該如何制臣、如何治民，臣子應該如何取寵、如何制君。從這個意義上說，《鬼谷子》是一部講述如何處理好組織中各種人際關係的「世俗之書。」

在諸子蜂起、百家爭鳴、你中有我、我中有你的先秦時代，《鬼谷子》無疑吸收和發展了老子和陰陽家的思想。《鬼谷子》主張陰陽化生構成萬物，並從這一理論出發，認為縱橫策士可以憑藉個人智識、權術去「變動陰陽」、「以化萬物縱橫」，促使事物朝有利的一方轉化。這一重視個人才智和權術的思想，與老子和陰陽家相比，無疑更是具有人文色彩。

《鬼谷子》問世後，歷代注家不斷。陶弘景、皇甫謐、樂壹和尹知章四家注最為有名。《鬼谷子》那充滿智慧和權變謀略的法術也成為歷代乃至各國政治權謀家的座上客。二戰期間，日本特務頭子土肥原賢治把它列為情報人員必讀書。德國史學家和社會政治家史賓格勒高度評價《鬼谷子》的智謀，並強調它在當今國際鬥爭中的借鑑意義。美國前國務卿季辛吉高度稱揚史賓格勒的觀點，並認為自己受益匪

淺。而日本著名企業家大橋武夫則在他的《鬼谷子與經營謀略》中，挖掘《鬼谷子》在經濟活動、商業談判中的經營謀略，此書在德國、美國及東南亞均有廣泛影響。

　　然而，《鬼谷子》的最為直接的影響是培養了在戰國紛爭的舞臺上扮演了重要角色的蘇秦、張儀、龐涓等。在戰國中後期「橫成則秦帝，縱合則楚王」的關鍵時刻，蘇秦、張儀這一對師出同源的同窗，運用《鬼谷子》的權變之術和雄辯才略，攻訐對方，揚己之長，揭人之短。以趙為主、主張合縱的蘇秦與以秦為主、主張連橫的張儀展開了遊說六國的唇槍舌戰，他們針對不同的對象，順其心意，指存利害，曉之以理，動之以情，遊說諸侯，縱橫捭闔，以「一人之辯，重以九鼎之寶；三寸之舌，強於百萬之師」，體現了生命的力量和存在的價值，在紛爭的戰國舞臺上上演了一幕幕扣人心弦的歷史正劇，成為當時轟動一時、舉足輕重的風雲際會的人物。

褒貶不一的原因

　　從此書傳播開後，關於這本書的爭論就一直沒有停止過。有人認為這是一本經世之作：「其智謀，其變譎，其辭談，蓋出於戰國諸人之表。夫一闔一闢，易之神也。一翕一張，老氏之幾也」；有人則認為是此書過於功利：「捭闔、鉤箝、揣摩等術，皆小夫蛇鼠之智，家用之則家亡，國用之則國僨，天下用之則失天下」。

　　《鬼谷子》一書基本上講述的是政治謀略及技巧，諸如「捭闔術」、「應變術」、「揣摩術」、「抵巇術」、「飛箝術」

等等各種遊說技巧都是建立在實現說客目的的基礎之上。其觀點表明只要能夠達到自己的目的，可以運用各種各樣的方法手段去說服別人。這種功利主義明顯的思想與傳統儒家的「仁義禮智信」相衝突，因此受到了很大的攻擊，這也正是歷史上對此評價差異很大的最主要的原因。在經過秦始皇時期的「焚書坑儒」和西漢董仲舒提出「罷黜百家，獨尊儒術」之後，儒家文化成為中國古代的主流文化，其他學派則日漸衰微。因此鬼谷子謀略也受到了很大挑戰，《鬼谷子》一書的研究也遇到很大的阻力和障礙。

《鬼谷子》的主要內容

《鬼谷子》共包括十四篇。第一篇《捭闔》，是全書的總綱，是縱橫學說的主要理論依據。《反應》、《內揵》、《抵巇》、《飛箝》、《忤合》是讓謀臣策士對組織進行分析，著重從外部環境著手進行。《揣》、《摩》、《權》、《謀》、《決》則是按照事物發展的邏輯思路，講述說服對方各個過程中所需要運用的策略。最後一篇《符言》是作為國君或者利於上位的統治者言行修養的標準，也是對前面十一章的總結，即無論是遊說也好、謀略也好、權術也好，目的就是讓對方達到這樣一個標準。

「捭闔術」講了通過開放和閉藏兩種狀態的適當變化和控制，來探測對方的心理和說服對方，還可以通過適當排斥對方的談話，當對方完全敞開之後再加以反駁，以便探測出對方的實際情況。捭闔為應對萬物的根本，化陰陽之道為行事之方，萬事萬物在特定的時刻都有定論，或陰或陽。智者

因時因物，或順應強化（陽），或反對弱化（陰），或陰陽兼用。

「**反應術**」主要說了有意識地刺探對方情況的謀略：想要聽對方的話，反而沈默；想要敞開，反而收斂；想要升高，反而下降；想要獲取，反而給予；想要知道對方的心理的話，就要用模仿、比較的方法以便把握對方講話的實質，投石問路是洞察事物最好的方法。「聽其言，觀其行」是反應的基本技巧，要聽話外之話，看不言之言。

「**內揵術**」講了「進說辭」和「獻計謀」：如果能採用對方的意見，就可以獨來獨往（「用其意……出無間，入無朕，獨來獨往，莫之能止」）；如果能獲知對方的情況，就可以控制對方施展權術，可以堅持，也可以放開；如果想離去，就將危險留給他人，就像圓環旋轉反覆，使人不知要幹什麼。這是鬼谷子為人處世的祕訣，能夠由疏到近，由近到親，然後再進策，無事不成。

「**抵巇術**」講了對付「裂痕」的謀略：本篇闡述了萬事萬物都有「巇」，智者要善於發現漏洞，甚至要促成漏洞的出現，才會得到施展才華的機會。對於不同的漏洞，要善於分析，或採用彌補的方法，維持現有秩序，或者推倒重來，開創新的天地。

「**飛箝術**」講了說服人的謀略：使用語言誘使對手說話，然後以褒獎的手段箝住對方，使其無法收回；「鉤箝」是一種說服辭令，以忽同忽異和手法引誘對方說出與自己內心想法一致的話，如果再達不到目的就對對方進行威脅，然後再反覆試探，或者先對對方反覆試探，然後再摧毀其「防

禦」。

「忤合術」講了靈活應變的謀略：認為世間的事物沒有永遠高貴的，也沒有永遠居於權威地位的，聖人應該「無所不作」、「無所不聽」。主張「因事為制」，善於「向背」，精於「忤合」。

「揣情術」講了善於「揣度」的謀略：要在敵人高興時去刺激他們的欲望，利用其欲望來刺探實情，還要利用對手最害怕的時機，去加劇其恐懼，從而探到其實情。只有在充分權衡天下大勢的情況下才能設謀定計，只有在全面理解對方之後才能說服對方接受自己的主張，此術是權衡天下大勢和揣度對方的技巧，也是審時度勢的具體方法。

「摩意術」講了摩意的謀略：摩意是揣情的主張方法，用言語試探，然後知曉對方的內情。要像釣魚一樣「摩意」，一次次地去引誘其做出反應，耐心地等待其上鉤，在不知不覺中獲得成功。

「量權術」講了遊說的謀略：說奸佞話的人，由於會諂媚就變成忠；說奉承話的人由於會吹噓就變成智；說平庸話的人由於能果決就變成能；說憂愁話的人，由於善衡量就變成信；說平靜話的人由於慣於逆反就變成勝。論述取捨之道，當取則取，當捨則捨，取捨之前必須靜心衡量。

「謀慮術」闡述鬼谷謀的專篇，如將這一專篇與其他篇中的謀略內容加以歸納，「鬼谷謀」可分為謀政、謀兵、謀交、謀人四個方面。給人設謀要先分析事情的因由，看對方的心理特點和心理狀態，然後再試之。

「決物術」決物是萬事之先機，智者之所以能夠決斷正

確，處世成功，源於深知事理，善於變通，因人而斷，因事而斷。

　　進入二十一世紀，科學技術發展很快，世界政治、經濟、軍事、外交格局重新洗牌，與戰國時代有很大程度的相似之處，鬼谷子學說也因此具有很強的應用價值，《鬼谷子》一書中的許多思想也成為現代學者研究的熱門，如何正確的借鑒《鬼谷子》的精華，也給我們處理現實問題提供了新的思路。

目　錄

目　錄

目　錄

鬼谷子
的謀略寶典

第一篇
捭闔一

捭闔者，天地之道。「捭」與「闔」，「陰」與「陽」之間相互轉化，陽動而行，陰止而藏；陽動而出，陰隱而入。一捭一闔，一陰一陽，開到極點歸於合，合到極點歸於開，陰陽二者，循環始終。

鬼谷子

夫賢、不肖；智、愚；勇、怯；仁、義有差。乃可捭，乃可闔，乃可進，乃可退，乃可賤，乃可貴。

闔而捭之，以求其利。或開而示之，或闔而閉之。開而示之者，同其情也；闔而閉之者，異其誠也。

即欲捭之，貴周；即欲闔之，貴密。周密之貴微，而與道相追。捭之者，料其情也。闔之者，結其誠也。

原　文

粵若稽古聖人之在天地間也，為眾生之先，觀陰陽之開闔以名命物。知存亡之門戶。籌策萬類之終始，達人心之理，見變化之朕焉，而守司其門戶。故聖人之在天下也，自古及今，其道一也。變化無窮，各有所歸，或陰或陽，或柔或剛，或開或閉，或弛或張。

是故聖人一守司其門戶，審察其所先後，度權量能，校其伎巧短長。夫賢、不肖；智、愚；勇、怯；仁、義有差。乃可捭，乃可闔，乃可進，乃可退，乃可賤，乃可貴；無為以牧之。審定有無，與其虛實，隨其嗜欲以見其志意。微排其言而捭反之，以求其實，貴得其指。闔而捭之，以求其利。或開而示之，或闔而閉之。開而示之者，同其情也；闔而閉之者，異其誠也。可與不可，審明其計謀，以原其同異。離合有守，先從其志。

即欲捭之，貴周；即欲闔之，貴密。周密之貴微，而與道相追。捭之者，料其情也。闔之者，結其誠也。皆見其權衡輕重，乃為之度數，聖人因而為之慮。其不中權衡度數，聖人因而自為之慮。故捭者，或捭而出之，或捭而內之。闔者，或闔而取之，或闔而去之。捭闔者，天地之

道。捭闔者，以變動陰陽，四時開閉，以化萬物；縱橫反出、反覆反忤，必由此矣。捭闔者，道之大化，說之變也。必豫審其變化。吉凶大命繫焉。口者，心之門戶也。心者，神之主也。志意、喜欲、思慮、智謀，此皆由門戶出入。故關之以捭闔，制之以出入。捭之者，開也，言也，陽也。闔之者，閉也，默也，陰也。陰陽其和，終始其義。故言長生、安樂、富貴、尊榮、顯名、愛好、財利、得意、喜欲為「陽」，曰「始」。故言死亡、憂患、貧賤、苦辱、棄損、亡利、失意、有害、刑戮、誅罰，為「陰」，曰「終」。諸言法陽之類者，皆曰「始」；言善以始其事。諸言法陰之類者，皆曰「終」；言惡以終其謀。

　　捭闔之道，以陰陽試之。故與陽言者，依崇高。與陰言者，依卑小。以下求小，以高求大。由此言之，無所不出，無所不入，無所不可。可以說人，可以說家，可以說國，可以說天下。為小無內，為大無外；益損、去就、倍反，皆以陰陽御其事。陽動而行，陰止而藏；陽動而出，陰隱而入；陽還終陰，陰極反陽。以陽動者，德相生也。以陰靜者，形相成也。以陽求陰，苞以德也；以陰結陽，施以力也。陰陽相求，由捭闔也。此天地陰陽之道，而說人之法也。為萬事之先，是謂「圓方之門戶」。

捭之者，開也，言也，陽也。闔之者，閉也，默也，陰也。陰陽其和，終始其義。

為小無內，為大無外；益損、去就、倍反，皆以陰陽御其事。

以陰靜者，形相成也。以陽求陰，苞以德也；以陰結陽，施以力也。陰陽相求，由捭闔也。

用人者也應因人施管，對賢德之人可以採用「開」的方法，對不肖之人則用「閉」的方法；對聰明的人提拔重用，對愚蠢的人則捨棄辭退；對勇敢的人使其尊貴，對懦弱的人則使其卑賤。

順應對方的個性，根據事件的需要，使各種個性的人都能各得其所，因材施用。審定對方才幹的有無和思想的虛實，可以先觀察他的嗜好和欲望，就可以看出他的志向和意志。

譯　文

縱觀上古歷史，我們可以看出，聖人在天地之間是作為先知先覺而出現在平民大眾面前的。通過觀察，他們用陰陽二氣的開合變化來認識世間萬物，進而知曉世間萬物生死存亡的關鍵所在。精心策劃各種事件從開始到結束的發展過程，及時了解人的思想變化規律，並隨時觀察事件發生變化的徵兆，從而把握住事物變化的關鍵，以求得因勢利導。因此聖人們處於天地之間，自古至今，分析事物的思路都能統一到陰陽的變化之中。

世間萬物的變化是無窮無盡的，但最終都會有自己的本質特徵。有的歸於陰氣，有的歸於陽氣；有的歸於柔弱，有的歸於剛強；有的歸於開放，有的歸於封閉；有的歸於鬆弛，有的歸於緊張。

所以聖人始終把握事物發展變化的關鍵部分，以便觀察事物的來龍去脈和先後順序，估計對方的權謀，衡量對方的才能，再比較對方的技術技巧方面的優缺點，然後取其所長，避其所短，因材而用，人盡其才。世間之人個性千差萬別、各不相同，有的人賢德，有的人不肖；有的人聰明，有的人愚蠢；有的人勇敢，有的人怯

懦；有的人仁厚，有的人義氣。用人者也應因人施管，對賢德之人可以採用「開「（獎賞鼓勵）的方法，對不肖之人則用「閉「（嚴法懲處）的方法；對聰明的人提拔重用，對愚蠢的人則捨棄辭退；對勇敢的人使其尊貴，對懦弱的人則使其卑賤。總之，就是順應對方的個性，根據事件的需要，使各種個性的人都能各得其所，因材施用。審定對方才幹的有無和思想的虛實，可以先觀察他的嗜好和欲望，就可以看出他的志向和意志。在和對方辯論時，可以先略微駁斥他的觀點，誘使他開啟話語之後再加以反駁，這樣可以得到對方的實際情況，更可貴的是可以得到他們的行動意圖。

　　明白對方的實際情況後我們應該閉藏自己，隱瞞自己的真實計謀，不讓對方察覺，然後再開啟自己的思路，以從中獲取有利於自己的信息。或者開啟自己，讓對方知道自己真實的想法；或者閉藏自己，隱瞞自己的真實想法。讓對方知道自己真實想法，是因為要獲得共同的情感，彼此的信任；隱瞞自己的真實想法，則是因為要考慮彼此的誠意。計策的可行與不可行，我們必須先觀察分析清楚對方的計謀，才能比較彼此相同與不同之處。計謀中有和自己意見相合的也有不相合的，應該在尊重對方意願的前提下，把握好自己的計謀主張。

　　「開啟」與「閉藏」是天地之間萬物發展變化的規律。他們使陰陽二氣處於變化之中，四季交替發生，世間萬物生死輪迴。

　　周詳、保密的重要之處，運用微妙而且與「道」有相通之處。和他人辯論是為了了解對方的實情；隱藏自己的觀點，觀察對方的言行，是為了爭取與對方合作。

長生、安樂、富貴、尊榮、顯名、愛好、財利、得意、喜欲等等都屬於「陽氣」，叫做「始」；而死亡、憂患、貧賤、苦辱、棄損、亡利、失意、有害、刑戮、誅罰等等則都屬於「陰氣」，叫做「終」。

假如想要開啟（和對方辯論），最重要的是考慮要周詳；假如要閉合（隱藏自己觀點），最重要的是保密，不讓對方知道自己的真實意圖。周詳、保密的重要之處，運用微妙而且與「道」有相通之處。和他人辯論是為了了解對方的實情；隱藏自己的觀點，觀察對方的言行，是為了爭取與對方合作。通過這些手段，權衡其中的輕重，估計對方的實力和計謀，聖人會為估算其實力而費心竭力。如果估算不出對方的實力和計謀，聖人則會為此而憂慮重重。因此，同樣是「開啟」，有的信息是開啟之後傳出去，有的信息是開啟之後收進來；同樣是「閉藏」有的是閉藏之後加以爭取，有的則是閉藏之後棄之不用。

「開啟」與「閉藏」是天地之間萬物發展變化的規律。他們使陰陽二氣處於變化之中，四季交替發生，世間萬物生死輪迴。天下事物縱橫交錯，不論縱橫還是反覆都離不開「開啟」與「閉藏」，的相互作用。

「開啟」和「閉藏」，是天地運行的規律，也是遊說者辯論變化手段的方法；但必須預先審視觀察對方的變化。口是一個人的心的門戶，心則是其精神的主宰。一個人的意志、喜欲、思慮、智謀等等都籍「口」來表達給別人，因此我們必須用「開啟」和「閉藏」來封鎖自己的「口」；用「出」和「入」來控制自己的言談。

所謂「捭」，就是指開啟、言談、陽氣；所謂「闔」，就是指閉藏、緘默、陰氣。陰陽必須中和，開閉才會有節，陰陽才能處理適當。所以說長生、安樂、富貴、尊榮、顯名、愛好、財利、得意、喜欲等等都屬於「陽氣」，叫做「始」；而死亡、憂患、貧賤、苦辱、棄損、亡利、失意、有害、刑戮、誅罰等等則都屬於「陰氣」，叫做「終」。那些凡遊說遵循「陽氣」的謀士，都可以叫做「始」，他們以談論「善」來開始其謀略遊說；凡遊說遵循「陰氣」的謀士，都可以叫做「終」，他們以談論「惡」來作為遊說謀略的結尾。

　　「開啟」與「閉藏」的道理和規律，必須從陰陽兩個方面來實踐。因此，對那些正處於「陽氣」的人要用崇高的言語來說服他，而對那些處於「陰氣」的人則可以用卑小的言語來說服。用低下來要求卑小的人，用高尚來要求崇高的人。由此看來，我們便可以根據對象不同，當說則說，當停則停，沒有什麼人不能夠說服了。謀士可以用這種道理來遊說普通人，遊說家人，遊說國之將相，遊說天下國君。要想做小事，則可以做到沒有「內」的限制，沒有比這更小的事；要想做大事，則能做到沒有「外」的界限，沒有比這更大的事。所有損失與益處、離開與回歸都可以運用「陰陽」的規律還（環）處理。陽氣活動

　　要想做小事，則可以做到沒有「內」的限制，沒有比這更小的事；要想做大事，則能做到沒有「外」的界限，沒有比這更大的事。所有損失與益處、離開與回歸都可以運用「陰陽」的規律還處理。

開啟，陰氣就停止閉藏；陽氣活動出去，陰氣則隨著進入。陰陽二者循環始終，陽氣發展到極點就變為陰氣，陰氣盛極就轉化為陽氣。

用陽的方法積極主動的謀士，道德也會隨之增加；用陰的方法冷靜處理局面的謀士，形勢會隨之助長。用陽氣來追求陰氣，就是用道德來包容它；用陰氣來結納陽氣，就是用外在的力量來約束它；「陰陽」互相追求，遵循「開啟」與「閉藏」的規律變化。這就是天地間陰陽變化的規律，也是謀士遊說的基本方法。「捭」與「闔」「陰」與「陽」之間的關係、轉化，即是世間萬物的先決，即所謂的「圓方之門戶」（天圓地方，即世間萬物共同法則）。

用陽氣來追求陰氣，就是用道德來包容它；用陰氣來結納陽氣，就是用外在的力量來約束它；「陰陽」互相追求，遵循「開啟」與「閉藏」的規律變化。這就是天地間陰陽變化的規律。

釋 義

所謂捭闔，僅就字面意思理解，其本義是指開合。鬼谷子說：「捭之者，開也，言也，陽也；闔之者，閉也，默也，陰也。」捭，就是指開啟、言談、陽氣；闔，是指閉藏、緘默、陰氣。據陶弘景《鬼谷子注》曰：「捭，撥動也；闔，閉藏也。凡與人之言道，或撥動之，令有言亦其同也；或閉藏之，令自言示其異。」捭闔在《鬼谷子》一書中其含義相當複雜，類似於古代哲學中的「陰陽」。他們可以指陽氣陰氣，可以指言談緘默，可以指開啟閉藏，可以指主動被動，可以指積極消極，可以指提拔罷免，可以指開始結束……

捭闔是春秋戰國時期縱橫家進行遊說時的主要指導思想。戰國時代，七雄紛爭，諸侯各國為了擴大自己的生存空間展開形形色色的軍事、外交活動，這也為謀士推銷自己政治思想與策略提供了最佳的市場。到了戰國後期，縱橫家代表人物蘇秦的「合縱」與張儀的「連橫」成為影響最大的兩種策略，直接決定了當時的政治版圖，而捭闔正是他們採用的最為重要的謀略之一。本章作為《鬼谷子》一書的第一篇，足見其重要性。

謀士們奔走於各國，對國君進行遊說，其目

的是如何才能讓自己的主張得到君王的認可，因此對於君王或者國之將相的認識就成為重要的一個問題。

在本篇中鬼谷子用「捭闔」表達了自己對人本性的看法。他認為人是可以劃分成不同類別、不同層次的，每個人的個性、才能千差萬別，國君也不例外。「夫賢、不肖；智、愚；勇、怯；仁、義；有差。乃可捭，乃可闔，乃可進，乃可退，乃可賤，乃可貴；無為以牧之。」對人的管理也應該因人而異、因人施管。對賢者、智者、勇者、仁義者可以採用「捭、進、貴」的管理萬法，也即獎賞、鼓勵、提拔等等手段；對不肖者、患者、怯者剛採用「闔、退、賤」的管理方法，也即懲罰、辭退、降級等等手段，這對於現代管理也有很大啟示。

建立在這樣一個對人性認識的基礎之上，鬼谷子又把「捭闔」作為指導方針的主要原則運用到了遊說之中。

「故與陽言者，依崇高。與陰言者，依卑小」。對那些正處於「陽氣」（追求或正處於長生、安樂、富貴、尊榮、顯名、愛好、財利、得意、喜欲）的人要用正激勵，即用崇高的言語來說服他，而對那些處於「陰氣」（死亡、憂患、貧賤、苦辱、棄損、亡利、失意、有害、刑戮、誅罰）的人則可以用負激勵，即用卑小的言語來

「夫賢、不肖；智、愚；勇、怯；仁、義；有差。乃可捭，乃可闔，乃可進，乃可退，乃可賤，乃可貴；無為以牧之。」

「故與陽言者，依崇高。與陰言者，依卑小。」

說服。用低下來要求卑小的人，用高尚來要求崇高的人。然後便可以根據對象不同，當說則說，當停則停，這樣做的話就沒有什麼人不能夠說服，謀士才能達到「可以說人，可以說家，可以說國，可以說天下」的最高境界。

「捭闔」是世間事物發展的普遍規律，「捭」與「闔」、「陰」與「陽」之間相互轉化，也就成為遊說需要遵守的法則之一。「陰陽相求，由捭闔也。此天地陰陽之道，而說人之法也。為萬事之先，是謂圓方之門戶。」

鬼谷子認為只有處理好「開啟」與「閉藏」的關係，才能夠說服別人。

「捭闔」是世間事物發展的普遍規律，「捭」與「闔」、「陰」與「陽」之間相互轉化，也就成為遊說需要遵守的法則之一。

謀術一　以陰求陽

　　捭闔之術，在戰略上表現為在認清形勢的前提下，決策者能夠根據不同的形勢而採取不同的策略。當環境形勢有利於自己發展的時候，應該採取「捭」的戰略，開啟自己，積極主動進攻，以便獲取更大的勝利；當環境形勢不利於自己的時候，則應該採取「闔」的戰略，閉藏自己，積蓄力量，等待時機。但鬼谷子認為「闔」並不是說消極地等待時機自己到來，而是應該主動去創造有利條件，用適宜的戰略使形勢朝有利方向轉換。「陽動而行，陰止而藏；陽動而出，陰隱而入；陽遠終陰，陰極反陽」。陽氣活動開啟，陰氣就停止閉藏；陽氣活動出去，陰氣則隨著進入。一捭一闔，一陰一陽，開到極點歸於合，而合到了極點也會歸於開，陰陽二者循環始終。

臥薪嘗膽

　　《史記·越王勾踐世家第十一》中詳細記敘了吳越爭霸時越國採取的「捭闔」策略。越國戰敗時採取了「闔」的策略，忍氣吞聲，暗中積蓄力量，用種種措施來慢慢轉化不利形勢。當形勢一旦有利於自己時立即採取「捭」的策略，主動征戰，一舉吞併吳國，成為春秋時期的霸主之一。

春秋末期，吳越爭霸，范蠡時任越國上將軍，輔佐越王勾踐，與文種同拜為大夫，是越國的重要謀臣。勾踐三年，勾踐不聽從范蠡進言，進攻吳國。吳王夫差大破越軍於夫椒，越王只聚攏起五千名殘兵敗將退守會稽，吳王乘勝追擊包圍了會稽。

　　越王向范蠡求教，范蠡建議道：「您對吳王要謙卑有禮，派人給吳王送去優厚的禮物，如果他不答應，您就親自前往侍奉他，把自身也抵押給吳國。」勾踐同意了范蠡的建議，派大夫文種去向吳求和，文種跪行叩頭說：「您的臣民勾踐請您允許他做您的奴僕，允許他的妻子做您的侍妾。」伍子胥勸阻了吳王。

　　文種回越國後，建議用重財賄賂吳國的太宰嚭，勾踐便讓他給嚭獻上美女珠寶玉器。嚭勸說吳王，赦免越王將對吳國有利。伍子胥進諫說：「勾踐是賢明的君主，大夫種、范蠡都是賢能的大臣，如果勾踐能夠返回越國，必將作亂。」吳王最終赦免了越王。

　　勾踐回國後，深思熟慮，苦心經營，臥薪嘗膽，內用文種，外用范蠡和柘稽，國勢日漸昌盛。勾踐從會稽回國後第七年想向吳國復仇。大夫逢同進諫說：「國家剛剛殷實富裕，如果我們整頓軍備，吳國一定攻打我們。兇猛的大鳥襲擊目標時，一定先隱藏起來。現在，吳軍壓在齊、

　　一捭一闔，一陰一陽，開到極點歸於合，而合到了極點也會歸於開，陰陽二者循環始終。

晉國境上，對楚、越有深仇大恨，在天下雖名聲顯赫，實際危害周王室。吳缺乏道德而功勞不少，一定驕橫狂妄。越國不如結交齊國、楚國、晉國，厚待吳國。吳國志在中原稱霸，對待戰爭一定很輕視，這樣我國可以聯絡三國的勢力，讓三國攻打吳國，我們趁它的疲憊才可以攻克。」勾踐同意了這種策略。

又過了兩年，吳王伐齊。文種建議向吳王借糧，藉此來揣度觀察吳王對越國的態度，吳王將糧食借給了越國。子胥說：「君王不聽我的勸諫，再過三年吳國將成為一片廢墟！」嚭和逢共同謀劃，在君王面前再三再四誹謗子胥。君王開始也不聽信讒言，於是就派子胥出使齊國，聽說子胥把兒子委託給鮑氏，君王才大怒，說：「伍員果真欺騙我！」子胥出使齊回國後，吳王就派人賜給子胥一把劍讓他自殺了，吳王重用嚭執掌國政。

勾踐十五年，吳王夫差率精兵北赴黃池會盟諸侯，留太子與老弱守國。在范蠡建議下，勾踐發兵伐吳，襲破吳都，殺吳太子。吳王已經在黃池與諸侯訂立盟約，就派人帶上厚禮請求與越國求和。越王估計自己也不能滅亡吳國，就與吳國講和了。

勾踐二十四年，越軍再度圍困吳都三年後破城，吳王請求與越王講和，勾踐想答應吳王。范

對賢者、智者、勇者、仁義者可以採用「捭、進、貴」的不管理方法，也即獎賞、鼓勵、提拔等等手段；對不肖者、愚者、怯者則採用「闔、退、賤」的管理方法，也即懲罰、辭退、降級等等手段，這對於現代管理也有很大啟示。

蠡說：「會稽的事，是上天把越國賜給吳國，吳國不要。今天是上天把吳國賜給越國了，越國難道可以違背天命嗎？再說您天天勞累，不就是因為吳國嗎？謀劃伐吳已二十二年了，一旦放棄，行嗎？且上天賜予您卻不要，那反而要受到處罰。您忘記會稽的苦難了嗎？」最後，吳王自殺身亡。

　　勾踐平定了吳國後，就出兵向北渡過黃河，在徐州與齊、晉諸侯會合，周元王封稱他為「伯」。越軍在長江、淮河以東暢行無阻，諸侯們都採慶賀，越王號稱霸王。

　　越國之所以能最後稱霸，最主要的因素就是其採取了正確的戰略。失勢時採取了幾條措施：首先主動認輸，勾踐不惜讓家人和權臣做奴侍奉夫差，向嚭行賄，先保全國家；其次，對吳稱臣進貢，對內則發展壯大自身；第三，用手段迫使對自己防備最深的伍子胥自殺；第四，借助齊、楚、晉等大國削弱吳的實力，這些都是「闔」或者「閉合」的體現。在形勢對自身有利後，利用對方主力外出征戰的時機，「捭」主動出擊，取得了戰爭的優勢。

失勢時，採取各種方法，削弱對方實力，保持和加強自己的實力；在形勢對己有利後，就主動出擊，取得戰爭的優勢。

謀術二　陽動陰止

鬼谷子說：「陽動而行，陰止而藏；陽動而出，陰隱而入；陽還終陰，陰極反陽。」其主要意思是說在形勢對自己有利的情況下就採取「陽」的政策，積極進攻；當形勢不利於自己的時候，就採用「陰」，韜光養晦，蟄收鋒芒，待時而動。這種謀略在外交方略上表現為當國家利益有衝突時，需要採取縱橫捭闔的策略，當進則進，當退則退，靈活應變。

見機行事

北宋時期，外交關係複雜，除了宋遼對峙，還有西夏、後期的金、大理、蒙古參與其中。西夏國的首領元昊在外交上就善於採用「捭闔」的策略，在各大國之間周旋，安然生存下來。

元昊建國後，兵少勢微，而與其相鄰的是幅員遼闊、兵多將廣的遼宋兩國。為了在西北佔住地盤，他採取了靈活多變的外交策略，即根據宋遼兩國實力的強弱，不斷修正自己與兩國的親疏關係，利用兩國間的矛盾，使本國處於安然無恙的地位。元昊即位時，正是宋遼之戰以宋失敗結束，宋接受了城下之盟。元昊遂採取了「聯遼抗宋」的方針，同遼國結姻，娶興平公主耶律氏為

西夏國的首領元昊在外交上就善於採用「捭闔」的策略，在各大國之間周旋，安然生存下來。

妻，親到邊境迎親；同時雖然也接受宋朝的封號，但卻受詔不跪，並慢待宋朝使節。當時宋夏邊境緊張，小規模衝突不斷，元昊採納了張元的建議，據陝東征，更結契丹，不時出兵騷擾，使宋朝兩面受敵，疲於應付。

　　當西夏邊境打了幾次大仗，感到力不從心之後，遼國乘虛而入，在邊境上收留黨項叛民，並打著「甥舅之親」的幌子，壓服元昊。元昊不甘示弱，也誘降遼國邊境部落，並積極與宋談判，導致了遼夏關係的惡化。遼國欲討伐西夏，元昊立即與宋結盟，不再持長時間的談判。派人偷入遼境，焚毀糧草，阻其兵。1044年，元昊在賀蘭山大勝遼軍，然後優待俘虜，派人與遼議和，歸慣例納項，最終使宋、遼、夏三國鼎立。

　　這種謀略在外交方略上表現為當國家利益有衝突時，需要採取縱橫捭闔的策略，當進則進，當退則退，靈活應變。

謀術三　排其言

在具體遊說的時候，謀士還可以依據對象的不同、辯論時的現場形勢也採用「捭闔」的技巧。「微排其言而捭反之，以求其實，貴得其指。闔而捭之，以求其利。或開而示之，或闔而閉之。」意指先略微駁斥或者激怒對方，讓其情感失控，誘使其開啟話語說出真實想法，之後再加以反駁，這樣就可以得到對方的實際情況，無形之中讓對方把自己的實力和計謀全部暴露出來。這樣的目的就是做到「知彼」，遊說者也才能根據對象的不同情況而採取不同的策略、謀略去說服他。「開而示之者，同其情也。闔而閉之者，異其誠也。」則表明了開閉的主要作用：遊說時開啟自己，是為了讓對方知道自己真實的想法，才可以與對方獲得同感與信任；閉藏自己，隱瞞自己的真實想法，則是想知道對方聽取自己意見的誠意有多少。

諸葛智激孫權

「微排其言而捭反之，以求其實，貴得其指。闔而捭之，以求其利。或開而示之，或闔而閉之。」

在「捭闔」遊說技巧的方面，東漢末年諸葛亮在運用上堪稱爐火純青，令人歎為觀止。《三國志諸葛亮傳》與《三國演義》兩書中都提及了下面這個故事。

公元208年，曹操統一北方，追擊劉備，使其退守夏口。曹軍佔據江陵要地，試圖乘勝消滅

劉備，並陳兵八十萬欲打擊孫權。劉軍實力已經大減，沒有能力與曹軍對抗，而孫權的兵力基本未受損失，正處於觀望之中。如果孫劉不聯手拒曹，結局可能都會大敗，都會失去與曹操抗衡的資本。孫權因為自己實力較強，結盟的緊迫性與積極性不高。諸葛亮徵得劉備同意後出使東吳，意在促成孫劉聯盟，共同抗曹。

　　諸葛亮到達孫權所在地柴桑後首先了解到了東吳現在情形：東吳絕大部分謀士都主張投降，主戰派很少；而孫權猶豫不決，認為與劉備合作沒有多大價值。在魯肅陪同下，諸葛亮與孫權得以會晤。諸葛亮偷眼看孫權，看到相貌非常，分析認為孫權只可以用激將的手段而不能只是簡單的說服。

　　獻茶客套完畢，孫權向諸葛亮諮詢曹軍的虛實，諸葛亮誇張地回答：「馬車、步軍、水軍加起來大約有一百多萬。」孫權對這個數字表示懷疑，諸葛亮說：「曹操在兗州已有青州軍二十萬；平了袁紹後又得到五、六十萬；中原新招之兵三、四十萬；最近又得到荊州部隊二、三十萬，這樣算下來，總數不下一百五十萬。我只說一百萬還是怕嚇壞你們東吳！」孫權又問曹操部下戰將有多少，諸葛亮說：「足智多謀的謀士和能征慣戰的將軍，何止一、兩千人！」

　　孫權又向諸葛亮請教曹軍下一步可能的動

「開而示之者，同其情也。闔而閉之者，異其誠也。」

　　遊說時開啟自己，是為了讓對方知道自己真實的想法，才可以與對方獲得同感與信任；閉藏自己，隱瞞自己的真實想法，則是想知道對

方聽取自己意見的誠意有多少。

做到「知彼」，遊說者也才能根據對象的不同情況而採取不同的策略、謀略去說服他。

向，諸葛亮反問道：「現在曹軍沿江紮營，準備戰船，不想打江東，還能打哪兒？」孫權說：「假如他有吞併我東吳的想法的話，戰與不戰，請您為我出謀劃策。」諸葛亮說：「先前天下大亂，所以將軍您在江東起兵，劉備則佔據荊，與曹操共爭天下。現在曹操已經平定北方，近又新得荊州，威震海內。在這種情況下就算是真的有英雄，他也無用武之地，所以劉備才會逃到這裡。希望將軍量力而為；如果你覺得東吳大軍能和曹軍相抗衡，最好是早點決戰；如果不能抗衡，何不聽從眾謀士的意見，按兵束甲，向曹操投降？」孫權還未來得及回答，諸葛亮又補充說道：「將軍在外面背著投降服從的名聲，在心裡又懷著反抗的心思，事情緊急卻又猶豫不決，用不了幾天就會有大禍降臨東吳！」

孫權開始生氣，問道：「你說的那麼有道理，為什麼你的主公劉備卻不投降曹操？」諸葛亮再一步激將：「以前的田橫只不過是齊國的一普通壯士，尚且能夠守義不辱。更何況劉備是漢王室的後代，英才蓋世，眾士仰慕。大事沒有成只能怪天意，又怎麼能屈從於曹操奸臣！」

孫權聽了諸葛亮的話，不覺勃然變色，拂衣而起，退入後堂。魯肅責備諸葛亮：「先生怎麼這麼說話？幸虧我們主人寬宏大度，沒有當你面訓斥你，你的話也太小看他了！」諸葛亮仰面笑

道：「孫權怎麼這麼心眼小啊！我有破曹之計，他沒有問我，我才不說的。我看曹操百萬之眾，只不過像一群螞蟻罷了！只要我一舉手，就都變成一堆粉塵！」魯肅聽後就進入後堂對孫權說了諸葛亮的意思。

於是孫權請諸葛亮喝酒，數巡之後，孫權表態說自己主意已定，要和劉備聯合起來抗曹，但又懷疑聯軍的戰鬥力。

到這為止，孫權已經被諸葛亮的遊說勸服，同意建立孫劉聯盟，諸葛亮的激將術如其所料，對孫權起了作用。

孫權決意抗曹，但是對聯軍的實力信心不足，諸葛亮就開始給對方分析營軍的弱點和聯軍的優勢，以進一步打消孫權的猶豫之心。

諸葛亮說：「劉備雖然剛打敗仗，但是關雲長還率精兵萬人；劉琦帶領的江夏戰士，也不少於萬人。曹操的人馬，遠道而來，早已疲憊不堪；最近為了追劉備，輕騎一日夜行三百里，這正是所說的強弩之末，勢不能穿魯縞者也。況且曹軍大部分都是北方人，不習慣水戰。荊州老百姓歸降曹操只是迫於形勢而已，並非他們本意。現在將軍如能與劉備同心協力，戰勝曹軍是必然的。操軍一旦失敗一定會逃回北方，那麼荊、吳兩地勢力肯定會增強，則鼎足而立三分天下的形勢就會形成。成敗之機，就在於今日。只差將軍

鬼谷子說：「陽動而行，陰止而藏；陽動而出，陰隱而入；陽還終陰，陰極反陽。」

在形勢對自己有利的情況下就採取「陽」的政策，積極進攻；當形勢不利於自己的時候，就採用「陰」，韜光養晦，蟄收鋒芒，待時而動。

略微駁斥或者激怒對方，讓其情感失控，誘使其開啟話語說出真實想法，之後再加以反駁，這樣就可以得到對方的實際情況，無形之中讓對方把自己的實力和計謀全部暴露出來。

你下決心了。」孫權高興地說：「先生的話，讓我頓開茅塞。我已經下定決心。即日商議起兵，共滅曹操！」

至此，諸葛亮遊說的目的全部達到：打消對方疑慮，孫劉結成盟軍，同意出兵，共同抗曹。之後不久的赤壁之戰，孫劉聯軍大勝而歸，曹軍經此一役元氣大傷，沒有能力再進攻孫權與劉備。劉備借此得到喘息機會，在隨後取得西蜀後建立蜀漢政權；東吳的強國地位也得以增強。三國政治格局形成。

諸葛亮在說服孫權的過程中，充分運用了「捭闔」的談判技巧，首先採取「捭」的談判技巧，使孫權「闔之」，誇大曹軍的實力，假勸孫權投降，又對其進行激將，說壯士田橫的和劉備的守義，意指如果孫權投降的話就不是守義之人；然後又用「闔」的技巧，使孫權「捭之」，孫權被激怒後開啟言談，同意抗曹。諸葛亮通過上述方法摸清了對方的誠意，了解了對方的真實想法，再次利用了「捭」的技巧，分析曹軍的弱點和聯軍所具有的優勢，打消了孫權信心不足的念頭。在這次遊說中，諸葛亮用「捭闔」的遊說技巧使談判取得了很大的成功。

謀術四　剛柔

鬼谷子先生在文中提及「以陽求陰，苞以德也；以陰結陽，施以力也。陰陽相求，由捭闔也」。即在遊說的過程中，要以力相逼，以情化之。在說服中，直諫為剛，委婉為柔；急為剛，緩為柔；逆向說服為剛，順向說服為柔。剛柔並用，恩威並施，根據不同的對象，可剛可柔。剛指剛正不阿，不曲意逢迎，單刀直入，正面交鋒敢於當面提示對方言行的漏洞，逼對方放棄自己的不良行為。要求謀臣能勇於堅持己見，講別人不喜歡聽的事。

鮑叔直諫齊桓公

管仲在齊國任相二十年的時間，齊國大治，政治清明，百姓各得其所，安居樂業，齊國一躍而成為東方大國，周惠王賜命齊桓公為侯伯，確定了齊國的霸主地位。

從幽地回到臨淄，齊桓公大宴群臣，宣布喜訊。舉起酒爵，對鮑叔牙道：「寡人能有今天，首先要感謝寡人的師傅。這些年，亞相為振興齊國嘔心瀝血，不勝操勞。這幾個月又遊歷諸侯各國，閱盡天下大事，亞相辛苦，來，美酒一爵，寡人恭敬！」鮑叔牙舉爵道：「臣周遊列國，浪跡天涯，所到之處，無不對大齊有口皆碑。主公

「以陽求陰，苞以德也；以陰結陽，施以力也。陰陽相求，由捭闔也。」

在說服中，直諫為剛，委婉為柔；急為剛，緩為柔；逆向說服為剛，順向說服為柔。剛柔並用，恩威並施，根據不同的對象，可剛可柔。

仁至義盡，親盟諸侯，扶貧濟傾，匡正王道，乃先賢所為。天下臣民，交口稱讚，頌歌盈耳。」齊桓公聽得心花怒放。鮑叔牙又道：「臣這次離開齊國不到半年，可回來一看，只覺耳目一新，但見車水馬龍，摩肩接踵，五行八作，百廢俱興，大齊之地，無敵鳥飛禽，而有鳳凰獻儀；無旱魃水魅，而有五穀豐登。此乃主公恩德點化，得天意，順民心。」桓公更加高興，高高舉起手中的酒器，笑逐顏開，群臣豪飲。

飲酒間，管仲道：「亞相行程萬里，造訪過名山大川，見識過芸芸眾生，不妨讓亞相盡興而談些奇聞趣事。主公與臣等且伴美酒，足不出戶便可神遊八方，豈不樂哉？」

桓公點頭道：「仲父所言甚是，那麼就請亞相講講見聞吧！」

鮑叔牙起身道：「老夫今日登堂，見四壁輝煌燦爛，君臣笑逐顏開，無方寸之亂，無絲縷之憂。老臣非分，想說點弦外之音。常聽人言，物極必反。如今齊國外盛內張，主公切不可高枕無憂，眾臣切不可沉湎於美夢佳景。縱觀六合，尚有東夷窺視大齊，戎狄覬覦中原，更有南方蠻楚，依仗漢江天塹，與我大齊匹敵。中原諸侯，雖也有北杏之會，鄄、幽之盟，可究其內心，卻各懷芥蒂。和盟諸侯，仁義感化，不在一朝一夕。貴在以恒，貴在始終如一。齊國既施仁義，

卻又納諸侯貢品，高高在上，頤指氣使，禮節之數，有來無往。久而久之，必得諸侯反戈，望主公深思。雖說齊國風調雨順，五穀豐登，可天行無常，如遇淫風蕩雨，顆粒不收，國內無備，秋貯耗盡，齊國豈不重蹈窮途？昨日老天見市井臣民，揮金如土，不事節儉，趾高氣揚，一味炫耀。日久天長，必成驕縱淫奢，一敗國風，二傷國力。由是觀之，老臣斗膽妄言，臣願主公不忘出奔莒國，兵敗長勺；願仲父不忘檻囚之客，榮辱柱上曾有生死較量；願寧戚不忘販牛山下，朱顏華貴不忘衣衫襤褸；願眾大臣不忘盔甲在身，卻難抵曹沫手劍相劫……河滿則溢，月盈則虧，齊國驕傲，霸業必毀一旦。老夫譫語妄言，主公寬恕，眾臣體恤。」

桓公略顯尷尬地舉了舉手中的酒爵，道：「大家同飲，同飲！」管仲抓住時機，道：「主公，鮑叔之言發自肺腑，難得一片真誠。今日君臣聚會，一醉方休，何不用韶樂虞舞，以享時光？」桓公臉上復現了笑容。

鮑叔在別人高興之餘卻說出當年落難之事，以辱相勸，逼其冷靜下來，沉重反思，一掃宴會上歡樂氣氛，給醉醺醺、熱昏頭的君臣們一瓢冷水，給齊桓公以強烈的反差刺激，勸其糾正了不良的驕傲心理。

即在遊說的過程中，要以力相逼，以情化之。在說服中，直諫為剛，委婉為柔；急為剛，緩為柔；逆向說服為剛，順向說服為柔。

剛柔並用，恩威並施，根據不同的對象，可剛可柔。剛指剛正不阿，不曲意逢迎，單刀直入，正面交鋒敢於當面提示對方言行的漏洞，逼對方放棄自己的不良行為。

鬼谷子

謀術五　圓方

　　鬼谷子先生在文中最後提到了「圓方」，在中國古代「圓方」是指宇宙的天圓地方，也指人的智圓行方，就為人處世來說，圓是指做事圓通，善於變化，應變能力強；方則是指方正，為人率直，品德端正，心地坦誠。

　　在說服技巧中，圓是指靈活性，方是指原則性。對人說話，要圓而有滑，方而能活。鬼谷子先生更多的是主張圓，當雙方心理差距比較大的時候，應用「轉圓」辦法，以新的技巧說服對方；當對方思想尚處在潛在狀態時，用圓的方法讓其出現；當對方思想外露了，再直陳其事，即「未見形，圓以道之；既形，方以事之。」對人說話要既圓也方，兩者結合。圓是一種技巧，說服中如果正面受阻，要善於運用圓的策略，另闢蹊徑。

魏徵與長孫諫唐太宗

　　唐太宗對於任賢納諫深受其益，因而也執行得尤為到家，他常對左右說：「人要看到自己的容貌，必須借助於明鏡；君王要知道自己的過失，必須依靠直言的諫臣。」

　　諫議大夫魏徵是一個敢於犯顏直諫的耿介之士。魏徵常對唐太宗的一些不當的行為和政策，直截了當地當面指出，並力勸他改正，唐太宗對

他頗為敬畏，常稱他是「忠諫之臣。」但有時在一些小事上魏徵也不放過，讓唐太宗常覺得面子上過不去。一次，唐太宗興致突發，帶了一大群護衛近臣，要到郊外狩獵。正待出宮門時，迎面遇上了魏徵，魏徵問明了情況，當即對唐太宗進言道：「眼下時值仲春，萬物萌生，禽獸哺幼，不宜狩獵，還請陛下返宮。」唐太宗當時興趣正濃，心想：「我一個富擁天下的堂堂天子，好不容易抽時間出去消遣一次，就是打些哺幼的禽獸又怎麼樣呢？」於是請魏徵讓到一旁，自己仍堅持這一次出遊。

魏徵卻不肯妥協，站在路中堅決攔住唐太宗的去路，唐太宗怒不可遏，下馬氣沖沖地返回宮中，左右的人見了都替魏徵捏一把汗。

唐太宗回宮見到了長孫皇后，猶自義憤填膺地說：「一定要殺掉魏徵這個老頑固，才能一洩我心頭之恨！」長孫皇后柔聲問明了緣由，也不說什麼，只悄悄地回到內室穿戴上禮服，然後面容莊重地來到唐太宗面前，叩首即拜，口中直稱：「恭祝陛下！」她這一舉措弄得唐太宗滿頭霧水，不知她葫蘆裡裝的什麼藥，因而吃驚地問：「何事如此慎重？」長孫皇后一本正經地回答：「妾聞主明才有臣直，今魏徵直，由此可見陛下明，妾故恭祝陛下。」唐太宗聽了心中一怔，覺得皇后說得甚是在理，於是漫天陰雲隨之

當雙方心理差距比較大的時候，應用「轉圓」辦法，以新的技巧說服對方；當對方思想尚處在潛在狀態時，用圓的方法讓其出現；當對方思想外露了，再直陳其事，即「未見形，圓以道之；既形，方以事之。」

鬼谷子

「人要看到自己的容貌，必須借助於明鏡；君王要知道自己的過失，必須依靠直言的諫臣。」

魏徵是用一種「方」的方式，直言進諫，結果受阻；而長孫皇后用「圓」的方式說服了同為一個人的唐太宗。

當對方思想尚處在潛在狀態時，用圓的方法讓其出現；當對方思想外露了，再直陳其事，即「未見形，圓以道之；既形，方以事之。」

而消，魏徵也就得以保住了他的地位和性命。

在魏徵與長孫諫唐太宗的過程中，他們二人的方法完全不同。魏徵是用一種「方」的方式，直言進諫，結果受阻；而長孫皇后用「圓」的方式說服了同為一個人的唐太宗。

齊景公占夢

春秋時期齊景公算是一個昏君，晏子則對國、對君都赤膽忠心，他發現君王有錯的話總要規勸，但很少臉紅耳赤。其中有一個主要原因就是他經常採用「圓」的方法去進言。

有一次，齊景公得了腎炎病，已經十幾天臥床不起了。這天晚上，他突然夢見自己與兩個太陽搏鬥，結果敗下陣來，驚醒後竟嚇出了一身冷汗。第二天，晏子來拜見齊景公。齊景公不無擔憂地問晏子：「我在昨夜夢見與兩個太陽搏鬥，我卻被打敗了，這是不是我要死了的先兆呢？」齊景公篤信陰陽，要正面說服他消除緊張心理實在困難。

晏子想了想，就建議齊景公召一個占夢人進宮，先聽聽他是如何圓這個夢，然後再作道理。齊景公於是委託晏子去辦這件事。晏子出宮以後，立即派人用車將一個占夢人請來，占夢人問：「您召我來有什麼事呢？」晏子遂將齊景公

做夢的情景及其擔憂告訴了占夢人，並請他進宮為之圓夢。占夢人對晏子說：「那我就反其意對大王進行解釋，您看可以嗎？」晏子連忙搖頭說：「那倒不必。因為大王所患的腎病屬陰，而夢中的雙日屬陽。一陰不可能戰勝二陽，所以這個夢正好說明大王的腎病就要痊癒了。你進宮後，只要照這樣直說就行了。」

占夢人進宮以後，齊景公問道：「我夢見自己與兩個太陽搏鬥卻不能取勝，這是不是預兆我要死了呢？」占夢人按照晏子的指點回答說：「您所患的腎病屬陰，而雙日屬陽，一陰當然難敵二陽，這個夢說明您的病很快就會好了。」

齊景公聽後，不覺大喜。由於放下了思想包袱，加之合理用藥和改善飲食，不出數日，果然病就好了。

晏子用迷信的方法，投其所好，解除了他的心理障礙而不著痕跡。晏子的高明之處就在於他尋求一種對方可以接受的方式來達到自己的說服目的。

用武就憑力量取勝，用文就憑仁德取勝，那麼還會有什麼樣的敵人不能戰勝呢？所以，用兵作戰如果能做到「文武之道，一張一弛」，就能戰無不勝、攻無不克。

謀術六　張弛

> 文武之道，一張一弛，按照鬼谷子先生所言，「張弛」的哲學也就是捭闔、陰陽。謀臣策士在實行自己的謀略時，要張弛結合，文武共用。

甯越傷齊妙計

《呂氏春秋・慎大論・不廣》中記載：齊國大軍攻打趙國的稟丘城，趙王派了孔青帶領大軍救援。孔青是員猛將，加上足智多謀的甯越輔佐，所以趙軍一戰大敗齊軍，擊斃了齊軍統帥，並俘獲戰車兩千輛。戰場上留下了齊軍屍體三萬具，孔青決定把這些屍體封土堆成兩個大高丘，以此彰明趙國的武功。

甯越勸阻道：「這樣做太可惜了，那些屍體可以另有用處。我看不如把屍體還給齊國人。這樣做可以從內部打擊齊國，從而讓齊軍不再侵犯。」

「死人又不可能復活，怎麼能從內部打擊齊國呢？」孔青想不通了。

甯越說：「戰車戰甲在戰爭中喪失殆盡，府庫裡的錢財在安葬戰死者時用光了，這就叫做從

內部打擊他們。我聽說，古代善於用兵的人，該堅守時就堅守，該進退時就進退。我軍不如後退三十里，給齊國人一個收屍的機會。」

「喂，這個主意不錯。」孔青大致明白了甯越的用意，但轉念一想，又說：「但是，齊國人如果不來收屍的話，那又該怎麼辦呢？」

「那就更好了，」甯越胸有成竹地說：「作戰不能取勝，這是他們的第一條罪狀；率領士兵出國作戰而不能使之歸來，這是他們的第二條罪狀；給他們屍體卻不收取，這是他們的第三條罪狀。老百姓將會因為這三條而怨恨齊國的高官將領。居於高位的人也就無法役使下面的人，而下面的人又不願侍奉居於上位的人，這就叫做雙重地打擊齊國！」

「好，還是您技高一籌啊！」孔青終於完全理解了甯越的良苦用心。

果然不出甯越所料，齊國因此而元氣大傷，很長一段時間不能對外用兵。

甯越可謂深知文武之道。甯越的智慧在於，用武就憑力量取勝，用文就憑仁德取勝，那麼還會有什麼樣的敵人不能戰勝呢？所以，用兵作戰如果能做到「文武之道，一張一弛」，就能戰無不勝、攻無不克。其他的事情亦是如此。

甯越的智慧在於，用武就憑力量取勝，用文就憑仁德取勝，那麼還會有什麼樣的敵人不能戰勝呢？用兵作戰如果能做到「文武之道，一張一弛」，就能戰無不勝、攻無不克。

鬼谷子

謀術七　不能欺、不忍欺與不敢欺

什麼情況下用「張」什麼情況下用「弛」，《史記》中記述了三種：「子產治鄭，民不能欺；子賤治單父，民不忍欺；西門豹治鄴，民不敢欺。」子產、子賤和西門豹，三個人的治民策略相較，誰是最可稱道的呢？司馬遷沒有把話說死，而是認為「辨治者當能別之」，要根據不同的環境、不同的謀士而採用適合自己的「張弛」策略。不能欺、不忍欺和不敢欺，實際上隱含著三種工作方法。此中的民，當然不限於指普通的百姓。

三不欺

要根據不同的環境、不同的謀士而採用適合自己的「張弛」策略。不能欺、不忍欺和不敢欺，實際上隱含著三種工作方法。

子產是春秋時著名的政治家，名叫公孫僑，子產是他的字，後人評價他是中國古代「法治」第一人。他在鄭國為相沒有用多久，就把鄭國治理得「夜不閉戶，道不拾遺」，而當他接手之時，鄭國還是一派「上下不親，父子不和」的混亂局面。這其中他採取了兩方面的做法。一方面，他制定刑律、規範賦稅，以「張」治民；另一方面，鼓勵大家公開議論政事，以「弛」治民，百姓一致反對就改正，一致贊同就支持，因此深得民心。孔夫子極其推崇子產，讚揚他「其養民也惠，其便民也義」。子產去世時，鄭國百

姓悲痛得不得了，「丁壯號哭，老人兒啼」。孔子也哭了，邊哭邊說：「子產，古之遺愛也。」認為他確有古人的高尚德行。子產相鄭，事無巨細，親歷親為，並且做到了明察秋毫。這就是子產的「民不能欺」。

子賤是孔子的學生，名叫宓不齊。《呂氏春秋》載，他在單父為官，一天到晚躲在房裡「彈琴」，但奇的是他「身不下堂而單父治」。孔子感到不解：子賤解釋道：別看我表面上整天彈琴，實際上我很講究用人，「所父事者三人，所兄事者五人，所友者十有二人，所師者一人」，這些人都是單父的賢人，我務求使他們人盡其能，治理單父便綽綽有餘了。聽完了子賤的介紹，孔子總結道：這是「求賢以自輔」，同時為他感歎：「惜哉不齊所治者小，所治者大則庶幾矣。」認為以子賤的工作方法，倘若治理更大的地域，同樣會卓有成效。子賤治單父，為政清淨，雖身不下堂，然「是人見思，不忍欺之」。這就是子賤的「民不忍欺」。子賤採用的治民策略是以「弛」為指導思想，對各個官員用「捭」的方法去管理，放手讓他們去做；最後達到的目的則是「闔」，用很微妙的手段控制了百姓。

西門豹是戰國時魏的鄴令。他一到任，首先調查研究，會長老，問之民所疾苦。

百姓告訴他：「苦為河伯娶婦。」流經當地

的漳河經常氾濫，地方一些官員就和巫婆神棍們
勾結起來，謊稱得經常為河伯找老婆，來安撫祂
不要發怒，從而藉機「賦斂百姓」。他們隨意把
百姓家的漂亮姑娘挑選出來，弄到河裏活活淹
死；而每這樣折騰一次，還要「收取其錢得數百
萬」，「婚禮」的費用只「用其二三十萬」，餘下
的則「與祝巫共分」。西門豹看穿了把戲所在，
主動要求為新娘送行，就在那次的儀式上，他以
姑娘容貌不佳，請人通報河伯擇日另娶為名，當
著兩三千觀眾的面，接連把巫婆及其三個弟子並
一名官員相繼投入河中，令「吏民大驚恐」，從
此「不敢復言」。「行刑」之後，西門豹即「發
民鑿十二渠，引河水灌民田」，使鄴的百姓「皆
得水利，民人以給足富」。西門豹治鄴，「以威
化御俗」，對舞弊貪贓、愚弄人民的人毫不留
情。這就是西門豹的「民不敢欺」。

　　這樣看來，「三不欺」，雖然方法各異，卻
是異曲同工，那就是地方都得到了治理。要從這
幾種方法之中挑出最可稱道的，的確不大容易。

謀術八　守司門戶

「聖人一守司其門戶，審察其所先後，度權量能，校其伎巧短長」，「門戶」是指關鍵之處，這句話的意思是說要把握事物發展變化的關鍵部分，以便觀察事物的來龍去脈和先後順序，估計對方的權謀，衡量對方的才能，然後再決定行動的方案。謀臣策士們在進諫的時候一定要先分析清楚事物外部和內部的情況，明瞭對方的心理狀態再做決定。

公子池說秦王

齊、韓、魏三國攻打秦國，進入了函谷關。秦王想割讓河東土地來講和，詢問當時的相國樓緩，樓緩建議秦王問問公子池。

公子池說：「講和也是悔，不講和也是悔。割讓河東之地講和，三國撤兵，大王會後悔自己白白送掉三座城，這是講和的悔；不講和，三國進入函谷關，咸陽危急，大王又悔自己因愛三座城，致使咸陽受困，而沒有講和，這是不講和的悔。」

秦王聽了公子池的話以後說道：「反正我都得後悔，那我寧願失掉三座城而後悔，也不願意危及咸陽而後悔，我決定講和了。」

「聖人一守司其門戶，審察其所先後，度權量能，校其伎巧短長。」

要把握事物發展變化的關鍵部分，以便觀察事物的來龍去脈和先後順序，估計對方的權謀，衡量對方的才能，然後再決定行動的方案。

謀臣策士們在進諫的時候一定要先分析清楚事物外部和內部的情況，明瞭對方的心理狀態再做決定。

在這裡公子池並沒有直接勸諫其父親講和，而是根據他的心理矛盾，看準了其不願意讓敵軍威脅咸陽而指出講和與不講和的結果都是後悔，沒有其他的路可以選擇，要麼失去三座城，要麼冒著失去咸陽，及至失去整個秦國的危險，在這兩種害處中，秦王自然選擇失去三座城，而不是亡國，所以他選擇了講和。

捭闔，縱橫馳騁，大開大合，本篇從理論的高度提出「捭闔」的大策略，論證了「捭闔者，天地之道」的觀點，並以陰陽相生的規律來詮釋「捭闔」以化萬物、以化社會、以化天下的功能。縱橫家的權謀之本，基本上都從此而出。

現在的國際政治，經濟形勢類似於戰國末期和三國時代，鬼谷子先生的捭闔戰略也具有有很強的現實意義，如何成功地把他的思想消化、吸收、應用，也應該成為人們研究的重要課題。

鬼谷子

——的謀略寶典

第二篇

反應二

反應的謀略：「人言者，動也；己默者，靜也。因其言，聽其辭。」其核心是欲擒故縱，即「欲聞其聲，反默；欲張，反斂；欲高，反下；欲取，反與。」從而知己知彼，達到應用反應術的最高境界。

人言者，動也。
己默者，靜也。因其
言，聽其辭。言有不
合者，反而求之，其
應必出。

原　文

　　古之大化者，乃與無形俱生。反以觀往，覆
以驗來；反以知古，覆以知今；反以知彼，覆以
知此。動靜虛實之理不合於今，反古而求之。事
有反而得覆者，聖人之意也，不可不察。

　　人言者，動也。己默者，靜也。因其言，聽
其辭。言有不合者，反而求之，其應必出。

　　言有象，事有比；其有象比，以觀其次。象
者，象其事。比者，比其辭也。以無形求有聲。
其釣語合事，得人實也。其猶張罝網而取獸也。
多張其會而司之，道合其事，彼自出之，此釣人
之網也。常持其網驅之。

　　其不言無比，乃為之變，以象動之，以報其
心、見其情，隨而牧之。

　　己反往，彼覆來，言有象比，因而定基，重
之、襲之、反之、覆之，萬事不失其辭。聖人所
誘愚智，事皆不疑。

　　故善反聽者，乃變鬼神以得其情。其變當
也，而牧之審也。牧之不審，得情不明。得情不
明，定基不審。變象比必有反辭以還聽之。欲聞
其聲，反默；欲張，反斂；欲高，反下；欲取，
反與。欲開情者，象而比之，以牧其辭。同聲相
呼，實理同歸。或因此，或因彼，或以事上，或

以牧下。此聽真偽，知同異，得其情詐也。動作言默，與此出入；喜怒由此以見其式；皆以先定為之法則。以反求覆，觀其所託，故用此者。

　　己欲平靜以聽其辭，察其事、論萬物、別雄雌。雖非其事，見微知類。若探人而居其內，量其能，射其意；符應不失，如螣蛇之所指，若羿之引矢；故知之始己，自知而後知人也。其相知也，若比目之魚；其見形也，若光之與影；其察言也不失，若磁石之取鍼；若舌之取燔骨。其與人也微，其見情也疾；如陰與陽，如圓與方。未見形，圓以道之；既見形，方以事之。進退左右，以是司之。己不先定，牧人不正，事用不巧，是謂忘情失道。己審先定以牧人，策而無形容，莫見其門，是謂天神。

　　言有象，事有比；其有象比，以觀其次。象者，象其事。比者，比其辭也。以無形求有聲。其釣語合事，得人實也。其猶張罝網而取獸也。多張其會而司之，道合其事，彼自出之，此釣人之網也。常持其網驅之。

鬼谷子

己欲平靜以聽其辭，察其事、論萬物、別雄雌。雖非其事，見微知類。若探人而居其內，量其能，射其意；符應不失，如螣蛇之所指，若羿之引矢；故知之始己，自知而後知人也。其相知也，若比目之魚；其見形也，若光之與影；其察言也不失，若磁石之取鍼；若舌之取燔骨。

未見形，圓以道之；既見形，方以事之。進退左右，以是司之。己不先定，牧人不正，事用不巧，是謂忘情失道。己審先定以牧人，策而無形容，莫見其門，是謂天神。

　　古代那些教化、指導平民百姓的聖人，其言行舉止、所作所為都是與自然法則相伴而生的。他們通過反顧過去，追溯既往，然後去推驗未來；通過返回去考察歷史，總結經驗，然後認識現在的情況；通過返回去了解別人，然後認識自我。人或者事物的發展如果不符合常規，出現異常，就需要反觀歷史，以尋找和把握控制這種現象的規律和方法。有許多事情是要經過反覆探索才能把握的，這是聖人的見解，我們必須得認真仔細地觀察、研究。

　　別人侃侃而談是處於動態；自己緘默靜聽則是靜態。要根據別人的言談來得知他的真正意圖和主張。如果其言辭不合情理，自相矛盾或者和你自己的主張不合拍，你可以追問詰難他，他一定會有應對。語言有表象有象徵，事物有類比，既然有表象有類比，通過談話我們可以了解對方，然後觀察分析得知藏在言談和事物後面更深的東西。所謂「象」是指表現事物本質的象徵，所謂「比」，是指言談用語中的比擬。然後以無形的規律來探求有聲的言語（由於借助邏輯方法和修辭技巧，讓道理不言而明）。引誘對方說話，如果能與事實相一致，就可以刺探出對方的

實情。這種方法就像張開網捕野獸一樣，要多在一些地方拉網，才能等到野獸自投羅網。如果把捕野獸的這個辦法運用到事情中，多引誘對方說話，那麼對方就會暴露出真實的意圖，這種語言上的誘導就是釣人的「網」。我們應該經常拿著「釣人之網」去誘導對方，如果對方語言沒有比擬，沒有說出真實情況，這時你就需要變換方法，用一些「法象」（順應對方意思的事例）來使對手感動，觸動其情感，進而了解其真實的思想，使其暴露出實情，從而控制對方，駕馭對方的思維。就這樣，我回一句他回一句，所說的話可以比較類推了，也就奠定了繼續交談、了解對手真實策略的基礎。再經過反覆地推敲、琢磨、試探、詰問、觀察、驗證，所有的事物都可以通過對方的言談反映出來。像聖人那樣用不同的方法誘問愚者和智者，所得到的情況真實性就毋庸置疑了。

古代善於從反面聽別人言論的人，通過改變言談的方式，就會像神鬼莫測一樣讓對方不知不覺就說出實情。隨機應變很得當，就能清楚的掌握情況。如果真實情況掌握不了，說服對方自然也就基礎不牢了。談話中改變自己訪談的類比和象徵，說反話，對方一定會有辯駁，自己要靜下來聽對方說話，讓他先談自己的觀點。想要傾聽對方講話，自己反而要先保持沈默；想要對方敞

想要傾聽對方講話，自己反而要先保持沈默；想要對方敞開心扉，自己反而要先閉聲收斂；想要升高，自己反而得先下降；想要從對方獲取好處，自己反而先得付出利益。

談話中改變自己訪談的類比和象徵，說反話，對方一定會有辯駁，自己要靜下來聽對方說話，讓他先談自己的觀點。想要傾聽對方講話，自己反而要先保持沈默；想要對方敞開心扉，自己反而要先閉聲收斂；想要升高，自己反而得先下降；想要從對方獲取好處，自己反而先得付出利益。

鬼谷子

開心扉，自己反而要先閉聲收斂；想要升高，自己反而得先下降；想要從對方獲取好處，自己反而先得付出利益。要想了解對方的內情，就要善於運用法象和類比去撥動對方，以便誘導出對方的言辭。相同的言談可以使雙方彼此回應引起共鳴，相同的道理就會使雙方彼此接納走到一起。無論是從這件事開始談起，還是從那件事開始談起；也無論是用來侍奉上級，還是用來管理下屬，只有做到這樣，我們才能在和對方談論時分辨真偽，了解異同，才能知道對手所言的情況是真實的還是虛假的。活動、停止，行為、舉止、言談、沈默都和這有關係，喜怒哀樂也因此會表現出不同的形態。所有這些都要遵循先前自己制定的原則。用反觀別人的方式來審視自己，了解對方情感的出發點。要用這種謀略，首先要使自己平靜下來，以便聽取對方的言辭，進而考察言辭中的事理，探討事物的興衰，辨別事物的真偽異同。即使對方所談不是我們急於想要得到的資訊，屬於比較次要的資訊，但是我們可以根據其中細微的徵兆，發現某些事物變化的迹象，進而推斷出重要的資訊。就像刺探敵情而深居敵境一般，要首先估計敵人的能力，其次再摸清敵人的意圖，像符應一樣配合默契，像螣蛇指示禍福一樣絲毫不差，像后羿張弓射箭一樣百發百中。

　　所以要想掌握情況，要先從自己開始，只有

了解自己，然後才能更好地了解別人。以迅速地偵察出對手的真正意圖。這其中的規律，就像陰轉陽，陽轉陰一樣彼此滲透；像圓變方，又像方變圓一樣自如地轉換交談的策略。在情況還不清楚明晰以前就圓的策略來誘導對手，在情況明朗以後就要用方的策略來勸服對方，助其成就大業。進退左右，都按照這樣的規則來進行。如果自己不事先確定策略，就不能正確管理別人，做事就沒有合適的技巧，這叫做「忘情失道」（不考慮實際情況，不遵守事物規律）。自己首先需要確定策略，再以此來統領眾人，策略要不暴露意圖，讓旁人看不到其門道所在，這就是所謂的「天神」。

與別人相知相合，就像比目魚一樣近而沒有距離；明瞭對方的情形，從情形看其內心深處，能做到像光和影子一樣準確無誤；偵察對方的言辭，就能像用磁石來吸取鋼針，用舌頭來獲取焦骨上的肉一樣輕而易舉，做到萬無一失。

用反觀別人的方式來審視自己，了解對方情感的出發點。要用這種謀略，首先要使自己平靜下來，以便聽取對方的言辭，進而考察言辭中的事理，探討事物的興衰，辨別事物的真偽異同。

「反」和「覆」，是遊說的技巧，而「應」則是這兩種技巧產生的結果。

「以聽其辭，察其事、論萬物、別雄雌。雖非其事，見微知類。」

「欲聞其聲，反默；欲張，反斂；欲高，反下；欲取，反與。」

如果自己不事先確定策略，就不能正確管理別人，做事就沒有合適的技巧，這叫做「忘情失道」。只有「己審先定以牧人，策而無形容，莫見其門。」只有知己和知彼結合起來才能達到反應術應用的最高境界——「天神」。

所謂「反應」，在鬼谷子的思想裏有兩個含義：「反」和「覆」，是遊說的技巧，而「應」則是這兩種技巧產生的結果。在《太平御覽》一書中引為《反覆篇》。反覆，據鬼谷子解釋就是「言有不合者，反而求之，其應必出」。意為如果其言辭不合情理，自相矛盾或者和你自己的主張不合拍，你可以追問詰難他，他一定會有應對。再從應對的言辭中捕捉到對方的真實意圖，了解和掌握對方的真實思想，進而控制被遊說者。

本篇主要介紹「反覆」遊說術的重要性、策略及技巧。題名為反應，與我們通常理解的反應並不相同，他是指說客通過某種手段刺激對手，使之發生變化。「反以觀往，覆以驗來；反以知古，覆以知今；反以知彼，覆以知此。」陶弘景注釋為「欲以知來，先以觀往；欲以知今，先以考古；欲以知彼，先度於己。」想要知道將來的情況如何，先觀察過去的情況；想要知道現在的情況，先考察古代的情況；想要知道他人是什麼樣的，先正確認識自己。鬼谷子認為世間的事物是有聯繫的，了解事物把握事物應該全面去把握，歷史地、全面地、辯證地看待，強調從時空整體上去把握事物的發展變化。接著鬼谷子又闡

述了反應的謀略：「人言者，動也。己默者，靜也。因其言，聽其辭」。首先自己要「闔」緘默靜聽，讓對方「捭」侃侃而談。要根據別人的言談來得知他的真正意圖和主張。如何才能以反求覆，鬼谷子繼續做了講解：「言有不合者，反而求之，其應必出。」反術的應用在於對方與我和言辭不合時，需要刺激對方，使對方有所反應並表現出其真實意圖，即「應」。而這需要說客用「象比」的手段去獲得，這就像張網捕獸一樣，可以達到自己得知對方情況的目的。如果對方不言語，那就要用反覆之術來打動他，達到控制對方的目的，即可達到「萬事不失其辭」，並再次強調「聖人所誘愚智，事皆不疑」。

　　然後，鬼谷先生強調反聽的目的是得情，說客應該通過各種方法反覆試探，讓對方不知不覺地暴露出真實思想，「故善反聽者，乃變鬼神以得其情。」經過多次反覆刺激對方，「以聽其辭，觀其事、論萬物、別雄雌。雖非其事，見微知類。」以便聽取對方的言辭，進而考察言辭中的事理，探討事物的興衰，辨別事物的真偽異同。即使對方所談不是我們急於想要得到的資訊，屬於比較次要的資訊，但是我們可以根據其中細微的徵兆，發現某些事物變化的迹象，進而推斷出重要的資訊。本節的核心是欲擒故縱，即「欲聞其聲，反默；欲張，反斂；欲高，反下；

「以聽其辭，察其事、論萬物、別雄雌。雖非其事，見微知類。」

「欲聞其聲，反默；欲張，反斂；欲高，反下；欲取，反與。」

欲取，反與。」只有這樣才能「同聲相呼，實理同歸。

最後，鬼谷先生闡述了知人必先知己。「知之始己，自知而後知人也」。要想掌握情況，要先從自己開始，只有了解自己，然後才能更好地了解別人。如果「己不先定，牧人不正，事用不巧，是謂忘情失道。」如果自己不事先確定策略，就不能正確管理別人，做事就沒有合適的技巧，這叫做「忘情失道」。只有「己審先定以牧人，策而無形容，莫見其門。」只有知己和知彼結合起來才能達到反應術應用的最高境界——「天神」。

本篇提及了說客應用「反應術」時經常用的幾種技巧：象比、張網、釣語、知己等等，有許多我們經常提到的成語也隱含其中，諸如投石問路、欲擒故縱、拋磚引玉等等。

謀術一　象比

鬼谷子提到了「言有象，事有比。其有象比，以觀其次。象者，象其事，比者，比其辭也，以無形求有聲」。語言有象徵，事物有類比，既然有表象有類比，通過談話我們可以了解對方，然後觀察分析得知藏在言談和事物後面更深的東西。所謂「象」是指表現事物本質的象徵，所謂「比」，是指言談用語中的比擬。然後以無形的規律來探求有聲的言語（由於借助邏輯方法和修辭技巧，讓道理不言而明）。通過合適的比類來說服對方。趙高說服胡亥與李斯就是通過象比術達到其勸服的目的。

趙高力挺胡亥為帝

秦朝末期，秦始皇遊會稽，病重不起。命令趙高給公子扶蘇寫信，欲傳位於扶蘇，信沒有來得及發出，秦始皇就死了。趙高欲立胡亥為皇帝，扣留了書信和玉璽，但胡亥和當時的丞相李斯都不同意，於是趙高對他們進行了說服。

趙高對公子胡亥說：「皇上已經駕崩，沒有詔封任何王子，唯獨賜給長子扶蘇一封信。長子一來，即立為皇帝。但您卻沒有書信，怎麼辦呢？」胡亥回說事情本來就應該這樣，既然父親

「反」和「覆」，是遊說的技巧，而「應」則是這兩種技巧產生的結果。

語言有象徵，事物有類比，既然有表象有類比，通過談話我們可以了解對方，然後觀察分析得知藏在言談和事物後面更深的東西。

所謂「象」是指表現事物本質的象徵，所謂「比」，是指言談用語中的比擬。

已經立了哥哥，我沒有什麼可以說的。趙高開始亮出自己的主張：自己、胡亥和李斯大權在握，希望胡亥稱帝。

胡亥卻說：「立扶蘇為帝是父親的遺願，廢兄立弟是不義；不服詔書是不孝；自己能薄才淺，勉強依靠他人也不合適，立自己為帝是逆背道理的事，天下人會不服，最後弄得自身傾危，國家滅亡。」趙高就用了「象比」的遊說術，逐一進行了反駁：「湯武殺其主，天下人都稱讚他們的義行，不認為是不忠的行為；衛君殺其父，衛國人卻把此事作為德行記載，孔子還寫在書上，不認為這是不孝的行為。大事不拘細節，賢德不辭小讓，鄉曲間各有所宜，而百官功勳的標準和要求也不相同，所以，顧小而忘大，必有後患；猶豫不決，必會後悔；決斷而果敢，連鬼神都躲避你，以後必定會成功，希望你一切如願。」

胡亥又說父親剛死，不方便說及此事，況且還有李斯不一定答應。趙高又慫恿道：「時間緊促，來不及詳細考慮了，正如打仗，背糧躍馬地往前趕，唯恐趕不上時機，哪能再拖延不決！」胡亥遂同意趙高提議。

趙高又去勸說李斯：「皇上駕崩，曾給長子扶蘇賜有書信，要他回咸陽參加喪禮，並立為嗣君。書信還沒有送走，都在胡亥處，確定誰是太

子就在於您我之口，您說怎麼辦？」李斯回答這
不應該是大臣討論的問題。

趙高又說：「您自己估計一下，您在哪方面
能和蒙恬將軍相比。才能比蒙恬強嗎？功勞比蒙
恬高嗎？謀略比蒙恬深嗎？比蒙恬更能得天下人
的心嗎？您比蒙恬和長子扶蘇的關係深，更能得
到扶蘇的信任嗎？」這已經逐漸地佔據了主導地
位。李斯歎道：「在這五個方面，我都不如蒙
恬，但您為什麼對我如此苛責？」

趙高開始侃侃而談：「我趙高本是內宮一小
廝，幸而懂得一點文墨，而被選直秦宮。管事已
經有二十多年，我不曾見過秦國對功臣的封賞能
夠及於後世的，他們的結局都是被誅死。皇帝有
二十多個兒子，這您是知道的，長子扶蘇剛毅勇
武，令人信賴而且喜歡用舊人，他即位後，必定
用蒙恬為丞相。您最後一定保不住通侯之印，肯
定會被遣回鄉里，這是很明白的事。我曾受詔教
導胡亥，胡亥仁慈篤厚，輕財重士，秦國諸公子
都不如他，他可以做嗣君。您想個計策，把這件
事訂下來。」李斯回說自己本來就是一布衣，能
當丞相是皇帝的信任，不會因為怕死而違抗皇帝
的遺命。李斯已經權衡了利弊，但是出於對秦始
皇的尊敬還是不同意趙高的提議。

趙高又勸道：「聖人也知道應該隨時變化，
見末知本，觀人所指即知其意旨。事情本來就應

無形的規律來探
求有聲的言語（由於
借助邏輯方法和修辭
技巧，讓道理不言而
明）。通過合適的比
類來說服對方。

從外制中，是別有用心，從下制上，則是犯上作亂。因此，秋霜降而草木落花，春水動而萬物皆生。這是必然的結果。

該這樣。不能因循守舊。現在天下的權柄和命運都在胡亥手裏，我自己是肯定會得志的，從外制中，是別有用心，從下制上，則是犯上作亂。因此，秋霜降而草木落花，春水動而萬物皆生。這是必然的結果。您為什麼轉變這麼慢呢？」李斯反駁道：「晉國因易換太子，三世不得安寧；齊桓公兄弟爭位，他的兄弟公子糾身死被戮，殷紂王殘害親戚，不聽諫言，國家化為廢墟。這三者都是因為逆天而行，後果都是宗廟不保，我李斯怎麼能和你們同謀？」

趙高又用個人得失的比較來打動、威嚇李斯：「上下合作同一即可長久，您要是聽從我的勸告，就可以長久封侯，世世稱孤，一定會有喬、松（傳說中的仙人）的壽，孔子、墨子的智。如果不聽從我的話，肯定會禍及子孫，聰明人可以轉禍為福，您將採取哪種態度？」李斯也被勸服了。

三人合謀，立胡亥為帝，篡改遺詔，殺死了扶蘇和蒙恬。

本案例中趙高將用正面和反面的「象比」說服胡亥和李斯。當胡亥認為自己稱帝不孝不義無能時，趙用正面的類比來勸服他成就大業；當李斯認為換太子會給國家帶來災難時，趙又用正面和反面的類比來引誘和壓迫李，使李最終同意的自己的主張。

螳螂捕蟬，黃雀在後

　　春秋時期，吳王決定攻打荊楚，並宣布有敢諫者誅。在其謀臣中有一年輕人，想去勸阻但又擔心觸怒吳王。為了避開吳王的強烈拒諫心理，又能說服其停止對荊用兵，他巧設了說服策略。

　　他用自己反常的行為有意的引起吳王的注意，一連三天，每天一清早就拿著彈弓在吳王後花園中遊蕩，不顧露水打濕衣衫。他以此來引起吳王的好奇，激發其探究自己行為的興趣，變被動為主動，為使對方接受自己的說服而打下了良好的心理基礎。吳王問他：你何苦一清早就在這裏，弄得自己衣服都濕了。年輕人就告訴吳王：園中有樹，樹上有蟬，蟬在一邊高興地叫著，吸吮著新鮮露水，卻不知道螳螂就在後面。螳螂弓著身體，想要吃掉蟬，卻不知道黃雀就在後面。黃雀伸長了脖子，正想吃掉螳螂，卻不知道正面的彈丸就要射過來。這些都在自然界存在的正常現象，但並沒有真正的出現在吳王面前，是年輕人編造出來的比喻，但其中卻隱含著很深的哲理，其目的就是引入勸說吳王的正題。蟬、螳螂、黃雀都只為了自己眼前的利益，卻不顧身後的隱患與危險。

　　聽到這裏，吳王自然也想到了自己決定出兵

　　「言有象，事有比。其有象比，以觀其次。象者，象其事，比者，比其辭也，以無形求有聲。」

　　所謂「比」，是指言談用語中的比擬。然後以無形的規律來探求有聲的言語通過合適的比類來說服對方。

攻打荊楚的事，想到了各國之間的關係，對自己的行為進行了由此及彼的反思，最後停止了對荊楚用兵的計畫。

這段故事中，說客並沒有直接進諫、觸怒龍顏，也沒有幫助吳王分析形勢、陳述出兵的利害，只是講了一個故事，也沒有說自己想要說服對方，只是讓吳王自己去回想、品味其中的道理，從而用「象比」的手段說服了吳王，達到了目的，也是說客說服君王使用「象比術」的一個絕妙典型。

木偶土偶

隨著孟嘗君田文的賢名遠播，一些心有雄圖大略的君王瞄準了他。秦昭王最是雷厲風行，把自己的兄弟涇陽君安排到齊國做人質，要交換田文到秦國。田文深知到秦國的風險，但是他更希望能夠以自己的才華輔佐秦昭王那樣的有為之君，以有所作為。

聽說他要赴秦，他的門客紛紛前來勸阻。田文都一一回絕。他除了對命的自信，就是對立世成就大業的渴望。他好像是去意已定。

這時，賓客蘇代過來對他說：「今天早上我從外面來，見到一個木偶人與一個土偶人正在交談。木偶人說：『天一下雨，你就要坍毀了。』

土偶人說：『我是由泥土生成的，即使坍毀，也要歸回到泥土裏。若天真的下起雨來，水流沖著你跑，可不知把你沖到哪裡去了。』當今的秦國，是個如虎似狼的國家，而您執意前往，如果一旦回不來，您能不被土偶人嘲笑嗎？」

在這則木偶和土偶的對話故事，蘇代向孟嘗君說明：秦和齊相比，一個是石頭，一個只是雞蛋；秦國以涇陽君為質，不過是讓他過來做誘，引田文過去，在這兒蘇代以土偶比涇陽君，木偶比孟嘗君。但是以秦和齊的實力，秦做了對不起田文的事情，齊也不敢把涇陽君怎麼樣。如果是那樣的話，田文是有去無回，可是涇陽君卻仍然可以來去自如。

蘇代的這一席話，說動了田文，孟嘗君聽後，悟出了個中道理，他才托辭齊王，拒絕了秦王的邀請，沒有再敢到秦國去。

謀術二　釣語

鬼谷子提出的釣語，意味深遠，是一種很微妙的語言藝術。所謂「釣語」就是像釣魚投餌一樣，為了引誘對方說出真話，在發言時故意說些刺激對方的話題。「其釣語合事，得人實也。……常持其網驅之，其不言無比，乃為之變。以象動之，以報其心，見其情，隨而牧之。」釣語是言談開始時的導引性、啟發性言語，以便引出對方的話頭以及對方不願外露的思想情感。清人俞樾釋曰：「釣語謂人所隱藏不出之言，以術釣而出之。」用簡單而富有引誘力的話語引導、開啟對方，使得對方非得開口說話不可。釣語最關鍵的地方就在於選定一個合適的話題，引起雙方思想或者感情上的共鳴，拉近距離，讓對方「捭」，打開話語，順著對方的話去說服他。

清人俞樾釋曰：「釣語謂人所隱藏不出之言，以術釣而出之。」

觸龍說趙太后

歷史上著名的觸龍說趙太后充分體現了鬼谷子的釣語技巧。觸龍就是用釣語讓趙太后說出了她自己不願說而且也禁止他人說的長安君為質的事情。

據《戰國策·觸龍說趙太后》中記載：這個故事大約發生在趙孝成王元年（西元前265年）。西元前266年，趙國的國君惠文王去世，他的兒

子孝成王繼承了王位，因當時孝成王還小，所以由太后執政。趙國正處於新舊交替之際，趙太后剛剛執政，國內動盪不安。當時的趙國，雖然有廉頗、藺相如、平原君等人在支撐門面，但國勢已大不如前。秦國認為有機可乘，便發兵東下，一舉攻佔了趙國的三座城池，趙國危在旦夕。

顯然，靠自身的力量趙國絕不是秦國的對手。所以，太后不得不請求與趙國關係較密切的齊國增援。齊王雖然答應出兵，但按當時的慣例提出了一個條件：即趙國必須派太后的幼子長安君到齊國去做人質。趙太后對幼子極為寵愛，生怕他到齊國發生什麼危險，遲遲不做決定。大臣們為了國家的安危，極力勸說太后派長安君到齊國做人質。結果趙太后大為生氣，對大臣們說：「以後誰再提起讓長安君去做人質一事，我一定要當面唾他的臉。」

這天，德高望重的大臣觸龍求見趙太后，太后以為他又是來勸說她派兒子去做人質的，氣沖沖地等著他。誰知觸龍見到太后只說：「我好久沒有來問候太后，不知道太后最近身體怎麼樣，所以特別來朝見問候。」趙太后說：「最近我活動得不多，每天吃飯也少。」觸龍說：「我近來的胃口也不好，卻還是支撐著散散步，每天走上三四里路，稍微增加點食物。這樣對健康有好處。」太后說：「我可做不到這些。」這時，在

「其釣語合事，得人實也。……常持其網驅之。其不言無比，乃為之變。以象動之，以報其心，見其情，隨而牧之。」

日常的相互問候中，趙太后的怒氣漸漸消了些。

這時觸龍說：「我有個孩子叫舒棋，排行最小，可是不成材，我總是寵愛他。我已經老了，求您讓他來王宮當一名侍衛吧，我就是為這事特地來向您稟告的。」太后說：「好吧，他多大了？」觸龍說：「15歲。年紀雖小，但我希望在我死之前把他託付給太后。」太后說：「沒想到男子漢也這樣寵愛自己的小兒子。」觸龍說：「男人寵愛自己的小兒子可能比女人還厲害。」太后這時笑著說：「不會吧，女人家才格外寵愛自己的小兒子呢！」

觸龍見太后情緒好多了，進一步說：「父母疼愛自己的子女，總是要替他們做長遠打算。」趙太后點了點頭。觸龍隨即轉換話題說：「但是我覺得太后為自己的兒子打算得不夠長遠。」趙太后大為不解，問觸龍為什麼這麼說。觸龍說：「從古到今，王子王孫能夠世代繼承王位的非常少，難道是他們沒有能力嗎？不是的。只是因為他們地位雖然很高，卻沒有為國家建立過什麼功勳。等他們執政以後，並不能穩定地保持下去。如今太后抬高了長安君的地位，給他很大封地和很多財寶，卻不讓他及時為國家立功，一旦太后去世，長安君怎能在趙國站穩腳呢？所以我認為太后替長安君打算得不夠長遠。」

聽完他的話，太后才知道觸龍也是來勸說她

釣語最關鍵的地方就在於選定一個合適的話題，引起雙方思想或者感情上的共鳴，拉近距離，讓對方「掉」，打開話語，順著對方的話去說服他。

觸龍深知要使自己的說辭得到採用，必先拉近與遊說對象的關係，與之情投意合，一旦情投意合，就會變敵對、抵抗心態為接受、應允心態。

派兒子去做人質的。但不知不覺中她已經被說服了。於是趙國為長安君準備了車馬隨從，送他到齊國做人質，齊國答應在趙國受到侵略時出兵援助趙國。

　　觸龍以謀國之忠、施展老謀深算，終於使不願開口提人質事的趙太后應允了國家的決策。觸龍深知要使自己的說辭得到採用，必先拉近與遊說對象的關係，與之情投意合，一旦情投意合，就會變敵對、抵抗心態為接受、應允心態。所以他以老年人拉家常的方式開頭，既解除了戒備，又拉近了關係。

謀術三　投石問路

> 　　遊說中的「反應」實際上就是我們平時所說的「投石問路」、「拋磚引玉」，是指遊說者在進行遊說時，對於自己不是很了解對方主張的情況下，採取一種技巧，投石問路，觀察對方的反應，從細微處探究出對方的真實思想和意圖，然後再根據情況去說服他。

諸葛用智激周瑜

　　《三國演義》第四十四回孔明用智激周瑜，諸葛亮在勸說孫權同意孫劉建立聯盟抵抗曹操之後，還不知道吳國三軍統帥周瑜的個性和主張，於是採取了「反應」的策略去了解對方。

　　諸葛亮在魯肅陪同下拜訪周瑜，魯肅先問周瑜主張是戰是降，周瑜回答說：「曹軍勢大，未可輕敵。戰則必敗，降則易安……當遣使納降。」實際上在這裏周瑜也是向諸葛亮行「反應術」，想知道諸葛亮的真實主張。主戰派魯肅就和周瑜互相爭辯，諸葛亮立即笑話魯肅不識時務，並表示贊成周瑜的說法。這正是諸葛亮的「石」。

　　接著諸葛亮為了刺激周瑜，又給周瑜出一

計，「並不勞牽羊擔酒，納土獻印；亦不須親自渡江；只須遣一介之使，扁舟送兩個人到江上。操一得此兩人，百萬之眾，皆卸甲卷旗而退矣。」周瑜還不以為然，又問：「操欲得二喬，有何證驗？」諸葛亮就朗誦了曹操幼子曹植寫的《銅雀台賦》。

「從明後以嬉遊兮，登層台以娛情。見太府之廣開兮。觀聖德之所營。建高門之嵯峨兮，浮雙闕乎太清。立中天之華觀兮，連飛閣乎西城。臨漳水之長流兮，望園果之滋榮。立雙台於左右兮，有玉龍與金鳳。攬二喬於東南兮，樂朝夕之與共。俯皇都之宏麗兮，瞰雲霞之腐。欣群才之來萃兮，協飛熊之吉夢。仰春風之和穆兮，聽百鳥之悲鳴。天雲垣其既立兮，家願得乎雙逞，揚仁化於宇宙兮，盡肅恭於上京。惟桓文之為盛兮，豈足方乎聖明？休矣！美矣！惠澤遠揚。翼佐我皇家兮，寧彼四方。同天地之規量兮，齊日月之輝光。永貴尊而無極兮，等君壽於東皇。御龍舟以遨遊兮，回鸞駕而周章。恩化及乎四海兮，嘉物阜而民康。願斯台之永固兮，樂終古而未央！」並解釋說曹操所以統領百萬大軍雄視江東，其目的就是得到大喬小喬二人，對於吳國來講，用兩名養女換取國家免遭戰禍，未嘗不是一件划算的事。

周瑜聽罷，勃然大怒，離座指北而罵曰：

遊說者在進行遊說時，對於自己不是很了解對方主張的情況下，採取一種技巧，投石問路，觀察對方的反應，從細微處探究出對方的真實思想和意圖，然後再根據情況去說服他

「老賊欺吾太甚！」孔明急起止之曰：「昔單于屢侵疆界，漢天子許以公主和親，今何惜民間二女乎？」瑜曰：「公有所不知：大喬是孫伯符將軍主婦，小喬乃瑜之妻也。」原來大小喬是孫策和周瑜的夫人。瑜曰：「吾與老賊勢不兩立！」孔明曰：「事須三思免致後悔。」諸葛亮通過投「石」已經知道了周瑜真實的「路」。不知不覺中周瑜已經被諸葛亮拉到了相同的思路上來。

不過周瑜還不知道諸葛亮的真實想法，於是就以誠相待，瑜曰：「吾承伯符寄託，安有屈身降操之理？適來所言，故相試耳。吾自離鄱陽湖，便有北伐之心，雖刀斧加頭，不易其志也！望孔明助一臂之力，同破曹賊。」到此為止，周瑜已經完全被諸葛亮說服，也同意與劉備結成聯盟，共同抗曹。實際上，諸葛亮肯定知道二喬是孫策和周瑜的夫人，他裝作不知，然後以此來當石，刺激周瑜，借此知曉周瑜的真實想法。二人共用了鬼谷先生的「反應術」，互相摸清了底細，並在此基礎上諸葛亮勸服了周瑜。

謀術四　張網而待

　　鬼谷子在文中說到，釣語「猶張置網而取獸也。多張其會而司之，道合其事，彼自出之，此釣人之網也。常持其網驅之。」意為遊說時採取的謀略應該就像張開網捕野獸一樣，要多在一些地方拉網，才能等到野獸自投羅網；如果把這個辦法運用到說服別人，就是通過「象」和「比」多引誘對方說話，對方就會暴露出真實的意圖，這種語言上的誘導就是釣人的「網」。戰國時期運用反應術的縱橫家很多，但蘇秦以屍為誘，計除仇敵甚是高明，蘇秦在自己將死時設計了一圈套，用自己的屍體做了一次「反應術」的應用。

以屍為誘

　　在《史記·蘇秦列傳》中記載了這樣一件事，蘇秦當時作為燕國的間諜在齊國充當齊湣王的客卿，深得齊王信任，引起了齊國許多權貴嫉妒，齊國大夫中有許多人和蘇秦爭奪國君的寵信，因而派人刺殺蘇秦，蘇秦當時沒死，帶著致命的傷逃跑了。齊王派人捉拿兇手，卻沒有抓到。蘇秦臨死之時，對齊王說：「我馬上就要死了，請您在人口集中的街市上把我五馬分屍示眾，並說：『蘇秦是燕國的間諜，為了燕國在齊

國謀亂』，這樣做，刺殺我的兇手一定可以抓到。」蘇秦死後，齊王就按照他的話做了，那個刺殺蘇秦的兇手果然自動出來請功，齊王因此抓住了刺客，並殺之。燕王聽到這個消息說：「齊國為蘇先生報仇，作法也太過分啦！」

蘇秦以自己的屍體車裂為誘餌，設計了一張抓捕兇手的「網」，使刺客主動跳了出來，這正是鬼谷先生所謂的「其猶張罝網而取獸也」。

謀術五　欲擒故縱

　　欲擒故縱是三十六計中的一計，在鬼谷子的謀略中也有表述。「欲聞其聲，反默；欲張，反斂；欲高，反下；欲取，反與。欲開情者，象而比之，以牧其辭。」想要傾聽對方講話，自己反而要先保持沈默；想要對方敞開心扉，自己反而要先閉聲收斂；想要升高，自己反而得先下降；想要從對方獲取好處，自己反而先得付出利益。要想了解對方的內情，就要善於運用法象和類比去撥動對方，以便誘導出對方的言辭。欲擒故縱中的「擒」和「縱」，看似一對矛盾，實際上他們之間的關係非常微妙，古代的陰陽學說中認為陰陽互變，矛盾會相互轉化，在說客遊說時，「擒」是目的，「縱」則是方法，用暫時的放棄換來更有效果的獲得。古人有「窮寇莫追」的說法。實際上，不是不追，而是看怎樣去追。把敵人逼急了，它只得集中全力，拼命反撲。不如暫時放鬆一步，使敵人喪失警惕，鬥志鬆懈，然後再伺機而動，殲滅敵人。

晏子轉型

　　《晏子春秋》裏有這樣一個故事：《晏子春秋‧外篇第七》中記載了一段這樣的故事。晏子（名嬰，卒於西元前500年）生活的那個時代，正是為後世建立種種基本規則的所謂軸心時代。

「欲聞其聲，反默；欲張，反斂；欲高，反下；欲取，反與。欲開情者，象而比之，以牧其辭。」

齊景公讓晏子去治理東阿，三年後有人告狀，景公召其入宮，欲罷其官。

晏子說：「再給我三年時間，請允許我改弦更張，換一個辦法治理東阿，保證沒有人告我狀，而且如果三年治理不好，我情願以死謝罪。」景公遂答應了他的要求。

三年過去了，果然沒有人告狀了，而且都說他好話。景公決定獎賞晏子，晏子拒不肯收。景公問其原因，晏子回答說：「從前我治理東阿，後門全部關死，賄賂根本就沒有。池塘裏的魚都造福窮人了，那時候老百姓沒有挨餓的，而您反而要治我的罪。後來我治理東阿，大走後門，大行賄賂，加重老百姓的稅賦，搜刮來的財富不入國庫，都孝敬您左右的人了。池塘裏的魚，也都入於權貴之家。現在東阿的老百姓有一半在挨餓，您反而迎上來祝賀我，我這人傻，治理不了東阿。這就是我沒有人告狀的原因了，請您准許我退休，給賢能的人讓位。」說著連連磕頭，請求退職還鄉，齊景公聽了，從座位上走下來道歉說：「請你一定勉力治理東阿。東阿縣的事，我不再干涉了。」同時景公也知道了晏子的賢明，讓他參與治理國家，又過了三年，齊國綜合實力大增。

晏子在說服景公的過程中，採用了「欲擒故縱」的手段，剛開始治理東阿時，他直接將自己

要想了解對方的內情，就要善於運用法象和類比去撥動對方，以便誘導出對方的言辭。

的政策在東阿試行，可是沒有達到目的，而且引來了眾多的非議，導致景公對他的不信任。後來他採取了「縱」的手段，暫時放棄了自己的政治主張，遵守官場的潛規則，因此獲得同僚和景公的讚賞，只有這樣他才能有機會達到「擒」的目的，讓景公和同僚相信他，信任他，在全國推行自己的政治策略。

謀術六　反聽

鬼谷子在本篇中說：「善反聽者，乃變鬼神以得其情」，意為高明的人要善於從別人對話中聽出言外之意。只有這樣才能「料其情」，才能得知對方要表達的意思，然後再「順之」或「反之」。反聽，也即用心去聽，要透過對方的語言表象辨別他的真假異同，掌握實情，要善於分析和推理，去粗存精、由表及裏的思考，才能正確認識對方。

景公伐魯

《晏子春秋‧內篇》裏記述了景公伐魯的一件事。

齊景公伐魯，接近許城時找到一個叫東門無澤的人。齊景公問他：「魯國年景怎麼樣？」東門無澤並沒有直接回答他的問題，而是說些別的事：「背陰的地方結冰很厚，連河底都凍了；向陽的地方則結冰有五寸厚。」齊景公沒有理解對方的回答，就去問晏子。晏子告訴他：「您問他年成收入怎麼樣，他回答結冰的情況，這說明他是一個合乎禮的人。背陰的地方結冰很厚，連河底都凍了；向陽的地方則結冰有五寸厚。這說明魯國的節氣正常，該熱就熱該冷就冷。節氣正常

說明政治平和，政治平和則上下團結，上下團結則年成很好。年成好則收入高。他的話裏有這些意思：魯國的糧食充足，群眾團結，您要是討伐他們，恐怕會把齊國軍隊搞得很疲憊也不會有什麼收穫，這和您的想法差距較大。請您對魯國以禮相待，平息兩國之間的怨恨，遣返他們的戰俘，來表明我們的好意。」齊景公就不再打算伐魯了。

　　在這裏，東門無澤的回答很含蓄，並沒有直接勸齊王不要進攻魯國，而是通過言其他而讓對方明白他的意思，避開了頂撞齊王的局面。當然，在使用這種策略的時候要考慮對方的理解力，本篇中的齊景公並不能理解東門的意思，好在有晏子讀懂了他的意思，因此他的勸諫目的達到了。

　　本篇中鬼谷子先生用「反應」為題，表達出了很多樸素的遊說原理：分析問題要注意考慮事物的歷史性、多面性；要對遊說的主客觀雙方都有深刻的認識，並採取或「方」或「圓」的手段處理不同的情況；要善於誘導對方說出真實的想法，並用微妙的遊說讓對方不知不覺掉入早已設計好的陷阱；遊說時要先「投石問路」，掌握主動權……總之，需要用一種思維去把握：要對客體進行回復往返的思考與觀察，由此達到對於客體真正的了解和控制。

　　欲擒故縱中的「擒」和「縱」，看似一對矛盾，實際上他們之間的關係非常微妙，古代的陰陽學說中認為陰陽互變，矛盾會相互轉化，在說客遊說時，「擒」是目的，「縱」則是方法，用暫時的放棄換來更有效果的獲得。

鬼谷子

的謀略寶典

第三篇

內揵三

　　內揵，即遊說謀略，進諫說辭。其核心為：「得其情，乃制其術」。只有在知曉對方的意圖和心願情況下，在適當的時機、適當的形勢下，推行自己的主張，達到控制對方、進退自如的境界。

君臣上下之事，有遠而親，近而疏；就之不用，去之反求；日進前而不御，遙聞聲而相思。

事皆有內揵，素結本始。或結以道德，或結以黨友，或結以財貨，或結以采色。用其意，欲入則入，欲出則出；欲親則親，欲疏則疏；欲就則就；欲去則去；欲求則求，欲思則思。若蚨母之從其子也；出無間，入無朕。獨往獨來，莫之能止。

內者，進說辭也。揵者，揵所謀也。欲說者務隱度，計事者務循順。陰慮可否，明言得失，以御其志。方來應時，以合其謀。詳思來揵，往應時當也。夫內有不合者，不可施行也。乃揣切時宜，從便所為，以求其變。以變求內者，若管取揵。言往者，先順辭也；說來者，以變言也。善變者審知地勢，乃通於天，以化四時，使鬼神，合於陰陽，而牧人民。

見其謀事，知其志意。事有不合者，有所未知也。合而不結者，陽親而陰疏。事有不合者，聖人不為謀也。

故遠而親者，有陰德也。近而疏者，志不合也。就而不用者，策不得也。去而反求者，事中來也。日進前而不御者，施不合也。遙聞聲而相

思者，合於謀待決事也。

　　故曰：不見其類而為之者，見逆。不得其情而說之者，見非。得其情乃制其術，此用可出可入，可擱可開。故聖人立事，以此先知而揵萬物。

　　由夫道德仁義，禮樂忠信計謀，先取詩書，混說損益，議論去就。欲合者用內，欲去者用外。外內者，必明道數。揣策來事，見疑決之。策無失計，立功建德，治名入產業，曰揵而內合。上暗不治，下亂不寤，揵而反之。內自得而外不留，說而飛之，若命自來，己迎而御之。若欲去之，因危與之。環轉因化，莫知所為，退為大儀。

　　君臣上下之事，有遠而親，近而疏；就之不用，去之反求；日進前而不御，遙聞聲而相思。

　　內者，進說辭也。揵者，揵所謀也。欲說者務隱度，計事者務循順。陰慮可否，明言得失，以御其志。方來應時，以和其謀。詳思來揵，往應時當也。

　　夫內有不合者，不可施行也。乃揣切時宜，從便所為，以求其變。以變求內者，若管取揵。

譯　文

　　君臣上下之間的關係很微妙，兩者之間，有的相距遙遠卻關係親密，有的相隔很近卻關係疏遠。有的臣子主動投靠國君，但得不到重用，而有的臣子雖然已經離開國君了，但國君卻又很想找回並重用他。有的臣子天天都能謁見國君，但沒有被信任使用；而有的臣子則與國君距離遙遠，但國君只是聽到關於他的消息就想得到並重用他。歸根結柢，這些情況都是因為在君臣之間、上下之間、人與人之間相互交往時有內在的東西聯繫的，而這種聯繫是靠平時的交往積累而來。感情的聯繫往往來源於平時的接觸，臣子結交君王，有的用高尚的道德情操來結交，有的用像交朋友的方式來結交，有的則用送給對方財物來結交，有的則用美貌的容顏來結交。臣子只要摸清了國君的意圖和願望，想進來就可以進來，想退出就可以退出；想要親近國君就可以親近，想要疏遠國君就可以疏遠；想出仕做官就可以做官，想隱退山林就可以隱退；想向國君所求就能求到，想要讓國君掛念就可以讓他掛念。使君臣之間的關係就像母蜘蛛與牠的孩子之間的關係一樣親密，謀臣想出就出，毫無間隙讓他人可鑽，沒有一點漏洞；想入就入，毫無徵兆讓他人捉

摸，進退出入隨心所欲，獨來獨往沒有任何人能夠阻止自己。

所謂「內」（通「納」）就是臣下對君上進獻說辭；所謂「揵」就是臣下對君上呈獻謀略。想要說服他人的謀士，務必要暗中揣測對方的心意；想要策劃事情的謀士，務必要循順勢而為，迎合人意，因勢利導，順其自然。謀臣要私下暗中分析自己的計謀是否可行，然後明確向國君分析利弊得失，才能迎合君心，進而影響對方的思想，控制最後的決策。遊說的要訣在於選擇適當的時機，使自己的計謀與對方的心意易於結合，合乎對方的心願；選擇適當的契機，反覆思考，順應時宜，才能與對方的心願相結合。假如所進之辭不合國君的意願，決策肯定無法實施下去。因此，遊說者就應該揣量切摩合適的時機，改變策略來適應變化了的形勢，以變對變，提出新計謀，才能像一把鑰匙開一把鎖一樣，適應新的形勢，這樣，國君才會肯定和接納謀士的建議。

與國君談論過去的事情，要順著他的意思來說分析；與國君談論未來的事情，則要採用容易變通的言辭，留有餘地，隨機應變。

善於隨機應變的謀士，要詳細了解體察當時當地的形勢，只有這樣，才能和上天的法則相通，隨著四季的更替而變化以適應不同的環境，像驅使鬼神一樣得心應手，才能遵循陰陽變化的

謀士在觀察到國君在謀劃事情時，一定要知曉君主的意圖和心願。如果出的計謀與對方意向不吻合，那是因為你對對方的意圖和情況沒有摸透。如果計謀與對方的意圖一致，但總不能達到默契，那就是因為君臣的關係表面上看很親熱，實際上二者內心裏卻有很大的距離。

規律，統治管理百姓。

謀士在觀察到國君在謀劃事情時，一定要知曉君主的意圖和心願。如果出的計謀與對方意向不吻合，那是因為你對對方的意圖和情況沒有摸透。如果計謀與對方的意圖一致，但總不能達到默契，那就是因為君臣的關係表面上看很親熱，實際上二者內心裏卻有很大的距離。

如果與國君的意見沒有吻合的可能，聖人是不會為其謀劃的。

所以說，與國君相距很遠卻關係親近的臣子，是因為他們的主張能與國君心意暗合；距離國君很近卻關係疏遠的臣子，是因為他們的策略與國君意圖不一；身在職位卻沒有被重用的臣子，是因為他的計策沒有得到國君心理上的認可；離開職位而能再被國君召回的臣子，是因為他的主張正中了國君的心意；每天都和國君謁見的臣子，卻不被信任，是因為他的施政策略與國君的想法不一致；而與國君距離遙遠，但國君只是聽到關於他的消息就想得到並重用他的臣子所想的策略，與國君正在計劃做的事情相同。

所以說，在不了解對方是哪類人、有什麼想法就去遊說的人，必定會事與願違，適得其反；在沒掌握對方意圖的時候就去遊說的人，定要受到否定。只有了解對方的真實意向和情感，再依據實際情況確定方法，這樣去推行自己的主張，

與國君談論過去的事情，要順著他的意思來說分析；與國君談論未來的事情，則要採用容易變通的言辭，留有餘地，隨機應變。善於隨機應變的謀士，要詳細了解體察當時當地的形勢，只有這樣，才能和上天的法則相通，隨著四季的更替而變化以適應不同的環境，像驅使鬼神一樣得心應手，才能遵循陰陽變化的規律，統治管理百姓。

才可能控制對方，進退自如；既可以進諫國君，堅持己見；又可以放棄自己的主張，隨機應變。

因此聖人立身處世、建功立業，都是由此預先了解事物的真相，從而把握萬事萬物的。向國君進辭獻策，由道德、仁義、禮樂和計謀開始，首先引用《詩經》和《書經》的教誨，再綜合分析利弊得失，討論自己策略的得失，然後考慮去留的問題。如果國君昏庸不理國家政務，百姓紛亂事理不明，這就是計謀與內情不相合，臣子就算有好的謀略也被國君所用，那麼就應該隱居山林，對於那種對內自以為是、對外又不能禮賢下士的國君，說客可以奉迎他，獲得他的信任後再慢慢說服他，從而達到自己的目的。如果想要留下和國君處好關係，那麼就需要了解他的意圖和想法，才能用「內」主動接近國君，爭取其寵信；如果想隱居離開，就用「外」，不必去探究他的真實意圖和想法。無論是用外情還是內情，都必須先明確道理和方法，揣測預知未來的事情，在遇到各種疑難面前就能相機決斷。在運用策略時只要不失策，就能建立功業和積累德政，治理人民，使他們從事生產事業，這叫做「揵而內合」，也即君臣上下同心，臣子的計謀與國君的意向相一致了。

如果國君昏庸不理國家政務，百姓紛亂事理不明，這就是計謀與內情不相合，臣子就算有好

鬼谷子

如果國君昏庸不理國家政務，百姓紛亂事理不明，這就是計謀與內情不相合，這就是計謀與內情不相合，臣子就算有好的謀略也被國君所用，那麼就應該隱居山林，對於那種對內自以為是、對外又不能禮賢下士的國君，說客可以奉迎他，獲得他的信任後再慢慢說服他，從而達到自己的目的。

的謀略也不被國君所用，那麼就應該隱居山林。對於那種對內自以為是、對外又不能禮賢下士的國君，說客可以奉迎他，獲得他的信任後再慢慢說服他，從而達到自己的目的。如果國君徵召自己，則應該主動去迎合，接受任命，為其所用，實現自己的目標。如果想歸隱山林，應該趁著國家危亂的時候行事。要依據情況伺機而動，見機行事，運轉自如，就像圓環旋轉往復一樣靈活，順應變化，使旁人看不出您想要幹什麼。

所謂「內揵」，就是指大臣向君王、下級向上級遊說謀略、進諫說辭。鬼谷子先生在文中提到：「內者，進說辭也；揵者，揵所謀也」。內者，通「納」，結納、引進，納言於人，也有人解釋為內情。揵者，即「建」，建議、建策、建白等等，結謀於人。

「內揵術」是《鬼谷子》中關於進獻計謀的方法，主張拉近與遊說對象的關係，找準對方的心理契合點，在心理上讓對方對自己有認同感，從內心上去打動對方，然後再向對方提出自己的建議和謀略，進而影響對方的決策。

鬼谷子先生在本篇中的第一層意思是強調謀士說客在進獻言辭時，必須先打好心理基礎。「君臣上下之事，有遠而親，近而疏；就之不用，去之反求；日進前而不御，遙聞聲而相思。事皆有內揵，素結本始。」君臣之間的親疏遠近，決定了謀士在國君心裏的地位，也直接影響了謀士的建議被採納的可能性。「素結本始」，與國君親疏遠近的主要功夫做在平時，只有與國君、上級平時的關係處理得好，才能摸準對方的真實意圖和想法，才能夠做到「欲入則入，欲出則出；欲親則親，欲疏則疏；欲就則就；欲去則

鬼谷子

去；欲求則求，欲思則思。若蚨母之從子也；出無間，入無朕。獨往獨來，莫之能止。」也只有這樣，謀士說客們在國君面前遊說時才會遊刃有餘、揮灑自如，控制對方的思想，引其思維走向你所設計好的思路。

鬼谷子先生在文中的第二層意思是謀士說客如何才能寵倖、取悅於君上。也即「內揵術」的具體方法，實際上也就是我們平時所說的「拉關係、走後門」，必須根據不同的對象，不同的情況，採用不同的方式，「或結以道德，或結以黨友，或結以財貨，或結以采色」，先順從對方的意願——「用其意」，取悅於對方，讓他心理上接受你、認同你，他才能夠心甘情願地接納你的諫言，接受你的遊說，達到「獨來獨往，莫之能止」的境界，玩弄君上於謀臣股掌之間。

鬼谷子先生的第三層意思是謀士說客們在進獻計謀時應該採用的技巧。首先應該「欲說者務穩度，計事者務循順。」想要說服他人策劃事情，務必要暗中揣測對方的心意，順勢而為，迎合人意，順其自然。其次，「乃揣切時宜，從便所為，以求其變」。遊說的要訣在於選擇適當的時機，順應時宜，使自己的計謀與對方的意圖相一致。「方來應時，以和其謀。詳思來揵，往應時當也。夫內有不合者，不可施行也」。遊說的要訣在於選擇適當的時機，使自己的計謀與對方

想要說服他人策劃事情，務必要暗中揣測對方的心意，順勢而為，迎合人意，順其自然。

遊說的要訣在於選擇適當的時機，順應時宜，使自己的計謀與對方的意圖相一致。

的心意易於結合，合乎對方的心願；選擇適當的契機，反覆思考，順應時宜，才能與對方的心願相結合。再次，要能夠及時變化，改變遊說的策略來適應變化了的形勢，以變對變，並提出新計謀。「以變求內者，若管取揵」。「善變者審知地勢」，善於隨機應變的謀士，要詳細了解體察當時當地的形勢，用容易變通的言辭，留有餘地，隨機應變。而且一再地提醒：「事有不合者，有所未知也。合而不結者，陽親而陰疏。事有不合者，聖人不為謀也」。他強調如果遊說者的計謀與君王意向不一致，原因是你還沒有進入對方的內心，如果與國君的意見沒有吻合的可能，就算是聖人也不能夠為其謀劃。

在本文中鬼谷子先生的第四層意思是「內揵術」的使用中如何處理內與外的關係。闡述什麼時候用「內」，什麼時候用「外」。如果想要留下和國君處好關係，那麼就需要了解他的意圖和想法，主動接近國君，爭取其寵信即「欲合者，用內」、「揵而內合」；如果因為一些原因，臣子就算有好的謀略也不被國君所用，那麼就應該隱居山林，不必去探究他的真實意圖和想法，「欲去者，用外」、「揵而反之」。

在內揵術的運用中，最關鍵也是最核心的是要把握清楚君上的心理，這是一切遊說技巧發揮的出發點。「得其情，乃制其術」，只有了解對

揣策來事，見疑決之。策無失計，立功建德，治名入產業，曰揵而內合。上暗不治，下亂不寤，揵而反之。內自得而外不留，說而飛之，若命自來，己迎而御之。若欲去之，因危與之。環轉因化，莫知所為，退為大儀。

方的真實意向和情感，才能依據實際情況確定方法，推行自己的主張，控制對方，進退自如。如果你不知道對方的意圖和想法，就成為無矢之的，所採取的遊說成功的可能性自然因而降低。

謀術一　知其情

　　鬼谷子說：「見其謀事，知其志意」，謀士在觀察到國君在謀劃事情時，一定要知曉君主的意圖和心願，知道「症」所在，才可以「下藥」。只有「得其情乃制其術，此用可出可入，可揵可開」，只有了解對方的真實意向和情感，再依據實際情況確定方法，這樣去推行自己的主張，才可能控制對方，進退自如。「知其情」是所有遊說活動的出發點，如何才能知道對方真正的心思所在，就成為謀臣策士們需要掌握的基本功。

孟嘗獻佩

　　孟嘗君田文是戰國時期四公子之一，以養士三千聞名，曾在齊、秦、魏任相。

　　在齊國任相國時，齊威王的正妻死了。孟嘗君就想：我要在威王正式宣布決定之前，投其所好地勸威王把眾多姬妾中的一個扶正。這個姬妾，應該是齊威王將要立為王儲的那個王子的生母。那樣的話，如果這個姬妾正合齊威王心意，那麼不僅得到威王的歡心，而且威王死後，繼位的新王將會因為孟嘗君有恩於其母而繼續寵倖他。萬一齊威王偏偏不喜歡他打算立為王儲的那個王子的生母，那樣雖然沒能迎合威王的心思，

但將來的齊王還是會感激孟嘗君曾經建議把他的生母扶為父王正妻——兩相比較，所得也遠遠大於所失。這一精妙周到的算計，真可謂立於不敗之地。

但現在的關鍵問題是，有十個不同姬妾所生的王子都很得威王歡心，如何準確揣測威王最寵愛的究竟是哪個王子呢？為了弄明白這一點，孟嘗君獻了十塊玉佩給齊威王，其中有一塊成色特別好。第二天，孟嘗君仔細觀察了十個王子戴著的玉佩，認準了戴著美玉的那個王子，於是他就向齊威王建議，把這個王子的生母扶為正妻。

孟嘗君欲就立后一事取悅君王，但起初他並不知齊威王的意圖，為了能夠獲知齊王之意，受寵於齊王，他用了一個小的計謀：獻佩，來投石問路，這樣他得知了齊王的意圖，並順其意舉薦后的人選，獲得了齊王讚賞。

靖郭君善齊貌辨

謀士在觀察到國君在謀劃事情時，一定要知曉君主的意圖和心願，知道「症」所在，才可以「下藥」。

「得其情」並非是單向的，對於謀臣來講需要得知君上的「情」，而對於君上來講，也需要知道臣下的「情」。要了解自己下屬的個性特徵，從感情上親近他們，知人善任，只有在感情上無隙，他們在工作的時候就會充分發揮自己的主觀能動性。

靖郭君對待門客齊貌辨非常友好。可是齊貌辨為人不拘小節，因此門客們都討厭他。有個叫士尉的人曾為此勸說靖郭君趕走齊貌辨，靖郭君沒有接受，士尉拂袖而去。這時孟嘗君田文也在暗中勸說驅逐齊貌君，不料田嬰卻大發脾氣說：「即使將來有人剷除我們這個家族，搗毀我們這片家業，只要能對齊貌辨有好處，我也在所不惜！」於是田嬰就給齊貌辨上等的客舍住，並且派長子去趕車，朝夕侍奉不懈。

　　幾年以後，齊威王駕崩，由田嬰的異母兄宣王即位。田嬰跟宣王合不來，於是就離開首都到自己的封土薛地來住，齊貌辨也跟他一同到了薛城。沒多久，齊貌辨決定辭別田嬰回齊國去覲見宣王，這時田嬰就說：「君王既然很討厭我田嬰，那你此去豈不是找死！」齊貌辨說：「臣根本就不想活，所以臣一定要去。」田嬰也無法阻止，於是齊貌辨就去見宣王。

　　齊貌辨到了齊國首都臨淄，宣王很早就知道他要來，他滿心怒氣地等著齊貌辨。齊貌辨拜見宣王後，宣王首先問他說：「你是靖郭君手下的寵臣，靖郭君是不是一切都聽你的呢？齊貌辨回答說：「臣是靖郭君的寵臣並不錯，但要說靖郭君什麼都聽臣的那倒未必。例如當君王還是當太子時，臣曾對靖郭君說：『太子長一副不仁相貌，下巴太大，看起來好像一隻豬。讓這種人當

只有了解對方的真實意向和情感，再依據實際情況確定方法，這樣去推行自己的主張，才可能控制對方，進退自如。

遊說者就應該揣量切摩合適的時機，改變策略來適應變化了的形勢，以變對變，提出新計謀，才能像一把鑰匙開一把鎖一樣，適應新的形勢，這樣，國君才會肯定和接納謀士的建議。

國王，施政必然違背正道，所以不如把太子廢掉，改立衛姬之子效師為太子。』可是靖郭君竟然哭著對臣說：『不可以這樣做，因為我不忍這樣做。』假如靖郭君是一切都聽臣的話，那麼靖郭君也不會遭受今天這樣的迫害，此其一。

當靖郭君到了薛城，楚相昭陽要用幾倍的土地來換薛地，我又向靖郭君說：『一定要接受這個請求。』靖郭君說：『從先王那裏接受薛地，現在即使與後王關係不好，如果把薛地交換出去，將來死後我向先王如何交代呢？況且先王的宗廟就在薛地，我難道能把先王的宗廟交給楚國嗎！』又不肯聽從我的。這是第二件事。」齊宣王聽了不禁長聲歎息，臉上顏色變了，說：「靖郭君對寡人的感情竟然深到這種程度啊！我太年輕了，很不了解這些事情。您願意替我把靖郭君請回來嗎？」齊貌辨回答說：「好吧。」

靖郭君穿戴上齊威王賜給的衣服帽子，佩帶賜給的寶劍，齊宣王親自到郊外迎接靖郭君，望著他哭泣。靖郭君到了朝廷，齊宣王就請他做國相。靖郭君表示辭謝，不得已才接受了。7天以後，又以有病為名堅決要求辭職，3天以後齊宣王才答應了他的要求。

此時此刻，應該明白靖郭君有知人之明啊！自己能夠了解別人，所以即使有人非議那個人，他也不懷疑自己的判斷力。這也就是齊貌辨之所

以置生死於度外、樂於解憂患、急於救人危難的原因。

　　齊貌辨果然不負靖郭君的器重和信任，以卓越的口才與謀略使自己的主人挽回了一切。齊貌辨對齊王先是沈默，這樣可以先揣摩齊王的心理，靜候齊王開口以找到機會。當齊王開口就提到靖郭君是否對齊貌辨言聽計從時，齊貌辨終於找到機會，把自己一番醜化，從而襯托出了靖郭君的忠心和偉大來。這實際上是遊說中的苦肉計，通過汙損自己來換取信任，來達到目的。

　　讓一個人甘心為自己赴湯蹈火、肝腦塗地是很不容易的，這既需要物質上的接濟幫助，更需要心靈上的肝膽相照、心心相印。「女為悅己者容，士為知己者死」。當你成為一個人的知己時，那麼他才有可能為你做出犧牲和付出。光有一番雄才大略，而沒有幾個知己，是絕不能成大事的。

謀術二　投其所好

> 　　鬼谷子先生在方中提到了「用其意」，指謀臣揣摩君上的意圖、嗜好而和君上交往，獲取信任。只有了解了君王的真正想法，知道他想得到什麼，謀臣就可以根據君上的所需，投其所好，得寵於君上。

呂不韋助子楚為秦王

　　據《史記‧呂不韋列傳第二十五》中記載，呂不韋是戰國末期陽翟的大商人。以往來販賤賣貴為業，家資千金，成為當時一大富戶。

　　秦昭王42年，立次子安國君為太子。安國君有子女20餘人，正夫人賜號華陽夫人。華陽夫人膝下無子。安國君有一兒子叫子楚，作為秦國的人質生活在趙國。呂不韋去趙都邯鄲做生意，見子楚經濟拮据，認為奇貨可居。就對子楚說：「我能讓您富有天下貴為天子。」子楚聽後笑著說：「您還是自己先富貴，然後再讓我富貴吧！」呂不韋說：「您有所不知，我的富貴是待您富貴後才能實現啊！」子楚心知呂不韋所指，便和他促膝密語，說了很多肺腑之言。

　　呂不韋說：「秦王老了，安國君如今又是太

子。我聽說安國君最寵愛華陽夫人，而華陽夫人膝下無子，如此，能推立繼承人的就只有華陽夫人了。您兄弟20餘人，而您排行居中，且您長在諸侯作為質，又如何能被安國君重視。如此看來，即使昭王死後，安國君得立為秦王，您也沒有多少把握和長兄及諸公子爭得太子之位。」子楚深以為然，說：「那依先生之見，該如何是好？」呂不韋說：「您經濟不寬裕，又客居在此，既無資財以奉獻親友，也不能結納門人賓客。我呂不韋雖不富裕，卻想用千金之資去為公子西向遊說秦廷，讓安國君及華陽夫人立公子為繼承人。」子楚聽後，忙下席跪拜說：「若先生的謀劃真得以實現，願平分秦國與先生共用。」

　　呂不韋就決定輔助子楚成為秦王，想用千金之資去為他西向遊說秦廷，讓安國君及華陽夫人立子楚為繼承人。子楚也正想通過此渠道改變命運，二人一拍即合。

　　於是，呂不韋便以五百斤金交與子楚，供其日常用度及結納賓客賢達之需，又以五百斤金盡購奇珍異寶，自帶著來到秦國，遍謁華陽夫人及其姊妹宗親，廣施珠玉。並皆於謁進時附言，極讚公子子楚才高德賢，且結納天下賢士豪傑，又常念叨：「華陽夫人是我子楚的精神依靠，日夜泣思父王及夫人。」華陽夫人聽後大喜。呂不韋又使其姊對華陽夫人說：「我聽說以美色而得寵

謀臣揣摩君上的意圖、嗜好而和君上交往，獲取信任。只有了解了君王的真正想法，知道他想得到什麼，謀臣就可以根據君上的所需，投其所好，得寵於君上。

倖的，等人老色衰時，寵倖也就不再了，現在夫人侍奉太子（安國君），若趁此時讓夫人選出繼承人，則安國君在位時尊寵，安國君百年之後，其所舉薦之子為王，則永不失尊寵之勢，這真是一句話而得百代之利啊！倘不在得幸時為身後事做好準備，等到色衰愛弛，雖想進一語，安國君還能如此言聽計從嗎？現諸公子中，數子楚最為賢孝，但自知排行居中，而且按照國律，次子又不得立為繼承人，其母亦不見寵倖，故想依附夫人。夫人如能在此時立子楚為繼承人，那夫人將終生得寵於秦國啊！」

華陽夫人就在安國君面前誇子楚雖身在趙為人質，實是諸公子中最為賢孝者，從趙國來的人都稱頌他。建議安國君用為繼承人。安國君同意了華陽夫人的提議，厚賜子楚，並請呂不韋做子楚的老師，時時侍其左右。子楚因而在諸侯中名聲大振。

呂不韋在所娶的邯鄲諸小妾中，曾與容貌姣好且能歌善舞者同居，並已身懷有孕。一天，子楚和呂不韋對飲，子楚與其小妾一見鍾情，心甚愛慕。酒飲至中巡，子楚起身為不韋祝酒，請不韋把那個美姬賜給他。呂不韋一聽大怒，但一想到自己已為子楚傾家蕩產，並想以此奇貨釣得大魚，於是就勉強答應了。那姬並未把懷孕的事告訴子楚，到臨產時，生下子政。子楚因之立此姬

為夫人。

　　秦昭王50年，趙國欲殺子楚，子楚和呂不韋用黃金六百斤賄賂看守，得以逃脫。秦昭王56年，昭王去世，太子安國君立為王，華陽夫人為王后，子楚為太子，趙國也把子楚夫人及兒子政送歸秦國。安國君即位為王，一年後去世，諡號孝文王。太子子楚代立，號襄王。襄王母親華陽王后封為華陽太后，生母夏姬被尊為夏太后。襄王元年，以呂不韋為丞相，封為文信侯，賜食河南洛陽十萬戶。

　　呂不韋在後世的評價中也列為縱橫家的代表，在其發現並力推子楚成為秦王的過程中，對不同的人採取了不同的策略，最終位極人臣，權傾一時。這個故事中，他所遊說的主要對象是子楚、華陽夫人。首先，他分析了子楚希望改變在趙國現狀的心理。在他遇上子楚的時候，認為「奇貨可居」，子楚對於他有很高的利用價值。於是採取了「結以財貨」的策略，從經濟上給子楚以很大的支援，並鼓動他採取謀略去獲得成為人君的機會，自己則從經濟上給予保證；而後，根據子楚好色的心理，「結以采色」把自己心愛的趙姬送於子楚，這樣完全獲得了對方的信任，接近了子楚，為其以後在政治上的發展打下了堅實的基礎。第二，他分析了華陽夫人的情況，認為華陽夫人雖然備受秦王寵愛，但也有後顧之憂

——沒有子女，擔心自己後半生沒有保障。於是對華陽及其家眷「結以財貨」，接近了華陽。曉之以利，曉之以害，曉之以理，遊說華陽的策略取得成功。

張儀之楚貧

《戰國策》中則記載了張儀在楚國的一段經歷。張儀在楚國的時候處境不佳，跟隨他的侍從很生氣就想離開他回老家。張儀就說：「你們一定是因為衣服帽子太破所以想走的。那麼等我為你們去見見楚王。」這時，南后與鄭袖兩人正受到楚王的寵愛，地位尊貴至極。

於是張儀去晉見楚王，楚王不怎麼高興，沒有搭理他。張儀說：「大王您不用我，我想到北方去見韓王。」楚王答應了他。張儀問道：「大王沒有想從韓國得到點什麼嗎？」楚王回答道：「黃金、珍珠、璣珠、犀革、象牙都出自楚國，我對韓國沒有什麼要求。」張儀又問：「大王難道不喜歡漂亮的女子嗎？」楚王問道：「你是什麼意思啊？」張儀回答：「鄭國、周國（韓國附庸國）的女子非常漂亮，皮膚粉白、頭髮黑亮，站在街上，不知道的人見了後會以為是仙女下凡了。」楚王就說：「楚國比較偏僻，從來沒有見過中原的女子這樣的漂亮，那麼漂亮的女子我怎

感情的聯繫往往來源於平時的接觸，臣子結交君王，有的用高尚的道德情操來結交，有的用像交朋友的方式來結交，有的則用送給對方財物來結交，有的則用美貌的容顏來結交。

麼能不喜歡呢？」於是把珠寶、玉器送給了張儀，讓他去幫自己物色漂亮女子。

　　南后、鄭袖聽說了這件事，很擔心（楚王有了新歡就不寵愛她們）。於是叫人對張儀說：「我們聽說將軍您要去韓國，我這裏有千斤金子，送您當一路吃住花銷。」

　　鄭袖也送了他五百斤金。張儀去向楚王辭別：「現在天下關卡多，進出都很難，我們君臣二人不知道什麼時候才能再見面。希望能和大王喝酒告別。」楚王同意他的要求。喝酒的時候，張儀又對楚王說：「我們這裏也沒有外人，不如把您親近的人一齊叫過來喝。」楚王也答應了他的請求。便叫上南后、鄭袖一起來喝酒。

　　張儀又再拜，向楚王請罪：「我對大王犯有死罪啊！」楚王問：「怎麼這麼說啊？」張儀說：「我走遍了天下，卻從來沒有見過像南后、鄭袖這樣的美人，而我卻說要為您找美人，這是我在欺騙大王啊！」楚王說：「您就不必掛心了。我本來就認為天下的美女誰也比不上她們兩人。」

　　縱橫家們也有缺錢的時候，但他們掙錢的方式不像我們這樣辛苦，他們僅僅憑著一張利嘴，略施小計，就拿到了足夠多的資金。像張儀這樣聰明的人實際上早就掌握了楚懷王的嗜好，摸透了對方的心理，所以拋下釣語「王徒不好色耳」，以此打動楚王貪婪的心，使其對張儀有所

求，最後又以「實在沒有見到過像南后、鄭袖般的美人」的話，既滿足了楚王的虛榮心、打消了其尋美的念頭，又實現了南后、鄭袖所要求的結果，沒有欺騙，又白得了金錢，這樣一個完滿的大結局何樂而不為呢？

智伯欲伐衛

投其所好，是想從對方那裏得到什麼，或者是想取悅於對方，消除對方的戒備心理。如果有人無緣無故投你所好送你喜歡的東西給你，那麼你就應該細心地判斷一下，他送你東西的真正意圖是什麼，進而掌握主動權，對其進行防範。絕對不能忽視事物的反常現象，這些現象背後肯定隱藏著陰謀。下面此篇中的南文子就具有這種先見之明。

智伯想攻打衛國，就送給衛君四匹良馬和一塊白璧。衛國國君十分高興，群臣都來慶賀，策士南文子卻面帶愁容。衛君說：「全國上下一片喜慶，而你卻愁眉苦臉，這是為什麼呢？」文子說：「沒有功勞就受到賞賜，沒費力氣就得到禮物，不可以不慎重對待。四匹野馬和一支白璧，這是小國應該送給大國的禮物，而如今大國卻將這種禮物送給我們，您還是慎重考慮為好。」這番話提醒了衛君，衛君就把南文子的這番話告訴

善於隨機應變的謀士，要詳細了解體察當時當地的形勢，用容易變通的言辭，留有餘地，隨機應變。而且一再地提醒：「事有不合者，有所未知也。合而不結者，陽親而陰疏。事有不合者，聖人不為謀也。」

邊防人員，讓他們加以戒備。果然不出南文子所料，智伯出兵偷襲衛國，發現衛國早有準備，到了邊境又返回去了。智伯失望地說：「衛國有能人，預先知道了我的計謀。」

智伯還是想襲擊衛國，處心積慮地假裝逐出他的太子，讓他逃奔衛國。南文子說：「太子顏是個好人，智伯又很寵愛他，他沒有犯什麼大罪卻逃亡出來，這其中必有蹊蹺。」南文子讓人到邊境迎接人，並告誡道：「如果太子的兵車超過五輛，就要慎重，千萬不要讓他入境。」智伯聽說後，無可奈何，只好打消了偷襲衛國的念頭。

智伯送給衛君重禮，是為了麻痹魏國，鬆懈武備；再次叫太子到魏國，是為了找尋發動戰爭的理由，智伯明白，作戰之前一定要有準備，要有一個發動戰爭的名正言順的響亮名義。南文子高過智伯一籌，根據智伯無故投自己君王所好而判斷出智伯將會有大的軍事行動，於是在開戰之前就挫敗了敵方的戰爭謀劃，贏得了國家的利益和尊嚴。

如果真正做到了「用其意」，那麼就沒有勸不動的對手了。張儀的「內揵術」可謂老到至極，讓對方不知不覺就被控制。如果謀士說客都能做到「用其意、得其情、制其術」，那麼也就能夠像鬼谷子先生文中所說的「獨來獨往，莫能止之」了。

謀術三　思間時當

　　思間得當，乃是指文中的「方來應時，以合其謀。詳思來捷，往應時當也。」這句話的意思是說遊說的要訣在於選擇適當的時機，使自己的計謀與對方的心意易於結合，合乎對方的心願；選擇適當的契機，反覆思考，順應時宜，才能與對方的心願相結合。有時同樣的謀略，在不同時機會有不同的際遇。

　　比如上一章我們提到的蘇秦以「連橫」遊說秦沒有被秦王採納，而張儀用同樣的謀略去遊說同樣的國君卻被採納。主要原因就是蘇秦選擇的時機不當，沒有考慮到當時秦國國內國外的形勢，並不適合他的戰略的施行；張儀則與其同學所受待遇不一，其中原因就是因為他選擇了合適的時機，當時秦國國內已經穩定下來，實力也增強不少，國外形勢則「合縱」之勢有了裂痕，對其非常有利。因此時機的選擇有時候對於說客來說是比較關鍵的一節。

淳于髡見惠王

　　《史記·孟子荀卿列傳第十四》中記載著這樣一個人——淳于髡。

　　淳于髡是齊國人。見識廣博，強於記憶，學業不專主一家之言。從他勸說君王的言談中看，似乎他仰慕晏嬰直言敢諫的為人，然而實際上他

專事察言觀色，揣摩人主的心意。一次，有個賓客向梁惠王推薦淳于髡，惠王喝退身邊的侍從，單獨坐著兩次接見他，可是他始終一言不發。惠王感到很奇怪，就責備那個賓客說：「你稱讚淳于先生，說連管仲、晏嬰都趕不上他，等到他見了我，我是一點收穫也沒得到啊。難道是我不配跟他談話嗎？到底是什麼緣故呢？」那個賓客把惠王的話告訴了淳于髡。淳于髡說：「本來麼。我前一次見大王時，大王的心思全用在相馬上；後一次再見大王，大王的心思卻用在了聲色上：因此我沈默不語。」那個賓客把淳于髡的話全部報告了惠王，惠王大為驚訝，說：「哎呀，淳于先生真是個聖人啊！前一次淳于先生來的時候，有個人獻上一匹好馬，我還沒來得及相一相，恰巧淳于先生來了。後一次來的時候，又有個人獻來歌伎，我還沒來得及試一試，也遇到淳于先生來了。我接見淳于先生時雖然喝退了身邊侍從，可是心裏卻想著馬和歌伎，是有這麼回事。」後來淳于髡見惠王，兩人專注交談一連三天三夜毫無倦意。惠王打算封給淳于髡卿相官位，淳于髡客氣地推辭不受便離開了。當時，惠王贈給他一輛四匹馬駕的精緻車子、五匹帛和璧玉以及百鎰黃金。淳于髡終身沒有做官。

方來應時，以合其謀。詳思來捷，往應時當也。

鬼谷子先生提到「欲說者務隱度」意為想要說服他人的謀士，務必要暗中揣測對方的心意。

淳于髡在遊說君王的時候是比較善於把握時機的，當梁惠王第一次第二次接見他時，他揣測出了惠王心有旁鶩，時機不合，如果在此時提出自己的建議，對方未必會在意，於是採取了「言默」的策略，一言不發。此計一為「隱度」，二為引起惠王的好奇心理，起到了意想中的妙用。第三次會見時，對方的心思已經集中在了談話的內容上來，這時時機已到，淳于髡開始暢所欲言，盡說己意，最終達到了讓對方「納言」的目的。

鄭武公伐胡

《史記老子韓非列傳》中引用了《韓非子》中的「說難」篇，講述了這樣一個寓言故事，以前鄭武公要征伐胡國，就先把女兒嫁給胡國國君。然後問群臣：「我想出兵打仗，應該攻打誰？」大臣關其思說：「可以打胡國。」鄭武公就殺了關其思，還說：「胡國是兄弟之國也，你說要攻打胡國，豈有此理！」胡國國君聽說了這件事，認為鄭國可以信任，就不做防備。結果鄭人偷襲胡國，把他滅了。

在這個故事中，關其思對鄭武公可謂了解很深，在武公提問時他說出了武公的意圖。但結局卻是「被戮」，原因何在？就是因為其進言時機沒有選對，對武公的心思沒有揣摩透徹。武公的

本意是想伐胡，但又擔心胡會有所準備，並不想明著說出來，因此想看看群臣的意見。關其思出頭進言攻胡，雖然他預測出了君王的下一步動作，但由於提議正好觸動了武王，所以結果被拉為墊背。

遊說的要訣在於選擇適當的時機，使自己的計謀與對方的心意易於結合，合乎對方的心願；選擇適當的契機，反覆思考，順應時宜，才能與對方的心願相結合。有時同樣的謀略，在不同時機會有不同的際遇。

謀術四　以變求內

「以變求內者，若管取揵」。謀臣在與國君談論未來的事情，應該採用容易變通的言辭，留有餘地，隨機應變。及時變化，改變遊說的策略來適應變化了的形勢，以變對變，並提出新計謀。「善變者審知地勢」，善於隨機應變的謀士，要詳細了解體察當時當地的形勢，用容易變通的言辭，留有餘地，隨機應變。

鄒忌諷齊王納諫

善於隨機應變的謀士，要詳細了解體察當時當地的形勢，用容易變通的言辭，留有餘地，隨機應變。

《戰國策‧鄒忌諷齊王納諫》中鄒忌的進諫可謂隨機應變的典範。鄒忌曾擔任齊威王（田因齊）的國相，齊威王之所以樂於傾聽不同意見，鄒忌起了很大的作用。

鄒忌身高八尺多，體型容貌美麗。有一天早上，他穿好衣服，戴上帽子，照著鏡子，對他的妻子說：「我跟城北的徐公誰漂亮？」他的妻子說：「您漂亮極了，徐公哪裡比得上您呀！」原來城北的徐公，是齊國的美男子。鄒忌自己信不過，就又問他的妾說：「我跟徐公誰漂亮？」妾說：「徐公哪裡比得上您呢！」第二天，有位客人從外邊來，鄒忌跟他坐著聊天，問他道：「我

和徐公誰漂亮？」客人說：「徐公不如你漂亮啊！」又過了一天，徐公來了，鄒忌仔細地看他，自己認為不如他漂亮；再照著鏡子看自己，更覺得相差太遠。晚上躺在床上反覆考慮這件事，終於明白了：「我的妻子讚美我，是因為偏愛我；妾讚美我，是因為害怕我；客人讚美我，是想要向我求點什麼。」

於是，鄒忌上朝延去見威王，說：「我確實知道我不如徐公漂亮。可是，我的妻子偏愛我，我的妾怕我，我的客人有事想求我，都說我比徐公漂亮。如今齊國的國土方圓一千多里，城池有一百二十座，王后、王妃和左右的侍從沒有不偏愛大王的，朝廷上的臣子沒有不害怕大王的，全國的人沒有不想求得大王（恩遇）的：由此看來，您受的蒙蔽一定非常厲害的。」

威王說：「好！」於是就下了一道命令：「各級大小官員和老百姓能夠當面指責我的過錯的，得頭等獎賞；書面規勸我的，得二等獎賞；能夠在公共場所評論（我的過錯）讓我聽到的，得三等獎賞。」命令剛下達，許多大臣都來進言規勸，官門口和院子裏像個鬧市；幾個月後，偶爾才有人進言規勸；一年以後，有人即使想規勸，也沒有什麼說的了。

燕國、趙國、韓國、魏國聽說了這件事，都到齊國來朝拜。這就是人們說的「在朝堂上征服

「計事者務循順」先從別的地方說起，循勢而為，因勢利導，逐步將齊王引入「網」中，最後遊說成功。

了『計事者務循順』先從別的地方說起，循順勢而為，因勢利導，逐步將齊王引入『網』中，最後遊說成功。」

鄒忌在齊王得意而聽不進諫言之時，採用了「以變求內」的策略，用剛剛發生在自己身邊的事來諷諫齊王，達到了意想不到的效果。他知道如果直接指出齊王的缺點，齊王接受的可能性不大。於是旁敲側擊，「計事者務循順」先從別的地方說起，循順勢而為，因勢利導，逐步將齊王引入「網」中，最後遊說成功。

本篇是鬼谷子為人處事的祕訣，為做人臣者提供了一些行之有效的事君之道，臣子與君王由遠到近，由疏到親，由親到密，然後再進言說事，能做到這些便可以出入自由、攡開任意。

鬼谷子的謀略寶典

第四篇

抵巇四

巇者，大隙也。引伸為弱點和危機，天地之合離始終必有巇隙。抵巇術就是防護自己之隙和攻擊對手之隙，是完身而退，保全自我，進退自如的大法則。

原　文

　　物有自然，事有合離。有近而不可見，有遠而可知。近而不可見者，不察其辭也；遠而可知者，反往以驗來也。

　　巇者，罅也。罅者，㵎也。㵎者，成大隙也。巇始有朕，可抵而塞，可抵而卻，可抵而息，可抵而匿，可抵而得，此謂抵巇之理也。

　　事之危也，聖人知之，獨保其身；因化說事，通達計謀，以識細微。經起秋毫之末，揮之於太山之本。其施外兆萌牙櫱之謀，皆由抵巇。抵巇之隙為道術用。天下紛錯，上無明主，公侯無道德，則小人讒賊，賢人不用，聖人竄匿，貪利詐偽者作，君臣相惑，土崩瓦解而相伐射，父子離散，乖亂反目，是謂萌牙巇罅。聖人見萌牙巇罅，則抵之以法。世可以治，則抵而塞之；不可治，則抵而得之；或抵如此，或抵如彼；或抵反之，或抵覆之，五帝之政，抵而塞之；三王之事，抵而得之。諸侯相抵，不可勝數，當此之時，能抵為右。

　　自天地之合離終始，必有巇隙，不可不察也。察之以捭闔，能用此道，聖人也。聖人者，天地之使也。世無可抵，則深隱而待時；時有可抵，則為之謀；可以上合，可以檢下。能因能循，為天地守神。

譯　文

　　世間萬物都遵循自然規律而運動，天下諸事也都有離合聚散的法則。有些事情的發生，近在咫尺，我們卻沒有看清楚；有些事情的發生，遠在天涯，我們卻瞭如指掌。之所以會有這樣的理解，是因為這樣的原因：近在咫尺不能了解，是因為我們沒有詳細地觀察和分析；遠在天涯能夠瞭如指掌，則是因為我們考察過其發展歷程，並推驗出事物的未來。

　　所謂「巇」就是「罅」，而「罅」就是「㵎」。（巇，在古代是指容器的裂痕；罅，則是指裂縫；㵎，則指大裂縫。三者意思相通，只是開裂的程度不一）。裂痕會發展成裂縫，小的裂縫則會發展成大的裂縫，就像山間裂縫，會發展成為大裂隙，最後變成山谷。裂痕剛出現時就會有徵兆可尋，可以通過「抵」使其消失；如果是內部有了「縫隙」，可以從裡面通過「抵」，使縫隙停止發展；如果是外部有了「縫隙」，可以從外部通過「抵」使縫隙減小；如果是下面有了縫隙，可以從下面通過「抵」使縫隙消失；如果是上面有了「縫隙」，可以從上面著手，通過「抵」使縫隙堵住，如果是「縫隙」已經擴大到無法抵塞，就可以棄舊從新，趁勢取而代之。這些就是

鬼谷子

「抵巇」之術的道理。

當事情剛剛出現危機徵兆的時候，聖人就能敏銳地看出來，並且只有聖人才能單獨利用和對付這種「縫隙」。聖人按著事物的變化發展來分析事理，考慮事物之間的相互聯繫，為君王提供治國計謀，並由這種道理來觀察分析對手的細微舉動。萬事萬物的發展變化在開始時都像秋天鳥獸的羽毛一樣微小，如果我們不注意，讓他逐漸發展起來，最後也會動搖到像泰山那樣扎實雄偉事物的根基。當聖人對付外部事物，對一些新發現的情況的事物制定計畫和謀略時，都是用的「抵巇」的方法。抵巇隙，封堵縫隙，正是一種高超的處理事情的法則和技巧。

天下紛亂不止錯雜無序之時，在上沒有賢明的君主，在下公侯官吏們又沒有社會道德，小人讒言妄為，陷害忠良，賢良的人才不被重用，聖人則避世隱居，於是一些貪圖利祿、奸詐虛偽的人乘亂興風作浪，君主和大臣之間互相猜疑。天下土崩瓦解，國與國之間互相征伐，父子之間互相離散，骨肉反目成仇，這種亂政是「裂痕的萌芽」，如果不及時制止，最終會發展成大亂。

當聖人看到輕微的裂痕國家——出現危機的徵兆，就會採用各種方法治理，採取「抵巇」術來治理。聖人認為：當局勢還能夠治理好時，就要採取彌補的「抵」法，使其「巇」得到彌合，

自從天地形成以來，萬事萬物就會有分離聚合，有開始結束，其中也就必然存在著裂痕，這是謀臣策士們不可不研究的問題。要想研究這個問題就要用「捭闔」的方法的觀察、分析事物。

繼續保持它的完整，讓它存在下去；如果局勢已經壞到不可治理時，就用破壞的「抵」法，徹底打破「巇」，棄舊從新，取而代之。有時候需要用這樣的「抵」，有時候又需要用那樣的「抵」；或者通過「抵」堵塞縫隙，糾正失誤，使其恢復原狀；或者通過「抵」將其徹底打破，重新塑造，取而代之，從根本上重建國家。比如，對五帝的聖明政治時期，只能「抵而塞之」，出現縫隙時需要堵塞漏洞；對三王的殘暴政治時期，就應該「抵而得之」，打破舊的政局，取而代之，奪得並重新建立政權。諸侯之間互相征伐，戰爭頻繁，互相使用「抵巇術」爭奪的情況不可勝數，在這個混亂的時代，善於使用「抵巇術」進行鬥爭的諸侯，才是真正的強者。

自從天地形成以來，萬事萬物就會有分離聚合，有開始結束，其中也就必然存在著裂痕，這是謀臣策士們不可不研究的問題。要想研究這個問題就要用「捭闔」的方法的觀察分析事物。善於運用這種方法的人，就是我們據說的聖人，他們是天與人之間的使者，是可以掌握和利用自然規律社會規律的人。當世上還沒有「縫隙」可以抵塞的時候，他們就深深地隱居起來，以等待時機；當世上有「縫隙」可以抵塞的時候，他們就入世來為國家出謀劃策。對上可以配合賢明君王，和他們合作治理天下；對下則可以督辦指導

天下紛亂不止錯雜無序之時，在上沒有賢明的君主，在下公侯官吏們又沒有社會道德，小人讒言妄為，陷害忠良，賢良的人才不被重用，聖人則避世隱居，於是一些貪圖利祿、奸詐虛偽的人乘亂興風作浪，君主和大臣之間互相猜疑。

諸侯之間互相征伐，戰爭頻繁，互相使用「抵巇術」爭奪的情況不可勝數，在這個混亂的時代，善於使用「抵巇術」進行鬥爭的諸侯，才是真正的強者。

在這個混亂的時代，善於使用「抵巇術」進行鬥爭的諸侯，才是真正的強者。

當世上還沒有「縫隙」可以抵塞的時候，他們就深深地隱居起來，以等待時機；當世上有「縫隙」可以抵塞的時候，他們就入世來為國家出謀劃策。

下屬，安邦定國。能夠遵循依據「抵巇術」處理事物的人，就成了天地的守護神。

就是完身而退，保全自我、進退自如的大法則了。

釋　義

　　「抵巇」，有的書中寫為「抵戲」、「抵陒」。《鬼谷子》一書中解釋道：「巇者，罅也。罅者，㵎也。㵎者，成大隙也。」「巇也就是容器的裂縫、縫隙，事物的薄弱之處，引伸出來則是指對方存在的弱點、危險、危機、矛盾；抵是指抵擋、堵塞、維繫。抵巇，就是指堵塞漏洞、消除矛盾的意思。應用於遊說方面，就是指發現對方的弱點、矛盾，然後乘隙而入，利用他創造出有利於自己的遊說條件，進而說服對方。

　　抵巇術，在政治上指投機鑽營、乘間而入，獲知對方的弱點和危機所在，然後巧妙地利用這些巇，達到某種目的；在人際間則是指抓住對手心理、行為、思想、品德等方面的缺陷和弱點，去說服他們接受觀點。如果對方有「巇」，謀士應該善於抓住並利用起來；如果對方沒有「巇」，聰明的謀臣會等待時機，或者在對方陣營內造「巇」，之後為我所用。防護自己之隙和攻擊對手之隙乃是縱橫家經常用的兩種策略。

　　首先，鬼谷子先生認為，弱點和矛盾具有普遍性，他存在於天地之間的萬事萬物。「天地之合離終始，必有巇隙」意即自從天地形成以來，萬事萬物就會有分離聚合，有開始結束，其中也

就必然存在著裂痕，這種樸素的辯證思想來源於陰陽學說。有的事物看上去似乎沒有「隙」，其主要原因並不是他沒有弱點和矛盾，而是自己沒有分析透徹，「……不可不察也。察之以捭闔，能用此道，聖人也。」對方的弱點和矛盾是謀臣策士們必須得研究的問題，可以用「捭闔」的方法去觀察和分析事物。而善於運用這種方法的人，是對自然規律和社會規律了解比較透徹的高明者。社會出現的裂縫，則表現為「天下紛錯，上無明主，公侯無道德，則小人讒賊，賢人不用，聖人竄匿，貪利詐偽者作，君臣相惑，土崩瓦解而相伐射，父子離散，乖亂反目，是謂萌牙巇罅。」社會秩序被打亂，上無明主，下無清吏，小人妄為，忠良遭誣，聖賢避世隱居，奸人興風作浪，君臣互不信任，國與國之間互相征伐，父與子之間互相離散，骨肉則反目成仇，這就是「裂痕的萌芽」。

其次，據鬼谷子先生描述，這種「巇」並非一成不變，而是處於發展變化之中的。「巇者，罅也。罅者，㵎也。㵎者，成大隙也。」裂痕會發展成裂縫，小的裂縫則會發展成大的裂縫進而變成大裂隙、最後變成山谷。世間萬物也都是處於發展變化之中的，矛盾也是如此。起初弱點和矛盾表現出來的可能並不起眼，「經起秋毫之末，揮之於太山之本。」經過發展變化，開始時

當「巇」不存在的時候（或者沒有顯現出來），高明的人應該深深地隱居起來，以等待時機，「世無可抵，則深隱而待時」；當「巇」出現的時候，他們就會入世來為國家出謀劃策。

像秋天鳥獸的羽毛一樣微小的事物，最後也會動搖到像泰山那樣扎實雄偉事物的根基。千里之堤，潰於蟻穴，當小的裂縫出現時不去處理，最後有可能發展到局面無法收拾，使得事物走向全面崩潰。

既然「巇」是肯定存在的，而且是處於變化之中的。我們應該怎麼樣去處理他？利用他？這是鬼谷子先生在文章中表達的第三個意思。當「巇」不存在的時候（或者沒有顯現出來），高明的人應該深深地隱居起來，以等待時機，「世無可抵，則深隱而待時」；當「巇」出現的時候，他們就會入世來為國家出謀劃策。當局勢還能夠治理好時，就要採取彌補的「抵」法，「可抵而塞，可抵而卻，可抵而息，可抵而匿」，使其「巇」得到彌合，繼續保持它的完整，讓它存在下去；如果局勢已經壞到不可治理時，就用破壞的「抵」法，「可抵而得」，徹底打破「巇」棄舊從新，取而代之。

抵巇術的成功運用，關鍵在於順應事物發展變化的規律。抓住事物產生、發展、興盛、衰亡的規律，就可以靈活運用「抵而塞之」或者「抵而得之」的策略了。

使用抵巇術，就在於尋找攻擊對方的弱點，也即我們經常說的避實就虛。

謀術一　反間抵

反間抵巇佞說：在疑陣中再布疑陣，使敵內部自生矛盾，我方就可萬無一失。說得更通俗一些，就是巧妙地利用敵人的間，反過來為我所用。這實際上也是鬼谷子先生的「抵巇術」思想政治、軍事上的運用。在敵方陣營沒有出現明顯矛盾的情況下，抓住對方主帥的「巇」（心理弱點），製造矛盾，去主動製造「巇」（內部不和），使「巇」擴大到不可收拾的地步，然後「抵而之」，從中漁利，獲取從正面戰場上得不到的意外效果。採用間計的關鍵是「以假亂真」，造假要造得巧妙，造得逼真，才使敵人上當受騙，信以為真，做出錯誤的判斷，採取錯誤的動。

蔣幹中計群英會

三國時期，赤壁大戰前夕，周瑜巧用反間計殺了精通水戰的叛將蔡瑁、張允，就是個有名的例子。（《三國演義》第四十五回）

曹操率領號稱的八十三萬大軍，準備渡過長江，佔據南方。當時，孫劉聯合抗曹，但兵力比曹軍要少得多。曹操的隊伍都由北方騎兵組成，善於馬戰，可不善於水戰。正好有兩個精通水戰的降將蔡瑁、張允可以為曹操訓練水軍。曹操把

這兩個人當作寶貝，優待有加。一次東吳主帥周瑜見對岸曹軍在水中排陣，井井有條，十分在行，心中大驚，他想一定要除掉這兩個心腹大患。

曹操一貫愛才，他知道周瑜年輕有為，是個軍事奇才，很想拉攏他。曹營謀士蔣幹自稱與周瑜曾是同窗好友，願意過江勸降。曹操當即讓蔣幹過江說服周瑜。周瑜見蔣幹過江，一個反間計就已經醞釀成熟了。他熱情款待蔣幹，酒席筵上，周瑜讓眾將作陪，炫耀武力，並規定只敘友情，不談軍事，堵住了蔣幹的嘴巴。

周瑜佯裝大醉，約蔣幹同床共眠。蔣幹見周瑜不讓他提及勸降之事，心中不安，哪裡能夠入睡。他偷偷下床，見周瑜案上有一封信。他偷看了此信，原來是蔡瑁、張允寫來的，信中約定要與周瑜裡應外合，擊敗曹操。這時，周瑜說著夢話，翻了翻身子，嚇得蔣幹連忙上床。過了一會兒，忽然有人要見周瑜，周瑜起身和來人談話，還裝作故意看看蔣幹是否睡熟。蔣幹裝作沉睡的樣子，只聽周瑜他們小聲談話，聽不清楚，只聽見提到蔡、張二人。於是蔣幹對蔡、張二人和周瑜裡應外合的計畫確認無疑。

他連夜趕回曹營，讓曹操看了周瑜偽造的信件，曹操頓時火起，殺了蔡瑁、張九。等曹操冷靜下來之後，才知中了周瑜反間之計，但也無可

奈何了。

周瑜在整個事件的設計與進行上天衣無縫：首先蔣幹的到來給他提供了一個施展反間絕佳的機會，蔣是曹操的心腹，只要讓蔣幹中計曹操是不會懷疑蔣幹的忠誠程度，也會中計；周瑜知道蔣幹喜歡自作聰明、盲目自信的弱點，通過與其親熱、而後裝醉，醒後又假裝沒有覺出蔣是假睡而與軍士密聊等等引蔣幹步步走進圈套；然後，巧妙地利用了曹操剛愎自用、驕傲輕敵、天性多疑、急躁奸詐等等的心理特點，殺蔡、張二人於無形。

張儀使楚間楚齊

張儀學成後下山，先到了趙國後又到了秦國，憑他的口才，得到秦惠文王的信任，當上了秦國的相國。這時候，六國正在組織合縱。公元前318年，楚、趙、魏、韓、燕五國組成一支聯軍，攻打秦國的函谷關。其實，五國之間內部也有矛盾，不肯齊心協力。經不起秦軍一反擊，五國聯軍就失敗了。在六國之中，齊、楚兩國是大國。張儀認為要實行「連橫」，非把齊國和楚國的聯盟拆散不可。他向秦惠文王獻了個計策，就被派到楚國去了。

張儀到了楚國，先拿貴重的禮物送給楚懷王

在疑陣中再布疑陣，使敵內部自生矛盾，我方就可萬無一失。

事之危也，聖人知之，獨保其身；因化說事，通達計謀，以識細微。經起秋毫之末，揮之於太山之本。其施外兆萌牙蘗之謀，皆由抵巇。

五帝之政，抵而塞之；三王之事，抵而得之。諸侯相抵，不可勝數，當此之時，能抵為右。

手下的寵臣靳尚，求見楚懷王。楚懷王聽到張儀的名聲很大，認真地接待他，並且向張儀請教。張儀說：「秦王特地派我來跟貴國交好。要是大王下決心跟齊國斷交，秦王不但情願跟貴國永遠和好，還願意把商於（今河南浙川縣西南）一帶六百里的土地獻給貴國。這樣一來，既削弱了齊國的勢力，又得了秦國的信任，豈不是兩全其美。」楚懷王是個糊塗蟲，經張儀一遊說，就挺高興地說：「秦國要是真能這麼辦，我何必非要拉著齊國不撒手呢？」

楚國的大臣們聽說有這樣便宜事兒，都向楚懷王慶賀。只有陳軫提出反對意見。他對懷王說：「秦國為什麼要把商、於六百里地送給大王呢？還不是因為大王跟齊國訂了盟約嗎？楚國有了齊國作自己的盟國，秦國才不敢來欺負咱們。要是大王跟齊國絕交，秦國不來欺負楚國才怪呢！秦國如果真的願意把商於的土地讓給咱們，大王不妨打發人先去接收。等商於六百里土地到手以後，再跟齊國絕交也不算晚。」楚懷王聽信張儀的話，拒絕陳軫的忠告，一面跟齊國絕交，一面派人跟著張儀到秦國去接收商於。專門派了人去齊國叫罵齊王，以示斷交的決心。齊宣王看到楚國同齊國絕交，馬上打發使臣去見秦惠文王，約他一同進攻楚國。

楚國的使者到咸陽去接收商於，張儀又玩弄

張儀用欺騙手段收服了楚國，後來又先後到齊國、趙國、燕國，說服各國諸侯「連橫」親秦。這樣，六國「合縱」聯盟終於被張儀拆散了。

了一次計策。他假裝鬆掉馬韁從馬車上掉了下來，以此為藉口有三個月沒有出仕朝廷。在齊楚斷交以後，張儀翻臉不認賬，矢口否認曾經答應過的事，對楚國使者說：「沒有這回事，大概是你們大王聽錯了吧。秦國的土地哪兒能輕易送人呢？我說的是六里，不是六百里，而是我自己的封地六里四方。」

使者回來一回報，氣得楚懷王直翻白眼，發兵十萬人攻打秦國。秦惠文王也發兵十萬人迎戰，同時還約了齊國助戰。楚國一敗塗地。十萬人馬只剩了兩三萬，不但商、於六百里地沒到手，連楚國漢中六百里的土地也給秦國奪了去。楚懷王只好忍氣吞聲地向秦國求和，楚國從此大傷元氣。

張儀用欺騙手段收服了楚國，後來又先後到齊國、趙國、燕國，說服各國諸侯「連橫」親秦。這樣，六國「合縱」聯盟終於被張儀拆散了。

張儀在這次外交活動中，給人印象最深的是使用了欺騙手法。這其中也運用了「抵巇術」。一方面，他破壞了齊楚聯盟，使齊楚關係造成小巇，繼而發展成為大巇。又使楚國君臣間意見不一，造成主不明臣不和的巇。另一方面，他採取了一系列手段來「抵」自己造成的巇。其巇是說獻地而未獻。他進行抵的步驟是：裝病三月不上

朝，把六百里說成六里，置楚國使者於不顧。這其中不上朝是使巇停滯發展，把六百里說成六里是將巇減小，不理睬使臣是不了了之，以出爾反爾的態度將巇淡化、消滅。

在敵方陣營沒有出現明顯矛盾的情況下，抓住對方主帥的「巇」（心理弱點），製造矛盾，去主動製造「巇」（內部不和），使「巇」擴大到不可收拾的地步，然後「抵而得之」，從中漁利，獲取從正面戰場上得不到的意外效果。

採用反間計的關鍵是「以假亂真」，造假要造得巧妙，造得逼真，才能使敵人上當受騙，信以為真，做出錯誤的判斷，採取錯誤的行動。

謀術二　美人計

美人計，語出《六韜‧文伐》：「養其亂臣以迷之，進美女淫聲以惑之。」意思是，對於用軍事行動難以征服的敵方，要使用「糖衣炮彈」，先從思想意志上打敗敵方的將帥，使其內部喪失戰鬥力，然後再行攻取。對兵力強大的敵人，要制伏它的將帥；對於足智多謀的將帥，要設法去腐蝕他。將帥鬥志衰退，部隊肯定士氣消沉，就失去了作戰能力。利用多種手段，攻其弱點，己方就能順勢保存實力，由弱變強。這與鬼谷子先生所提倡的「抵巇術」不謀而合，是針對對方主帥心的「巇」——心理弱點而採用的一種謀略。此計利用敵人自身的嚴重缺點，己方順勢以對，使其自頹自損，己方一舉得之。此計是消磨敵軍將帥的意志，削弱他的體質，並可以增加他的部隊的怨恨情緒。

閉月

「閉月」則來源於四大美女之貂蟬，傳說貂蟬在後花園賞月，明月看到了她的容顏而自愧不如，害羞地用雲彩遮住了自己的臉。《三國演義》第八、九回中漢室司徒王允是用美人計的高手，他利用貂蟬的美貌離間董卓和呂布，使兩人互相殘殺，大快人心。

漢獻帝九歲登基，朝廷由董卓專權。董卓為

人陰險，濫施殺戮，並有謀朝篡位的野心。滿朝文武，對董卓又恨又怕。司徒王允，十分擔心，朝廷出了這樣一個奸賊，不除掉他，朝廷難保。但董卓勢力強大，正面攻擊，還無人鬥得過他。董卓身旁有一義子，名叫呂布，驍勇異常，忠心保護董卓。王允觀察這「父子」二人，狼狽為奸，不可一世，但有一個共同的弱點：皆是好色之徒。何不用「美人計」，讓他們互相殘殺，以除奸賊？

　　王允府中有一歌女，名叫貂蟬。這個歌女，不但色藝俱佳，而且深明大義。王允向貂蟬提出用美人計誅殺董卓的計畫。貂蟬為感激王允對自己的恩德，決心犧牲自己，為民除害。在一次私人宴會上，王允主動提出將自己的「女兒」貂蟬許配給呂布。呂布見這一絕色美人，喜不自勝，十分感激王允。二人決定選擇吉日完婚。第二天，王允又請董卓到家裡來，酒席筵間，要貂蟬獻舞。董卓一見，饞涎欲滴。王允說：「太師如果喜歡，我就把這個歌女奉送給太師。」老賊假意推讓一番，高興地把貂蟬帶回府中去了。

　　呂布知道之後大怒，當面斥責王允。王允編出一番巧言哄騙呂布。他說：「太師要看看自己的兒媳婦，我怎敢違命！太師說今天是良辰吉日，決定帶回府去與將軍成親。」呂布信以為真，等待董卓給他辦喜事。過了幾天沒有動靜，

　　美人計，語出《六韜・文伐》：「養其亂臣以迷之，進美女淫聲以惑之。」

鬼谷子

世間萬物都遵循自然規律而運動，天下諸事也都有離合聚散的法則。有些事情的發生，近在咫尺，我們卻沒有看清楚；有些事情的發生，遠在天涯，我們卻瞭如指掌。

裂痕會發展成裂縫，小的裂縫則會發展成大的裂縫，就像山間裂縫，會發展成為大裂隙，最後變成山谷。

再一打聽，原來董卓早已把貂蟬據為己有。呂布一時也沒了主意。

一日董卓上朝，忽然不見身後的呂布，心生疑慮，馬上趕回府中。在後花園鳳儀亭內，呂布與貂蟬抱在一起，他頓時大怒，用戟朝呂布刺去。呂布用手一擋，沒能擊中。呂布怒氣沖沖離開太師府。原來，呂布與貂蟬私自約會，貂蟬按王允之計，挑撥他們的父子關係，大罵董卓奪了呂布所愛。

王允見時機成熟，邀呂布到密室商議。王允大罵董賊強佔了女兒，奪去了將軍的妻子，實在可恨。呂布咬牙切齒，說：「不是看我們是父子關係，我真想宰了他。」王允忙說：「將軍錯了，你姓呂，他姓董，算什麼父子？再說，他搶佔你的妻子，用戟刺殺你，哪裡還有什麼父子之情？」呂布說：「感謝司徒的提醒，不殺老賊誓不為人！」

王允見呂布已下決心，他立即假傳聖旨，召董卓上朝受禪。董卓耀武揚威，進宮受禪。不料呂布突然一戟，直穿老賊咽喉。奸賊已除，朝廷內外，人人拍手稱快。

在這個故事中，司徒王允抓住了一個「巇」：董卓和呂布都好色的心理弱點；造了一個「巇」：在董、呂二者關係上用美人計來離間。

144

謀術三　見微知著

鬼谷子說：「經起秋毫之末，揮之於太山之本」。萬事萬物的發展變化在開始時都像秋天鳥獸的羽毛一樣微小，如果我們不注意，讓他逐漸發展起來，最後也會動搖到像泰山那樣扎實雄偉事物的根基。也就是俗話說的「千里之行，始於足下；千里之堤，潰於蟻穴」。聖人之所以能夠沒有必死之地，沒有必敗的結局，這是因為他們能夠由小見大，見微知著，能夠從細小的事情上觀察出大的趨勢來，並且盡可能把災禍消除在萌芽狀態。

箕子以箸識紂王

商朝殷紂王即位不久，吃飯時便開始用象牙筷子。紂王的庶兄、賢臣箕子感歎道：「他用象牙筷子，肯定就不能用陶土製的器皿，而要配犀角的碗白玉的杯；用了玉杯，其中肯定不會吃野菜湯和粗豆做的飯，而要吃山珍海味；吃了山珍海味，就不願穿粗葛短衣，住茅草陋室了，而要穿錦繡的衣服，乘華貴的車子，住高樓大廈了。這樣無止境地追求下去，我們商國境內的物品將遠遠不能滿足他的欲望，自然還要去徵收各國珍貴的寶物。從象牙筷子開端，我看到了我們以後發展的惡果，禁不住為他擔心。」

萬事萬物的發展變化在開始時都像秋天鳥獸的羽毛一樣微小，如果我們不注意，讓他逐漸發展起來，最後也會動搖到像泰山那樣扎實雄偉事物的根基。

果然紂王的貪欲越來越大。他抓了上千萬的勞工修建佔地三里的鹿台和瓊室玉門，搜羅來各種狗馬珍寶、奇禽怪獸供他娛樂。同時在鹿台旁還以酒為池，懸肉為林，命令裸體男女在其中競相追逐遊戲，而紂王則狂笑著觀看取樂。最後，不僅宮裡的侍臣都反對他，士兵也倒戈反商，就連全國的老百姓也都紛紛起來造反。這樣，紂王最後被活活燒死在鹿台的熊熊烈火之中。

子貢因禮知魯亡

魯定公十五年正月，邾隱公到魯國來覲見魯國國君。孔子的弟子子貢在一旁觀察，邾隱公獻玉時手持玉佩，仰頭向上；而魯定公接玉時表情謙卑，低頭向下。事過以後，子貢說：「從這次禮儀來看，兩位君王都有滅亡的徵兆。禮儀是生死存亡的標誌。左右、周旋、進退、俯仰，都需要按著一定的禮節去做。朝賀、祭祀、治表、開戰，從這些場合裏都能夠觀察出禮儀所在。現在這兩位國君是在正月裏舉行這種盛大的朝會，而其舉動竟然都不合禮節，可見在他們的心裏已經昏迷糊塗了。重大的國事尚且不能合乎規則，國家又怎能長治久安？高高地獻玉，抬頭仰視，這是驕傲的表現；低低的受玉，低頭俯視，這是衰敗的表現。驕傲離禍亂不遠了，衰敗離疾病也不

遠了。魯君作為主人，恐怕要先死了吧？」果然，這年五月，魯定公病死，孔子責備道：「事情不幸被子貢說中了，這件事他太多話了。」

如果事物的內部出現了細小的漏洞、矛盾，是會表現出來的。「巇始有朕」，作為聰明的謀臣是能夠透過現象看到本質，這也正是他們高明之處。在觀察出本質後，他們才會採取措施，盡力去彌補或者利用，讓形勢朝著有利於自己的方向發展。箕子根據紂王吃飯用象牙筷，子貢根據二君交往時的禮儀不周，看出了君王的本性特徵，正是他們作為智者的一種能力。

「抵巇」實際上就是找對方最薄弱的地方去進攻，去打擊。無論是什麼人什麼事都會有弱點和矛盾，讓對方的弱點和矛盾越來越大，對自己也就會越來越有利，所以就需要採用積極的策略和手段去干擾對方，使其縫隙大到無法收拾的地步，為自己攻擊對方提供最有利的條件；對於自己的弱點和矛盾，則盡可能的早發現並使其消除在萌芽狀態，對出現在自己身上的漏洞及早進行修補，以防止敵方攻擊自己的弱點。兩者的結合是競爭取勝的重要謀略。

無論是什麼人什麼事都會有弱點和矛盾，讓對方的弱點和矛盾越來越大，對自己也就會越來越有利，所以就需要採用積極的策略和手段去干擾對方，使其縫隙大到無法收拾的地步，為自己攻擊對方提供最有利的條件。

鬼谷子的謀略寶典

第五篇

飛箝五

飛箝術，即用褒獎的手段箝住對方之術。通過「量智能、權材力、料氣勢」。「以迎之、隨之」的手段，最終做到「可箝可橫，可引而東，可引而西，可引而南，可引而北，可引而反，可引而覆，雖覆能復，不失其度。」這就是飛箝術的最高境界。

原　文

　　凡度權量能，所以徵遠來近。立勢而制事，必先察同異，別是非之語，見內外之辭，知有無之數，決安危之計，定親疏之事，然後乃權量之，其有隱括，乃可徵，乃可求，乃可用。

　　引鉤箝之辭，飛而箝之。鉤箝之語，其說辭也，乍同乍異。其不可善者，或先徵之，而後重累；或先重以累，而後毀之；或以重累為毀；或以毀為重累。其用或稱財貨、琦瑋、珠玉、璧帛、采色以事之。或量能立勢以鉤之，或伺候見㵎而箝之，其事用抵巇。

　　將欲用之於天下，必度權量能，見天時之盛衰，制地形之廣狹、岨嶮之難易，人民貨財之多少，諸侯之交孰親孰疏，孰愛孰憎，心意之慮懷。審其意，知其所好惡，乃就說其所重，以飛箝之辭，鉤其所好，乃以箝求之。

　　用之於人，則量智能、權材力、料氣勢，為之樞機，以迎之、隨之，以箝和之，以意宣之，此飛箝之綴也。用之於人，則空往而實來，綴而不失，以究其辭，可箝而從，可箝可橫，可引而東，可引而西，可引而南，可引而北，可引而反，可引而覆，雖覆能復，不失其度。

譯　文

　　凡是揣度人的智謀和衡量人的才能，就是為了吸引徵召遠來的和近處的人才。當人才都被吸引徵召來之後，就需要建立相應的獎懲制度，去管理他們，看其是否名副其實。首先，必須要考察他們之間的相同和不同之處，區別各種正確的和錯誤的言行；其次，必須要了解他們各種進言的真實性，分析言辭的真實與虛假，能看出他們是否有真才實學；再次，與他們討論、決策事關國家安危的大計，就可以確定君臣之間關係的遠近親疏。最後通過權量這些關係，根據其表現出來的才能，矯正其短處，使他們都能被君王所利用。這樣就可以在需要的時候徵召他們，聘請他們，重用他們。

　　謀臣在和對方交談時，可以用一些話語引誘別人表達出真實意圖和思想，然後通過恭維讓對方相信自己，進而達到箝制對手的目的，這種遊說的方法就是「鉤箝」。鉤箝之語是一種遊說辭令，其特點是需要根據對方的實際情況，時而採取相同的言辭，時而採用不同的言辭。對於那些以鉤箝之術仍沒法控制的對手，有的可以先徵召他們，然後再對他們進行反覆考察；有的則需要先對他們進行反覆試探，選擇其弱點進行詆毀，

　　凡是揣度人的智謀和衡量人的才能，就是為了吸引徵召遠來的和近處的人才。當人才都被吸引徵召來之後，就需要建立相應的獎懲制度，去管理他們，看其是否名副其實。

先挫其銳氣，消磨他們的傲氣。有的人應該先反覆試探，然後再對對方的言辭進行攻擊詆毀；有的人則要先對其言辭進行攻擊詆毀，實際上就等於等於反覆試探。

想要重用某些人前試探的方法有很多種，有的人可以用賞賜財物、珠寶、玉石、白璧和聲色來對他們進行試探；有的人則需要通過對其能力的優劣進行權衡，給他留有職權，用名利地位來吸引他們；有的人則需要暗中進行考察，找到他的把柄、漏洞來箝制挾持對方，在上述試探人的過程中要採用「抵巇」的方法進行。

如果要把「飛箝」之術運用於遊說國君、治理天下時，必須先了解和衡量國君的智謀權變和才能，再觀察天時的興盛和衰亡，知曉地理的寬廣和狹窄，以及山川險要的難易，以及人民的向背和國家財富的多少，考察諸侯之間的外交狀況，考察清楚彼此之間的親疏關係，究竟誰與誰疏遠，誰與誰友好，誰與誰交惡。

如果國君具有君王之才，謀臣和說客還必須要詳細考慮到對方的真實情況和意圖，要了解他們平時的喜好和憎惡，然後再針對對方所重視的問題進行遊說，再用「飛」的方法誘出對方的愛好所在，並且投其所好，這樣才能用「箝」的方法把對方牢牢控制住。

如果要把「飛箝」之術運用於遊說諸侯，同

「飛箝」之術用於遊說人時實際上就是用好聽的空話讚美他們，換來實際的利益，藉以結交對方，就不會失去他。如果進一步研究對方的言辭，摸準他的本意，就能達到箝制他的目的。

樣需要揣摩對方的智慧和能力，權衡對方的才氣和實力，估量對方的氣勢，然後把握住關鍵之處，以此為突破口與對方周旋，迎合他的思路，有意識的附和他的提議，進而以「飛箝」之術控制對方，用我們的意圖引導對方順著我們的思路走，這就是「飛箝」之術的妙用。

「飛箝」之術用於遊說人時，實際上就是用好聽的空話讚美他們，換來實際的利益，藉以結交對方，就不會失去他。如果進一步研究對方的言辭，摸準他的本意，就能達到箝制他的目的。做到讓他合縱他就合縱，讓他連衡他就連衡。讓他向東他就向東，讓他向西他就向西，要他向南他就向南，要他向北他就向北，讓他反他就反，讓他覆他就覆。即使履敗也能復興，不會偏離原先規定的尺度。

對於那些以鉤箝之術仍沒法控制的對手，有的可以先徵召他們，然後再對他們進行反覆考察；有的則需要先對他們進行反覆試探，選擇其弱點進行詆毀，先挫其銳氣，消磨他們的傲氣。有的人應該先反覆試探，然後再對對方的言辭進行攻擊詆毀；有的人則要先對其言辭進行攻擊詆毀，實際上就等於等於反覆試探。

「飛」是飛揚、褒獎，指製造聲譽，有意識地給予肯定和表揚，從而討得對方的歡心，得到信任，使對方暴露實情。「箝」是箝制、挾制，指牢牢地控制對方，使他按照我方的意圖去做。「飛箝」就是用誇獎對方的手段，使他暴露實情，從而控制的一種制人之術。「語飛之」飛的最終目的是為了箝。

「飛箝術」主要講的是說服人的謀略：使用語言誘使對手說話，然後以褒獎的手段箝住對方，使其無法收回；「鉤箝」是一種說服辭令，以忽同忽異的手法引誘對方說出與自己的內心想法一致的話。

這種語言不限於一種，因人而宜，因事而宜，變化無窮。根據不同的人不同的事，採用不同的飛箝術。如鉤箝仍然達不到目的，就可以採取多種手段對對方進行脅迫，反覆試探，或者先對對方反覆試探，然後再摧毀其心理「防禦」。在講述飛箝制人的同時也闡述了他的人才觀，怎樣徵召人才、了解人才、使用人和控制人才。

鬼谷子先生在本篇中首先提出徵召人才。「凡度權量能，所以徵遠來近」。意思是指凡是揣度人的智謀和衡量人的才能，就是為了吸引徵召

遠來的和近處的人才。所有關於人才的論述都由此而來，是一個基礎性質的策略。只有招納了人才，才會有下一步的用人、控制人等等。

那麼，度權量能的內容是哪些？鬼谷子先生也做了解釋：對於戰略型的人才需要他們「見天時之盛衰，制地形之廣狹、阻險之難易，人民貨財之多少，諸侯之交孰親孰疏，孰愛孰憎。」而對於戰役型的人才則需要「量智能、權材力、料氣勢」。

徵召人才之後，就應該去了解人才。看看對方的專長所在，觀察對方是哪方面的人才。「必先察同異，別是非之語，見內外之辭，知有無之數，決安危之計，定親疏之事，然後乃權量之，其有隱括，乃可徵，乃可求，乃可用。」要考察他們之間的相同和不同之處，區別他們正確的和錯誤的言行；要了解他們進言的真實性，能看出他們是否有真才實學；要與他們討論、決策事關國家安危的大計，以便確定君臣之間關係的遠近親疏。最後通過權量這些關係，根據其表現出來的才能，矯正其短處，使他們都能被君王所利用。只有了解了人才，國君才可以在需要的時候徵召、聘請、重用他們也才能夠做到用其所長，避其所短。

第三步，鬼谷子先生論述了如何使用人才、控制人才。先用鉤箝，如果沒有效果則採用下面

的方法。有的人可以先徵召他們，然後再對他們進行考察；有的傲氣十足的，則需要先對他們進行試探，再選擇其弱點進行攻擊，挫其銳氣，消其傲氣。這種試探因人而異：有的人可以用賞賜財物、珠寶、玉石、白璧和聲色來對他們進行試探；有的人則需要通過對其能力的優劣進行權衡，給他留有職權，用名利地位來吸引他們；有的人則需要暗中進行考察，找到他的把柄、漏洞來箝制挾持對方。在上述試探人的過程中要結合「抵巇」的方法進行。

最後他根據不同的對象闡述了「飛箝術」的運用。在遊說國君時，要了解兩個方面的問題，一是國家的天文、地理、人口、經濟、物力、外交等等形勢；二是君王的喜怒愛憎，才可以「鉤其所好，乃以箝求之」，投其所好，用「箝」的方法把對方牢牢控制住。在遊說諸侯時，通過「量智能、權材力、料氣勢」，採取「為之樞機，以迎之、隨之」的手段，把握住關鍵之處，並以此為突破口與對方周旋，迎合他的思路，有意識的附和他的提議，才可以用「飛箝」之術控制對方，用我們的意圖引導對方順著我們的思路走，「以箝和之」，引導他趨向自己想要的目的。

無論是遊說什麼人，實際上就是用好聽的空話讚美他們，換來實際的利益，藉以結交對方，用「飛」摸準他的本意，達到箝制他的目的。這

樣就可以做到「可箝可橫，可引而東，可引而西，可引而南，可引而北，可引而反，可引而覆，雖覆能復，不失其度」。一切都按照謀臣的思路辦事，這就是「飛箝術」的最高境界。

根據不同的人不同的事，採用不同的飛箝術。如鉤箝仍然達不到目的，就可以採取多種手段對對方進行脅迫，反覆試探，或者先對對方反覆試探，然後再摧毀其心理「防禦」。

鬼谷子

謀術一　激遠來近

欲成大事者，未必是通才、全才，但必須會容才、用才。能夠吸納各種人才，是作為一個成功的領導者必備的素質和能力。劉備文不如諸葛、龐統，武不及關羽、張飛，但其成大事的主要原因就是因為其善於召集人才，利用人才。古往今來權謀家無不認為得人才者得天下，失人才者失天下。也即諸葛亮所云：「治國之道，務在舉賢」。

燕昭尊隗

欲成大事者，未必是通才、全才，但必須會容才、用才。

陶弘景所注《鬼谷子》一書中，講述了《資治通鑒》中記載的戰國時期燕昭王的一段事。

齊湣王楚、魏兩國滅了宋國，一心想兼併列國，自己來當天子。這一來，列國諸侯對他都不滿意；燕國更想找機會報仇。燕國本來也是個大國，後來傳到燕王噲手裏，聽信了壞人的主意，竟學起傳說中堯舜讓位的辦法來，把王位讓給了相國子之。於是，燕國將軍和太子平進攻子之，燕國發生大亂。齊國借平定燕國內亂的名義，打進燕國，燕國差點被滅掉。後來燕國軍民把太子平立為國君，奮起反抗，把齊國軍隊趕了出去。

西元前312年，太子平即位，就是燕昭王。

他立志使燕國強大起來，下決心物色治國的人才，可是沒找到合適的人。有人提醒他，老臣郭隗挺有見識，不如去找他商量一下。

燕昭王親自登門拜訪郭隗，對郭隗說：「齊國趁我們國家內亂侵略我們，這個恥辱我是忘不了的。但是現在燕國國力弱小，還不能報這個仇。要是有個賢人來幫助我報仇雪恥，我寧願伺候他。您能不能推薦這樣的人才呢？」郭隗摸了摸自己的鬍子，沈思了一下說：「要推薦現成的人才，我也說不上，請允許我先說個故事吧。」接著，他就說了個故事：

古時候，有個國君，最愛千里馬。他派人到處尋找，找了三年都沒找到。有個侍臣打聽到遠處某個地方有一匹名貴的千里馬，就跟國君說，只要給他一千兩金子，包準能把千里馬買回來。那個國君挺高興，就派侍臣帶了一千兩金子去買。沒料到侍臣到了那裏，千里馬已經害病死了。侍臣想，空著雙手回去不好交代，就把帶去的金子拿出一半，把馬骨買了回來。

侍臣把馬骨獻給國君，國君大發雷霆，說：「我要你買的是活馬，誰叫你花了錢把沒用的馬骨買回來？」侍臣不慌不忙地說：「人家聽說你肯花錢買死馬，還怕沒有人把活馬送上來？」

國君將信將疑，也不再責備侍臣。這個消息一傳開，大家都認為那位國君真愛惜千里馬。不

出一年，果然從四面八方送來了好幾匹千里馬。

郭隗說完這個故事，說：「大王一定要徵求賢才，就不妨把我當馬骨來試一試吧。」燕昭王聽了大受啟發，回去以後，馬上派人造了一座很精緻的房子給郭隗住，還拜郭隗做老師。

各國有才幹的人聽到燕昭王這樣真心實意招請人才，士爭相赴，樂毅自魏往，鄒衍自齊往，劇辛自趙往。與燕人同甘苦，日益富強。燕二十八年，燕昭王拜樂毅為亞卿，請他整頓國政，訓練兵馬，燕國果然一天天強大起來，與秦、楚、趙、韓、魏合力攻齊，入其都臨淄。齊地除莒、即墨外盡為燕所得。

燕國的復興與昭王的「徵遠來近」是分不開的，在昭王重視吸納人才的政策下，不僅本國的能人謀士紛紛出仕，其他各諸侯國境內的賢者也慕名而來。燕國所在之地自然地理條件相對最差，但是，最後仍成為了戰國時期最活躍的諸侯國之一。

蕭何月下追韓信

君王的重臣作為君王的左右臂，也應當以敏銳的眼光為君王發現、網羅並重用人才，尤其是那些能夠於敗軍之際危難之中力挽狂瀾的人才。秦朝末年，楚漢相爭，韓信仗劍從項羽，曾數同

項羽進策，但項羽沒有用，遂投奔漢軍，劉邦起初也沒有重用他，蕭何獨具慧眼，在與韓信談話過後知道其有大將之才，但由於疏忽，沒有向劉邦推薦，韓信見劉邦還不肯重用，覺得屈才又逃走了。蕭何得知後，不及與劉邦商議，就親自月下追韓信，遂將韓信追回，並當即鼎力舉薦，說：「諸將易用耳。至如信者，國士無雙。王必欲長王漢中，無所事信；必欲爭天下，非信無所與計事者。顧王策安所決耳。」劉邦聞言大驚，欲釋信為將，蕭何說：「雖為將，信必不留。」於是劉邦擇良日，齋戒，設壇場，親釋韓信為大將，令其統帥三軍。

劉邦如此作法，身邊的人才之盛，分工之精細，可謂是縱觀中國歷史上獨一無二，其用人不拘一格，陳平雖有盜嫂之嫌，仍然給予重金，韓信也是楚國叛將，而蕭何一言舉薦，則拜為上將。其他諸如樊噲，周勃，曹參都是出身下賤，但終有一點為其用之，助劉邦成其霸業。

君王的重臣作為君王的左右臂，也應當以敏銳的眼光為君王發現、網羅並重用人才，尤其是那些能夠於敗軍之際危難之中力挽狂瀾的人才。

至如信者，國士無雙。王必欲長王漢中，無所事信；必欲爭天下，非信無所與計事者。顧王策安所決耳。

謀術二　於識人

「飛箝」是一種制人之術，在運用時必須要先對對方做一考察，揣度權謀如何，衡量才能的大小高低。這是有效地使用「飛箝術」的前提條件，即充分考察使用其術的對象，也即開篇所指「度權量能」。每個人的性格特點、才能大小、所善專長各不相同，如何把合適的人放在合適的位子上，也就成為國君和謀臣必須掌握的基本功之一。從歷史上看雖得其人而乏明考其秉性，聽其言察其行而莫知其真心，觀其今考其昔而不預其將來，有時候會導致事情的敗壞。

紙上談兵

趙括是趙國名將趙奢的兒子，喜歡談論兵法，趙奢以為趙括論兵輕浮，若為將領，必葬送軍隊。西元前260年，秦軍攻趙長平。趙派廉頗帶兵拒敵，廉頗築壘固守，秦軍無計可施。趙王卻中了秦國反間計，改派趙括為將。趙括好大喜功，出兵迎戰，被秦軍包圍，中箭身死，四十萬趙軍被俘，皆為秦軍坑殺。後人以「紙上談兵」來比喻只會說大話或局限於書本知識，而沒有實際經驗的人或事。

西元前262年，秦昭襄王派大將白起進攻韓

國，佔領了野王（今河南沁陽）。截斷了上黨郡
（今山西長治）和韓都的聯繫，上黨形勢危急。
上黨的韓軍將領不願意投降秦國，打發使者帶著
地圖把上黨獻給趙國。趙王派軍隊接收了上黨。
過了兩年，秦國又派王齕圍住上黨，趙王聽到消
息，連忙派廉頗率領二十多萬大軍去救上黨。他
們才到長平（今山西高平縣西北），上黨已經被
秦軍攻佔了。

　　王齕還想向長平進攻。廉頗連忙守住陣地，
叫兵士們修築堡壘，深挖壕溝，跟遠來的秦軍對
峙，準備做長期抵抗的打算。王齕幾次三番地向
趙軍挑戰，可廉頗說什麼也不跟他們交戰。

　　王齕想不出什麼法子，只好派人回報秦王，
說：「廉頗是個富有經驗的老將，不輕易出來交
戰。我軍老遠到這兒，長期下去，就怕糧草接濟
不上，怎麼好呢？」秦昭襄王請范雎出主意。范
雎說：「要打敗趙國，必須先叫趙國把廉頗調回
去。」秦昭襄王說：「這哪兒辦得到呢？」范雎
說：「讓我來想辦法。」

　　過了幾天，趙王聽到左右紛紛議論，說：
「秦國就是怕讓年輕力強的趙括帶兵；廉頗不中
用，眼看就快投降啦！」他們所說的趙括，是趙
國名將趙奢的兒子。趙括小時愛學兵法，談起用
兵的道理來，頭頭是道，自以為天下無敵，連他
父親也不在他眼裏。趙王聽信了左右的議論，立

　　每個人的性格特點、才能大小、所善專長各不相同，如何把合適的人放在合適的位子上，也就成為國君和謀臣必須掌握的基本功之一。

刻把趙括找來，問他能不能打退秦軍。趙括說：「要是秦國派白起來，我還得考慮對付一下。如今來的是王齕，他不過是廉頗的對手。要是換上我，打敗他不在話下。」趙王聽了很高興，就拜趙括為大將，去接替廉頗。藺相如對趙王說：「趙括只懂得讀父親的兵書，不會臨陣應變，不能派他做大將。」可是趙王對藺相如的勸告聽不進去。趙括的母親也向趙王上了一道奏章，請求趙王別派她兒子去。趙王把她召了來，問她什麼理由。趙母說：「他父親臨終的時候再三囑咐我說：『趙括這孩子把用兵打仗看作兒戲似的，談起兵法來，就眼空四海，目中無人。將來大王不用他還好，如果用他為大將的話，只怕趙軍斷送在他手裏。』所以我請求大王千萬別讓他當大將。」趙王回答說：「我已經決定了，妳就別管了吧。」

西元前260年，趙括領兵二十萬到了長平，請廉頗驗過軍符。廉頗辦了移交，回邯鄲去了。趙括統率著四十萬大軍，聲勢十分浩大。他把廉頗規定的一套制度全部廢除，下了命令說：「秦國再來挑戰，必須迎頭打回去。敵人打敗了，就得追下去，非殺得他們片甲不留不算完。」那邊范雎得到趙括替換廉頗的消息，知道自己的反間計成功，就祕密派白起為上將軍，去指揮秦軍。白起一到長平，佈置好埋伏，故意打了幾陣敗

仗。趙括不知是計，拼命追趕。白起把趙軍引到
預先埋伏好的地區，派出精兵二萬五千人，切斷
趙軍的後路；另派五千騎兵，直衝趙軍大營，把
四十萬趙軍切成兩段。趙括這才知道秦軍的厲
害，只好築起營壘堅守，等待救兵。秦國又發兵
把趙國救兵和運糧的道路切斷了。趙括的軍隊，
內無糧草，外無救兵，守了四十多天，兵士都叫
苦連天，無心作戰。趙括帶兵想衝出重圍，秦軍
萬箭齊發，把趙括射死了。趙軍聽到主將被殺，
也紛紛扔了武器投降。四十萬趙軍，就在紙上談
兵的主帥趙括手裏全部覆沒了。

這就是歷史上有名的「長平之戰」，此戰中
趙王察人出現問題，識人不明，沒有辨別清楚趙
括的「是非之語、內外之辭」，又中了范雎的離
間計，雖然藺相如和趙母一再地勸說，但卻仍然
派趙括接替了廉頗。最終被名將白起戰敗，趙國
從此一落千丈，風光不在，秦國也借此一戰而國
勢大振。

謀術三　飛而箝之

「飛而箝之」實際上就是我們平常所說的「拍馬屁」、「戴高帽」。是一種舌戰謀略，使用者以恭維、抬舉對方為手段，即把自己的不是發自內心的觀念情感傳遞給對方，從而達到消除自己與對方的對抗和矛盾的因素，並紛亂彼此之間的心理距離和影響，改變他們對自己的敵對或忽略的心理和情結。「用於人，則空往而實來。」通過表揚其言論，而起到牽制其行為的目的。

齊助秦攻楚

《戰國策‧秦策二》齊助楚攻秦一文中，張儀的「飛箝術」是運用比較成功的一個。在「抵巇術」一文中我們已經分析過這篇。這裏主要從張儀的說辭來分析一下。

張儀南下到了楚國，對楚王說：「秦王最喜歡的人莫過於大王，我希望做臣子，也莫過於希望給大王您當臣子。秦王最痛恨的人莫過於齊王，我最痛恨的人也莫過於齊王。現在齊王對秦王犯下了重罪。我想要討伐齊國，而貴國正與齊國友好，這樣，秦王就不能聽從大王的號令，我也不能做大王的臣子了。大王如果能封閉關隘，與齊國絕交，我願讓秦王獻出商、於之地方圓六

百里。這樣，齊國因無外援，必定削弱，齊國削弱了，就一定會聽大王的使喚。這樣，在北邊您使齊國削弱了，在西邊又施恩於秦國，還坐得商、於之地，而自己得利。只此一計，便可以一舉三得。」

楚王聽後大喜，在朝廷宣稱說：「我得到了商、於之地方圓六百里。」這篇說辭中，張儀謙卑地說秦王喜歡楚王，他自己也願意給楚王當臣子，這屬於「飛」，貶低自己抬高對方，討得對方歡心，讓楚王高興之餘信任自己；然後提出楚齊絕交，並用六百里土地誘惑對方，這是「箝」，說服對方同意楚齊斷交。

申子請仕其從兄官

出自《戰國策・韓策》，申不害是戰國法家的著名代表，尊稱為申子。他曾與其他法家人物一樣，主張按功勞大小賞賜升遷，無功勞雖有裙帶、宗室關係，也不能任用提拔。

申不害平日教育別人要論功行賞，按能授職，道理講得非常好，大家都稱讚他。可是申不害在行為上卻任人唯親，請求給自己的堂兄封一個官職，韓昭侯不同意。申不害面露怨色。韓昭侯說：「這不是從你那裏學到的治國之策嗎？你是讓我聽從你的請求，而拋棄你的學說呢，還是

這篇說辭中，張儀謙卑地說秦王喜歡楚王，他自己也願意給楚王當臣子，這屬於「飛」，貶低自己抬高對方，討得對方歡心，讓楚王高興之餘信任自己；然後提出楚齊絕交，並用六百里土地誘惑對方，這是「箝」，說服對方同意楚齊斷交。

167

推行你的主張，而拒絕你的請求呢？你曾經教導我要按照功勞大小來安排官職等級。如今你又有所請求，這將讓我聽從哪一種意見呢？」申不害於是就離開客舍前去請罪，對韓昭侯說：「君王真是論功授官的人啊！」

韓昭侯是戰國變法圖強的明君之一。他對付申不害的徇私謀官行為，來了個「以牙還牙」的自相矛盾的反駁法，用他自己的主張，批駁他自己的行為。韓昭侯以揚其言，抑其行的方法，高度評價他平日的一再宣傳的學說和主張，這屬於「飛」，使他去反省自己的行為與自己的學說的背離，從而說服他堅持言行一致，放棄錯誤的要求，目的（箝）達到了。在說服中表揚對方言論，不僅可以使其思維趨向起到穩定作用，而且可以防止和矯正其反向行為的產生和發展，促使其言行一致。

唇亡齒寒

《左傳・僖公》、《春秋公羊傳・僖公》西元前659年，晉國攻打討伐虢國。虞國是必經之路，如果虞國不讓晉國軍隊過境，晉國就束手無策。大臣荀息建議晉獻公說：「虞國國君中鼠目寸光之人，見錢眼開，大王只要把我們的國寶送給虞公，他一定會答應借路給我們，讓我們通過

「飛而箝之」實際上就是我們平常所說的「拍馬屁」、「戴高帽」。是一種把自己的不是發自內心的觀念情感傳遞給對方，從而達到消除自己與對方的對抗和矛盾的因素，並紛亂彼此之間的心理距離和影響，改變他們對自己的敵對或忽略的心理和情結。

虞國。」國寶是指晉國的千里馬和璧，晉獻公最喜歡的東西。獻公對荀息說：「這可是我最喜歡的寶物啊，再說虞國有宮之奇這樣的賢臣在位，他們怎麼可能借路給我們？」

荀息說：「我們把千里馬和璧給虞公，不過是把千里馬從這個馬廄牽到那個馬廄，把璧從這個倉庫放到那個倉庫，這些馬廄和倉庫遲早都是你的，宮之奇雖然賢良，可是他不敢直言進諫，虞公不會聽從他的。」

晉獻公接受了荀息的建議，虞公果然借路給晉國，晉國遂攻佔了虢國都城，虢國遷都至上陽，拼死抵抗住了晉軍的進攻。

西元前655年，晉軍再次向虞國借路攻打虢國。宮之奇勸說虞公：「虢虞兩國相互依存，虢國滅亡了，虞國也就快了。輔車相依，唇亡齒寒，說的正是我們兩國現在的形勢啊！」虞公說道：「晉國和我是同宗，絕不會害我！」再次拒絕了宮之奇的勸告，借路給晉國。

這一年八月晉軍經虞國滅掉了虢，在回來的路上也一舉滅了虞國。

晉國用千里馬和璧「飛之」取得了虞公的信任，然後又「箝之」，讓對方聽從自己的意願，借道伐虢，最終亡國。

鬼谷子

謀術四　激將術

激將術的運用，是針對對方自尊心強、性情急躁的弱點，故意引誘、刺激對方，誘迫對方放棄平靜心情，使對方感情用事，達到刺探對方真實意圖的目的。

蘇秦以「牛後」羞韓

如果要把「飛箝」之術運用於遊說諸侯，同樣需要揣摩對方的智慧和能力，權衡對方的才氣和實力，估量對方的氣勢，然後把握住關鍵之處，以此為突破口與對方周旋，迎合他的思路，有意識的附和他的提議，進而以「飛箝」之術控制對方，用我們的意圖引導對方順著我們的思路走，這就是「飛箝」之術的妙用。

蘇秦去遊說韓宣王，說：「韓國北部有堅固的鞏邑、城皋，西部有宜陽、商阪的要塞，東有宛、穰、洧水，南有陘山，區域縱橫九百多里，武裝部隊有幾十萬，天下的強弓硬弩都是從韓國製造出來的。像谿子弩，以及少府製造的時力、距來，射程都在六百步以外。韓國士兵腳踏連弩而射，能連續發射一百箭，中間不停止。遠處的敵人，可以射穿他們胸前的鎧甲，穿透胸膛，近處的敵人，可以射透他們的心臟。韓國士兵使用的劍，都是從冥山、棠谿、墨陽、合賻、鄧師、宛馮、龍淵、太阿鍛冶的，這些鋒利的武器都能在陸上截斷牛馬，水上能劈天鵝、大雁，臨陣對敵能斬斷堅固的鎧甲、鐵衣，從臂套、盾牌到繫在盾牌上的絲帶，沒有不具備的。憑著韓國士兵的勇敢，披著堅固的鎧甲，拉著強勁的硬弩，佩

帶著鋒利的寶劍，即使以一當百，也不在話下。憑著韓國兵力的強勁和大王的賢明，卻向西侍奉秦國，拱手而臣服，使國家蒙受恥辱而被天下人恥笑，沒有比這更嚴重的了。因此希望大王仔細地考慮啊！

「如果大王去侍奉秦國，秦國必定會向您索取宜陽、成皋。今年把土地獻給他，明年又要索取割地。給他吧，卻沒有土地可給，不給吧，那麼就會丟掉以前割地求好的功效而遭受後患。況且大王的土地是有限的，而秦國貪婪的索取是沒有止境的，拿有限的土地，去換取無止境的索取，這就叫做拿錢購買怨恨，糾結災禍。不用打仗，而土地就被割去了。我聽說過一句俗話：『寧做雞的嘴，不做牛的肛門。』現在，如果向西拱手臣服，和做牛的肛門有什麼不同呢？憑著大王的賢明，又擁有韓國強大的軍隊，卻蒙受做牛後的醜名，我私下為大王感到羞恥啊。」

這時韓王突然變了臉色，捋起袖子，憤怒地瞪大眼睛，手按寶劍，仰望天空長長地歎息說：「我雖然沒有出息，也絕不能去侍奉秦國。現在您既然轉告了趙王的指教，我願意把整個國家託付給您，聽從您的安排。」

范雎以「無王」恥秦，而昭王長跪請教

范雎進入秦國，等待秦王接見有一年多。當時，秦昭王已經即位三十六年了。秦國在南面奪取了楚國的鄢、郢重鎮，楚懷王已在秦國被囚禁而死。秦在東面攻破了齊國。此前齊湣王曾經自稱東帝，不久又取消了這個帝號。還曾多次圍攻韓、趙、魏三國，擴張了領土。昭王武功赫赫，因而討厭那些說客，從不聽信他們。

穰侯、華陽君是昭王母親宣太后的弟弟，而涇陽君、高陵君都是昭王的同胞弟弟。穰侯擔任國相，華陽君、涇陽君和高陵君更番擔任將軍，他們都有封賜的領地，由於宣太后庇護的緣故，他們私家的富有甚至超過了國家。等到穰侯擔任了秦國將軍，他又要越過韓國和魏國去攻打齊國的綱壽，想借此擴大他的陶邑封地。為此，范雎就上書秦王，請求秦王接見他。讀了這封書信，秦昭王心中大喜，便向王稽表示了歉意，派他用專車去接范雎。

這樣，范雎才得以去離宮拜見秦昭王，到了宮門口，他假裝不知道是內宮的通道，就往裏走。這時恰巧秦昭王出來，宦官發了怒，驅趕范雎，呵斥道：「大王來了！」范雎故意亂嚷著說：「秦國哪裡有王？秦國只有太后和穰侯罷

了。」他想用這些話激怒秦昭王。昭王走過來，聽到范雎正在與宦官爭吵，便上前去迎接范雎，並向他道歉說：「我本該早就向您請教了，正遇到處理義渠事件很緊迫，我早晚都要向太后請示，現在義渠事件已經處理完畢，我才得機會向您請教。我這個人很糊塗、不聰敏，讓我向您敬行一禮。」范雎客氣地還了禮。

秦昭王喝退了左右近臣，宮中沒有別的人。這時秦昭王長跪著向范雎請求說：「先生怎麼賜教我？」范雎說：「嗯嗯。」停了一會，秦昭王又長跪著向范雎請求說：「先生怎麼賜教我？」范雎說：「嗯嗯。」像這樣詢問連續三次。秦昭王長跪著說：「先生終究也不賜教我了嗎？」

范雎說：「我是個寄居異國他鄉的臣子，與大王交情生疏，而我所希望陳述的都是匡扶補正國君的大事，我處在大王與親人的骨肉關係之間來談這些大事，本願進獻我的一片愚誠的忠心可不知大王心裏是怎麼想的。這就是大王連續三次詢問我而我不敢回答的原因。我並不是害怕什麼而不敢說出來。我明知今天向您陳述主張明天就可能服罪受死，可是我絕不想逃避。死亡這是每個人必不可免的。處於明瞭必然死去的形勢下，能夠對秦國有少許補益，這就是我的最大願望，我又擔憂什麼呢！我所擔憂的，只是怕我死後，天下人看見我為君主盡忠反而遭到死罪，因此閉

激將術的運用，是針對對方自尊心強、性情急躁的弱點，故意引誘、刺激對方，誘迫對方放棄平靜心情，使對方感情用事，達到刺探對方真實意圖的目的。

至於說困窮、屈辱一類的事情，處死、流亡之類的憂患，我是從不害怕的。如果我死了而秦國得以大治，這是我死了比活著更有意義。

口停步，沒有誰肯向秦國來罷了。現在您在上面害怕太后的威嚴，在下面被奸佞臣子的惺惺作態所迷惑，自己身居深宮禁院，離不開左右近臣的把持，終身迷惑不清，也沒人幫助您辨出邪惡。長此下去，從大處說國家覆亡，從小處說您孤立無援岌岌可危，這是我所擔憂的，只此而已。至於說困窮、屈辱一類的事情，處死、流亡之類的憂患，我是從不害怕的。如果我死了而秦國得以大治，這是我死了比活著更有意義。」秦昭王長跪著說：「先生這是怎麼說呢！秦國偏僻遠處一隅，我本人愚笨無能，先生竟屈尊光臨此地，這是上天恩准我煩勞先生來保存我的先王的遺業啊。我能受到先生的教誨，這正是上天恩賜我的先王，而不拋棄他們的這個後代啊。先生怎麼說這樣的話呢！從這以後，事情無論大小，上至太后，下到大臣，有關問題希望先生毫無保留地給我以指教，不要再懷疑我了。」

酈生以助秦凌漢，而沛公輒洗聽之

沛公來到高陽，在旅舍住下，派人去召酈生其前來拜見。酈生來到旅舍，先遞進自己的名片，沛公正坐在床邊伸著兩腿讓兩個女人洗腳，就叫酈生來見。

酈生進去，只是作個長揖而沒有傾身下拜，

並且說：「您是想幫助秦國攻打諸侯呢，還是想率領諸侯滅掉秦國？」沛公罵道：「你個奴才相儒生！天下的人同受秦朝的苦已經很久了，所以諸侯們才陸續起兵反抗暴秦，你怎麼說幫助秦國攻打諸侯呢？」酈生說：「如果您下決心聚合民眾，召集義兵來推翻暴虐無道的秦王朝，那就不應該用這種倨慢不禮的態度來接見長者。」

於是沛公立刻停止了洗腳，穿整齊衣裳，把酈生請到了上賓的座位，並且向他道歉。酈生談了六國合縱連橫所用的謀略，沛公喜出望外，命人端上飯來，讓酈生進餐，然後問道：「那您看今天我們的計策該怎麼制定呢？」酈生說道：「您把烏合之眾，散亂之兵收集起來，總共也不滿一萬人，如果以此來直接和強秦對抗的話，那就是人們所常說的探虎口啊。陳留是天下的交通要道，四通八達的地方，現在城裏又有很多存糧。我和陳留的縣令很是要好，請您派我到他那裏去一趟，讓他向您來投降。他若是不聽從的話，您再發兵攻城，我在城內又可以作為內應。」於是沛公就派遣酈生前往，自己帶兵緊隨其後，這樣就攻取了陳留，賜給酈生其廣野君的稱號。

「飛箝術」對今人的啟示就在於當您打算說服別人的時候，不能總是去指責對方的缺陷和不足，而應該多表揚其成就，以此來誘發他的積極

「飛箝術」與現代管理學中「激勵」原則一脈相承，表揚為主批評為輔，讓其心理上有滿足感，進而更加積極向上，從而達到控制他人的目的。

性。與現代管理學中「激勵」原則一脈相承，表揚為主批評為輔，讓其心理上有滿足感，進而更加積極向上，從而達到控制他人的目的。

鬼谷子

──的謀略寶典──

第六篇

忤合六

「忤」為「背反」，「合」為「趨合」。「忤合」，指謀臣沒有必要對失道或各不重視自己的國君愚忠，而應該根據雙方的實際情況，達到自己的政治目的。故主張「無所不做」、「無所不聽」，主張「因事為制」，善於「向背」，精於「忤合」，才為高明的謀臣。

原　文

　　凡趨合倍反，計有適合。化轉環屬，各有形
勢，反覆相求，因事為制。是以聖人居天地之
間，立身、御世、施教、揚聲、明名也；必因事
物之會，觀天時之宜，因知所多所少，以此先知
之，與之轉化。

　　世無常貴，事無常師；聖人無常與，無不
與；無所聽，無不聽；成於事而合於計謀，與之
為主。合於彼而離於此，計謀不兩忠，必有反
忤；反於是，忤於彼；忤於此，反於彼。其術
也，用之於天下，必量天下而與之；用之於國，
必量國而與之；用之於家，必量家而與之；用之
於身，必量身材氣勢而與之；大小進退，其用一
也。必先謀慮計定，而後行之以飛箝之術。

　　古之善背向者，乃協四海，包諸侯忤合之地而
化轉之，然後求合。故伊尹五就湯，五就桀，而不
能有所明，然後合於湯。呂尚三就文王，三入殷，
而不能有所明，然後合於文王，此知天命之箝，故
歸之不疑也。非至聖達奧，不能御世；非勞心苦
思，不能原事；不悉心見情，不能成名；材質不
惠，不能用兵；忠實無真，不能知人；故忤合之
道，己必自度材能知睿，量長短遠近孰不知，乃可
以進，乃可以退，乃可以縱，乃可以橫。

譯 文

世間之事，無論是有關趨向合一或者背反相逆的事，都會有適合各自情況的不同的計謀。世間萬物的發展變化，就像圓環旋轉一樣變化多端，會因其背景、情形的不同而形成不同的形勢。因此，謀臣應該根據不同情況，反覆去尋求最佳的謀略，並且能夠隨事物的發展變化而制定不同的制度措施去適應變化中的情況。所以聖人生活在天地之間，無論是立身處世、控制事態發展，還是說教眾人、宣揚自己名氣、擴大自己的影響，都必須看清事物的發展變化，抓住有利時機，權衡利弊，來分析一個國家哪些方面是優勢，哪些方面是劣勢，並且能夠事先預測出事件的發展趨勢，隨情況的變化而制定不同的策略去適應變化，調整自己的處事方略，促進事態向有利的方面轉化。

世界上的萬事萬物是都沒有永恒的，更沒有固定的模式去處理他們，因為他們都是處於不斷的變化之中的。聖人做事，常常是沒有什麼事情是不能做的，也沒有什麼事情是不能聽的，只要是為了實現目標，辦成要辦的事，實現預定的計謀，就都可以用，都可以聽。兩方的利益是有衝突的，聖人們採取的這些計謀，如果合乎、保護

世界上的萬事萬物是都沒有永恒的，更沒有固定的模式去處理他們，因為他們都是處於不斷的變化之中的。

世間萬物的發展變化，就像圓環旋轉一樣變化多端，會因其背景、情形的不同而形成不同的形勢。

了某一方的利益，就肯定會違背、侵害另一方的利益；如果違背侵害某一方的利益，則肯定會對另一方有利，即一定會有背反忤逆，這就是「忤合」之術。

如果把這種「忤合」之術運用到治理天下，就必須準確地衡量天下的形勢才能用；如果把這種「忤合」之術運用到某個諸侯國，就必須準確地衡量對方的真實情況才能用；如果把這種「忤合」之術運用到某個卿大夫的領地，就必須要衡量這個地方的形勢和實際情況才能用；如果把這種「忤合」之術用到某一個人，則必須先衡量這個人的才能、氣度才能用。總之，無論把這種「忤合」之術用在大的範圍，還是用在小的範圍，無論是用在進取之時，還是隱退之時，運用「忤合術」的原則、及其功用都是一致的。因此，無論在何時何地如果要用「忤合術」，都要先對事態進行詳細地謀劃、分析，制定好實施辦法，然後，再用「飛箝術」去具體操作。

古代那些善於運用「忤合」術背棄一方、趨向他方的謀士，能夠通過協作天下諸種力量，包容各路諸侯的手段，把他們置於自己事先設計的「忤合」之地，用「忤合術」改變他們，然後再選擇明主，與其相合，共謀天下。過去伊尹曾經五次輔助商湯，也五次臣服夏桀，最後才決定一心輔助商湯王，成其霸業；呂尚曾經三次輔助周

無論把這種「忤合」之術用在大的範圍，還是用在小的範圍，無論是用在進取之時，還是隱退之時，運用「忤合術」的原則、及其功用都是一致的。

180

文王，也三次臣服殷紂王，而沒有被紂王賞識，最後決定輔佐周文王。他們都是懂得天命所在，所以就歸順一主而毫不猶豫。

　　對於一個謀士來說，如果沒有像聖人一樣高尚的品德、超人的智慧，沒有通曉事物內在的規律，就不可能立身處事，駕馭天下；如果不用心苦苦思考，就不可能揭示事物的本質所在；如果沒有全神貫注地考察事物的實際情況，就不可能功成名就；如果沒有聰明的才能、智慧，就不可能統兵作戰；如果沒有真正的以誠待人，就不可能有知人之明。所以，「忤合」的規律是：要首先估量自我的聰明才智，然後度量他人的優劣長短，進行比較，分析在遠近範圍之內的人，自己還比不上誰。只有在這樣知己知彼以後，才能隨心所欲，既可以進仕，也可以退隱；既可以合縱，也可以連橫。

　　古代那些善於運用「忤合」術背棄一方、趨向他方的謀士，能夠通過協作天下諸種力量，包容各路諸侯的手段，把他們置於自己事先設計的「忤合」之地，用「忤合術」改變他們，然後再選擇明主，與其相合，共謀天下。

　　古之善背向者，乃協四海，包諸侯忤合之地而化轉之，然後求合。故伊尹五就湯，五就桀，而不能有所明，然後合於湯。呂尚三就文王，三入殷，而不能有所明，然後合於文王，此知天命之箝，故歸之不疑也。

釋　義

　　所謂「忤合」，「忤」就是文中的「背反」，相背；「合」就是文中的「趨合」，相向。在鬼谷子文中也用「反忤」來表達同樣的意思。志趣相投就走到一起，志趣相反就各奔前程。忤合主要是指謀臣沒有必要對失道，或者不重視自己的國君愚忠，而應該根據雙方的實際情況，為了達到自己的政治目的而選擇適合自己的國君。

　　忤合術主要討論的是謀臣說客在亂世中的個人向背問題，應該投靠一個有可能成為未來君王的人來實現自己的政治抱負。這種選擇就是「忤合」，背棄或者投靠君王。在本篇中，鬼谷子先生表達了自己對於事物發展的一些認識，如事物的發展變化性，認為世間的事物沒有永遠高貴的，也沒有永遠居於權威地位的；高明的謀臣應該採用實事求是、靈活應變的謀略，聖人應該「無所不作」、「無所不聽」，主張「因事為制」，善於「向背」，精於「忤合」；以及忤合術運用時需要注意的問題。據鬼谷子研究者研究，認為忤合有幾層意思：一是遊說言語上的忤合。是指暫時忤逆人意，最終目的是讓別人接受；二是遊說策略上的忤合，用模糊錯雜的語言苟合於人，取得對方的信任，進而尋求變化；三是謀士向背

去就的選擇，難以兩忠。

　　首先，鬼谷子先生認為世間的事物是處於變化發展之中的。他強調要用發展變化的眼光看問題，強調事物的運動。在開篇即表明了這個觀點：「化轉環屬，各有形勢」，意為世間萬物的發展變化，就像圓環旋轉一樣變化多端，會因其背景、情形的不同而形成不同的形勢。在文中又提到了「世無常貴，事無常師」，他認為世界上的萬事萬物是都沒有永恒的，更沒有固定的模式可以去處理他們，因為他們都是處於不斷的變化之中的。

　　其次，鬼谷子認為謀臣應該根據具體的事物和對象，確定具體的應對方法。實事求是，靈活應變，「反覆相求，因事為制」。在正反的比較中求得自己合適的位置。「故伊尹五就湯，五就桀，而不能所明，然後合於湯。呂尚三就文王，三入殷，而不能有所明，然後合於文王」。就像伊尹和呂尚這樣的名臣一樣，選擇合適自己發展的君王。在認識到事物的發展變化性之後，就可以採用「反忤術」去應對不同的對象、不同的事物。「必因事物之會，觀天時之宜，因知所多所少，以此先知之，與之轉化」。如果想達到自己的目的，就必須看清事物的發展變化，抓住有利時機，權衡利弊，來分析一個國家優勢、劣勢所在，預測出事件的發展趨勢。然後再發揮個人的

主觀能動性，隨情況的變化而制定不同的策略去適應變化，促進事態向有利的方面轉化。

然後他論述了在行「忤合術」時應該關注的問題：

要具備超前的意識並予以變化，根據主客觀條件預測事物發展的方向，加以人為的調控，才能「得天下之權」，在紛繁的世事中處於不敗的主動地位，也即文中所說「其術也，用之於天下，必量天下而與之……大小進退，其用一也。必先謀慮計定，而後行之以飛箝之術」。

在行反忤術之前可以用各種辦法加以試探，「古之善背向者，乃協四海，包諸侯忤合之地而化轉之」，謀士要能夠通過協作天下諸種力量，包容各路諸侯的手段，把他們置於自己事先設計的「忤合」之地，用「忤合術」試探他們，然後再選擇明主，然後求合，共謀天下。

行反忤術對謀士素質的要求：需要有品德智慧，能看清事物內在的規律；需要用心思考，揭示事物的本質所在；需要考察事物的實際情況；需要以誠待人，有知人之明。

總之，謀臣必須充分了解自身的情況和對方的實際能力，不能施行於超過自己的對手，只有在對方不如自己的情況下才能施行。「故忤合之道，己必自度才能知睿，量長短遠近孰不知，乃

可以進，乃可以退，乃可以縱，乃可以橫。」指出了施行忤合術的客觀條件，否則就難以達到預期的目的。

行反忤術對謀士素質的要求：需要有品德智慧，能看清事物內在的規律；需要用心思考，揭示事物的本質所在；需要考察事物的實際情況；需要以誠待人，有知人之明。

鬼谷子

謀術一　擇主而事

古語云：「良禽擇木而居，賢臣擇主而事」，高明的謀臣要善於看清形勢，根據實際情況而選擇適合自己的君主，才會建功立業，成就大事。摒棄不事二主的愚忠觀念，這與儒家的正統思想分歧很大，也正是《鬼谷子》一書長久沒有得到重視和研究的原因之一。文中列舉了呂尚和伊尹的事跡，來論證作者的觀點。

蘇秦遊說列國終歸燕

蘇秦是東周雒陽人，他曾向東到齊國拜師求學，在鬼谷子先生門下學習。開始他去遊說周天子，但是周天子的近臣侍從都瞧不起他，周天子也沒有接見他。

於是他改變遊說對象，去見秦惠王。經過自己的觀察和分析，他認為秦國是當時天下最強的國家，最有可能統一全國，成就霸業。他就去西向遊說秦王，希望秦王能採用自己連衡的謀略，與齊結盟，對其他五個諸侯國逐一攻破，最終統一天下。

秦惠王接見了他，蘇秦遊說鼓動秦王吞併諸侯，一統天下。但他沒有考慮到秦國剛剛誅殺了商鞅，對遊客的反感之心猶在，秦王認為他只是

「良禽擇木而居，賢臣擇主而事」，高明的謀臣要善於看清形勢，根據實際情況而選擇適合自己的君主，才會建功立業，成就大事。

華而不實之人，最終並沒有採納他連衡的建議。

　　他根據實際情況，改而主張合縱抗秦，去遊說東方六國，孤立強秦。他先選擇了趙國作為突破口，當時趙國趙肅侯在位，趙國大政由秦陽君執掌。蘇秦就先去遊說秦陽君，但秦陽君也不聽他的遊說，蘇秦只好離開趙國，前去燕國。

　　蘇秦首先來到相對來說最為弱小的燕國。剛到燕國時，沒有機會見燕文侯，於是他廣交朋友，結識名流，經過一年多時間等待，才得以召見。覲見燕文侯時，他陳述了燕與別的國家結盟的必要性：燕之所以能夠安樂無事，不受到強秦的侵犯，是因為南面有趙國作屏障。秦要攻燕，必須經過趙而跋涉千里，趙要攻燕，不須百里即抵燕都。

　　趙國之所以不攻打燕國，全因為強秦在後面牽制，而燕卻正好可以利用這個機會與趙國結盟，共同抵抗強秦，防患於未然。所謂「夫不憂百里之患而重千里之外，計無過於此者。」於是，蘇秦建議燕侯先與趙國結好，然後再與其他各國聯盟抗秦，這樣，燕國就可保安全。他出色的口才和一語中的的言論打動了燕文侯的心，燕文侯接受了他的主張，同意資助他實現他的戰略目標。並封他為燕國使者，去跟最近的趙國聯絡。

　　這時趙國秦陽君已經去世，趙肅侯聽說燕國使者來訪，立即接見了蘇秦，謙恭地向他請教。

世無常貴，事無常師；聖人無常與，無不與；無所聽，無不聽；成於事而合於計謀，與之為主。

他向趙肅侯指出，秦國強大，早就有入侵中原之念。憑各國的實力，都難以單獨抵抗強秦，如若各國都爭相討好秦國，將來勢必被秦國各個擊破。若各國聯合，則「地五倍、兵十倍於秦」，攻一國而各國援助，則秦雖強，亦不敢輕舉妄動。各國亦可相安無事。因此，蘇秦請趙侯出面倡議六國合縱抗秦。趙侯當即就採納了他的建議，並且拜蘇秦為相國，派他去遊說各國，以訂立合縱盟約。蘇秦辭別了趙肅侯後，又先後去拜見了韓宣王、魏襄王、齊宣王和楚威王，也向他們詳細闡述了向秦國割地求和的危害和聯合抗秦的益處，使這四國也都贊同他的合縱聯盟意見。

蘇秦回到趙國，趙肅侯封他為武安君。至此，蘇秦可謂是「不鳴則已，一鳴驚人。」單憑自己那三寸不爛之舌，竟促成了前所未有的六國同盟。

不久之後，六國國君於趙國洹水（今河南境內）之上，歃血為盟，合縱抗秦。封蘇秦為「從約長」，把六國的相印都交給了他。並派人將六國盟約之事向秦國通報。自此之後，秦國竟有十五年之久不敢越函谷關「雷池」一步。

蘇秦是縱橫家的代表，在說周、秦不得後，又改而說燕；戰略方針也由連衡改為合縱。不得不說他是「忤合術」的高手，為了實現自己的政治抱負而幾易其主，「忤合」運用得淋漓盡致。

謀術二　逆勢而為

有些事情反著去做要比正著去做效果更佳，這也是忤合術的一個方針。鬼谷子先生的忤合術是基於「反」「合」可以相互轉化的原理進行的。遊說時採用先「忤」後「合」的方法，有時候會獲得比直接說出自己的想法更佳的效果。

淳于髡獻鵠楚王

《史記‧滑稽列傳》記載了謀士淳于髡的一次外交活動。淳于髡是戰國時齊國人。淳于髡賤而得寵，他姓淳于，曾因犯罪而受過髡刑（古代一種剃光頭髮的刑罰），故名曰淳于髡。刑滿釋放後配給私人，招為贅婿。他憑自己的超凡能力，又善於捕捉機遇，結果被齊國統治者看中，把他從農奴群中提拔起來，列為上大夫。

有一次，齊王派淳于髡出使楚國，並特意帶去一隻鵠作為贈送楚王的禮物。誰知剛出城門，他就把鵠放飛了。淳于髡拎著一隻空鳥籠到了楚國，見了楚王時說了這樣一番話：「我是齊王的使臣，專門來獻鵠給大王。路過河邊時，我看到鵠渴了想喝水，就把牠放出籠子來讓牠去喝了，結果牠卻飛走了。我本來想自殺以謝國君，又怕

化轉環屬，各有形勢，反覆相求，因事為制。是以聖人居天地之間，立身、御世、施教、揚聲、明名也；必因事物之會，觀天時之宜，因知所多所少，以此先知之，與之轉化。

別人議論說我們大王因為一隻小鳥的原因就殺死一謀臣，所以我就打消了這個想法。像鵠一樣的長毛而且很像的鳥很多，我又打算買一隻來替代牠，可是想到這是不誠實，是欺騙我們大王的做法，所以也打消了這個念頭。想逃到別的國家去，又擔心因為我的原因讓兩個國家的關係得不到溝通而起波折。因此，我還是來到您這裏認錯，請求大王您懲罰我！」結果楚王不但沒有怪罪淳于髡，反而讚賞道：「好！真是令人佩服啊！齊王有這樣的謀臣！」並且賞賜了他很多的禮物。

淳于髡放走鵠鳥的行為顯然違抗了君意，屬「忤」；但獻給楚王的目的也無非就是要加強兩國關係，淳于髡這樣的行為比獻上鵠鳥效果還好，這屬「合」，他的目的也達到了事先預計的結果。

激張儀陰主秦柄

蘇秦作為鬼谷子先生的得意弟子，把鬼谷術用到了極致。就連他的同學張儀也成為其行「忤合術」的對象。張儀與蘇秦同出於鬼谷子先生，後來蘇秦遊說趙國成功，掛六國相印。張儀遂投奔蘇秦。當時秦國伐魏成功，正想乘勝攻趙，蘇秦就想讓張儀去秦國，阻止秦國的進攻。但蘇秦

深知明請張儀，張儀只會依附他得到一官半職，於是用了忤合之計。在《鬼谷四友志》中，楊景淐先生做了如下的描述——

　　張儀聽說蘇秦在趙國擔任相國職務，於是就想前去趙國投奔蘇秦，希望蘇秦提拔一下自己。剛巧遇上了蘇秦的門客賈舍人，於是他們就一起去趙國。到了都城郊外的時候，賈舍人說：「我家就在郊外住，我現在家裏有事只能暫時告別。城內有很多的旅館，你可以先住下來。我過兩天一定去看望你。」張儀就辭別了賈舍人，進城找了個旅店投宿，第二天就去拜會蘇秦。蘇秦已經知道張儀來了，就提前告訴看門的人，讓他們先把拜帖放一邊別管他。一直到了第五天，張儀才把自己的名帖投到蘇秦門下。蘇秦約好改日再見面。張儀等了好多天，還是沒有見上蘇秦，生氣極了就想離開趙國。被店老闆強留了下來。張儀特別鬱悶，又去找賈舍人，可是沒有人知道賈舍人住在哪兒，也沒有去成。

　　又過了好幾天，張儀再次投書蘇秦府上，說自己要離開趙國，改投他處。蘇秦才傳下命令，約他第二天會面。第二天張儀一大早就去蘇府等候蘇秦接見。蘇秦擺足了架子，一直等到中午才接見了張儀。張儀本以為蘇秦會出來迎接他，可是蘇秦大剌剌地坐在那兒動都沒動一下，張儀忍氣進去晉見，蘇秦只是站了一下，輕輕地抬手和

他打了個招呼,說:「夥計,分手後可好?」張儀怒氣勃勃,沒有理他。侍從進來稟告午飯已經做好。蘇秦對張儀說:「我的事太多了,等我吃完飯再和你聊吧。怕你餓著,也在這裏吃點吧!」讓侍從在堂下擺了個座位給張儀吃飯,只上了一個肉菜一個素菜;而他自己則在堂上擺一桌子的菜,慢慢吃著。

張儀本來負氣不想吃,可是腹中饑甚,更何況已欠下店主人許多飯錢。本只指望見了蘇秦,就算是不肯薦用,也會給點錢照顧一下。根本沒有想到會是這樣,迫於無奈,他還是含羞拿起了筷子。蘇秦挾菜給的其他人,比張儀吃的菜還要多,張儀又羞又氣。

吃完飯後,張儀看到蘇秦仍舊高坐不起,非常生氣:「我本來認為你沒有忘記以前的情分,大老遠來投奔你。為什麼你羞辱我至這種地步?同學之間的情誼呢?」蘇秦慢慢地答道:「以你的才華,我還認為你比我早就發達了,沒有想到會窮困到這種地步!我怎麼可能在趙侯面前不推薦你啊!我一定會讓你富貴起來的。但擔心你志衰才退,不能有為,再連累我!」

張儀道:「大丈夫自己就能取得富貴,難道還要你推薦啊!」蘇秦道:「你既能自取富貴,何必來見我!念我們同學情分,贈送你黃金十兩。想到那裏就到那裏吧!」張儀一時性起,將

金擲於地下，憤憤而出。蘇秦亦不挽留。

張儀回至旅店，剛巧賈舍人來看張儀，店主人遂將相見之事，代張儀敘述一遍。賈舍人道：「當初原是我攛掇先生來的，今天這樣都是我帶累了你。我替你償了欠賬，備下車馬，送先生回魏，怎麼樣？」張儀道：「我也無顏回魏了。只想去秦國遊說，但發愁沒有路費啊。當今七國，惟秦最強，只有秦國才能打敗趙國。我去秦國，如果能得到秦王寵倖，就能夠報蘇秦的仇了。」賈舍人告訴他自己也正要去秦國做生意，可以帶他一齊去。

賈舍人替張儀算還店錢，二人同車，向秦一路而行。路上賈舍人為張儀置衣裝、買僕從，凡儀所需，不惜花費錢財物資。及至秦國，又大出金帛賄賂秦惠文王左右，為張儀說好話。

當時惠文王正在後悔失去蘇秦，聽到旁邊的人推薦張儀，馬上就召見了，並且拜張儀為客卿。和張儀共謀諸侯之事。賈舍人要離開時，張儀含淚送別：「我起初那樣困頓，全依靠您的幫助，才得以在秦國受到重用，剛想報恩，怎麼要說走啊？」賈舍人笑道：「並不是我了解您啊，最了解您的人是蘇秦蘇相國。」張儀愕然。

良久才問道：「是你送錢資助我，怎麼又說是蘇秦？」賈舍人道：「蘇相國剛剛提出合縱之約，擔心秦攻打趙，而讓他的謀略失敗。想來想

其術也，用之於天下，必量天下而與之；用之於國，必量國而與之；用之於家，必量家而與之；用之於身，必量身材氣勢而與之；大小進退，其用一也。

去只有您才能夠左右秦。因此先派我假裝買賣人，把您請到趙國。又擔心您安於現狀，就故意怠慢，來激怒您，您果然萌生了到秦國的念頭。相國於是就出錢出物供您使用，最終幫助您在秦國獲得成功。現在您已經被秦王所用，我就想回去向相國彙報。」

張儀歎道：「唉，我在蘇秦的計謀之中卻一點都沒有察覺到，我離他差遠了！麻煩你代我多謝蘇秦。只要他還在趙國，秦國就不會去攻打，以此來報蘇秦的恩德。」

這就是蘇秦成功地運用忤合之術，達到了自己的目的。蘇秦想要利用張儀，並沒有直接提拔使用他，而是先冷處理，這是「忤」；然後暗中助其在秦國取得成功，以此來幫助自己實現保趙的目標，這是「合」。蘇秦的「忤合術」讓對方沒有察覺出一絲一毫，令人佩服之至！

對於一個謀士來說，如果沒有像聖人一樣高尚的品德、超人的智慧，沒有通曉事物內在的規律，就不可能立身處事，駕馭天下；如果不用心苦苦思考，就不可能揭示事物的本質所在；如果沒有全神貫注地考察事物的實際情況，就不可能功成名就。

謀術三　忤合離間

鬼谷子先生在文中提到了：「合於彼而離於此，計謀不兩，必有反忤；反於是，忤於彼；忤於此，反於彼」。意思是兩的利益是有衝突的，聖人們採取的這些計謀，如果合乎、保護某一方的利益，就肯定會違背、侵害另一方的利益；如果違背害某一方的利益，則肯定會對另一方有利，即一定會有背反忤，這就是「忤合」之術。忤合離間術是一種策略，表面上合於方，為此方作打算，實際上得利的是彼方。

蘇代巧使忤合術

《史記·孟嘗君列傳》中孟嘗君為了報呂禮的加害之仇，勸秦相魏冉攻自己的國家齊。表面上看來他是在為魏冉利益考慮，實際上他是為了保全自己的利益。為了自己的利益而不考慮秦齊之間的戰爭給國家、人民帶來的災難。從這個意義上說，孟嘗君是一個自私到極點的人。

秦國的逃亡將領呂禮擔任齊國宰相，他要陷蘇代於困境。蘇代就對孟嘗君說：「周最對於齊王，是極為忠誠的，可是齊王把他驅逐了，而聽信親弗的意見讓呂禮做宰相，其原因就是打算聯合秦國。齊國、秦國聯合，那麼親弗與呂禮就會

> 忤合離間術是一種策略，表面上合於此方，為此方作打算，實際上得利的是彼方。

受到重用了。他們受到重用，齊國、秦國必定輕
視您。您不如急速向北進軍，促使趙國與秦、魏
講和，招回周最來顯示您的厚道，還可以挽回齊
王的信用，又能防止因齊、楚聯合將造成各國關
係的變化。齊國不去依傍秦國，那麼各諸侯都會
靠攏齊國，親弗勢必出逃，這樣一來，除了您之
外，齊王還能跟誰一起治理他的國家呢？」於是
孟嘗君聽從了蘇代的計謀，因而呂禮嫉恨並要謀
害孟嘗君。孟嘗君很害怕，就給秦國丞相穰侯魏
冉寫了一封信說：「我聽說秦國打算讓呂禮來聯
合齊國。齊國，是天下的強大國家，齊、秦聯合
成功呂禮將要得勢，您必會被秦王輕視了。如果
秦、齊相與結盟來對付韓、趙、魏三國，那麼呂
禮必將為秦、齊兩國宰相了，這是您結交齊國反
而使呂禮的地位顯重啊。再說，即使齊國免於諸
侯國攻擊的兵禍，齊國還會深深地仇恨您。您不
如勸說秦王攻打齊國。齊國被攻破，我會設法請
求秦王把所得的齊國土地封給您。齊國被攻破，
秦國會害怕魏國強大起來，秦王必定重用您去結
交魏國。魏國敗於齊國又害怕秦國，他就會推重
您以便結交秦國。這樣，您既能夠憑攻破齊國建
立自己的功勞，挾持魏國提高的地位；又可以攻
破齊國得到封邑，使秦、魏兩國同時敬重您。如
果齊國不被攻破，呂禮再被任用，使您陷於極端
的困境中。」於是穰侯向秦昭王進言攻打齊國，

呂禮便逃離了齊國。

蘇代在文中先使用了「反忤術」，表面上他是在為孟嘗君考慮會有呂禮來加害他，實際上獲利的是他自己，因為呂禮也對他不利；孟嘗君的「反忤術」中，他通過離間齊楚關係而從中漁利，表面上他是在替魏冉支招，而實際上這種政策只能保證在合同期間的問題對他有利。

田單離間燕樂毅

《史記‧樂毅列傳》與《史記‧田單列傳》中，田單利用燕惠王多疑猜忌心理，故意投靠假象，使樂毅失去了燕惠王的信任，被剝奪了軍權。

樂毅，他的祖先叫樂羊。樂羊曾擔任魏文侯的將領，他帶兵攻下了中山國，魏文侯把靈壽封給了樂羊。樂毅很賢能，喜好軍事，趙國人曾舉薦他出來做官。

燕國昭王先禮尊郭隗藉以招攬天下賢士。樂毅為魏昭王出使到了燕國，向燕昭王敬獻了禮物表示願意獻身做臣下，燕昭王就任命他為亞卿，他擔任這個職務的時間很長。諸侯們認為齊湣王驕橫暴虐對各國也是個禍害，都爭著跟燕國聯合共同討伐齊國。

燕昭王動員了全國的兵力，派樂毅擔任上將

孟嘗君的「反忤術」中，他通過離間齊楚關係而從中漁利，表面上他是在替魏冉支招，而實際上這種政策只能保證在合同期間的問題對他有利。

故伊尹五就湯，五就桀，而不能有所明，然後合於湯。呂尚三就文王，三入殷，而不能有所明，然後合於文王」。就像伊尹和呂尚這樣的名臣一樣，選擇合適自己發展的君王。

如果想達到自己的目的，就必須看清事物的發展變化，抓住有利時機，權衡利弊，來分析一個國家優勢、劣勢所在，預測出事件的發展的趨勢。

要具備超前的意識並予以變化，根據主客觀條件預測事物發展的方向，加以人為的調控，才能「得天下之權」，在紛繁的世事中處於不敗的主動地位。

軍，趙惠文王把相國大印授給了樂毅。樂毅於是統一指揮著趙、楚、韓、魏、燕五國的軍隊去攻打齊國，在濟水西邊打敗齊國軍隊。燕國軍隊在樂毅指揮下單獨追擊敗逃之敵。樂毅留在齊國巡行作戰五年，攻下齊國城邑七十多座，都劃為郡縣歸屬燕國，只有莒和即墨沒有收服。這時恰逢燕昭王死去，他的兒子立為燕惠王。惠王從做太子時就曾對樂毅有所不滿，等他即位後，齊國的田單了解到他與樂毅有矛盾，就對燕國施行反間計，造謠說：「齊國城邑沒有攻下的僅只兩個城邑罷了。而所以不及早拿下來的原因，聽說是樂毅與燕國新即位的國君有怨仇，樂毅斷斷續續用兵故意拖延時間姑且留在齊國，準備在齊國稱王。齊國所擔憂的，只怕別的將領來。」

當時燕惠王本來就已經懷疑樂毅，又受到齊國反間計的挑撥，就派騎劫代替樂毅任將領，並召回樂毅。

田單揚言說：「我最怕的是燕軍把俘虜的齊國士兵割去鼻子，放在隊伍的前列，再和我們交戰，那即墨就必然被攻克。」燕軍聽到這話，就照此施行。城裏的人看到齊國眾多的降兵都被割去了鼻子，人人義憤填膺，全力堅守城池，只怕被敵人捉住。田單又派人施反間計說：「我很害怕燕國人挖了我們城外的祖墳，侮辱了我們的祖先，這可真是讓人寒心的事。」燕軍聽說之後，

又把齊國人的墳墓全部挖出，並把死屍焚燒殆盡。即墨人從城上看到此情此景，人人痛哭流涕，都請求出城拼殺，憤怒的情緒增長十倍。齊國田單後來與騎劫交戰，結果在即墨城下把騎劫的軍隊打得大敗，接著輾轉戰鬥追逐燕軍，向北直追到黃河邊上，收復了齊國的全部城邑，並且把齊襄王從莒邑迎回都城臨淄。

田單利用離間計，造謠生事，無中生有，利用燕國君臣不和，給了燕惠王一個假象：齊國更懼怕除樂毅以外的其他將領，實際上他們是怕樂毅繼續擔任燕軍將領而滅國，最終離間成功，樂毅被撤；為了鼓舞自己軍隊的士氣，他又在軍隊內部造謠，結果激發了齊軍旺盛的鬥志。

田單的兩次離間術都是為了此方的利益，而損害彼方的利益，這正是鬼谷子先生的「成於事而合於計謀」的典型應用。為了達到目標，可以無所顧忌的使用「反忤離間術」。

「忤合」以反求合之意，本文認為欲達到這一目的，實現自己的意願，必須曲折求之，以此求彼，欲取先予，先忤後合。事物經常處於變化之中，要把握事物變化所潛伏著的正反兩面，這其中人的主觀能動性很重要，只要人們巧用智謀，就可以改變事物的常規方向，從而取得從正面難以得到的效果。

鬼谷子

──的謀略寶典

第七篇

揣篇七

　　揣包括「量權」和「揣情」。古之善用天下者，必量天下之權，而揣諸侯之情。即好的謀略要以精通天下形勢為基礎，說服對方則需要以了解對方真實情況為保證。故揣情術是「謀之大本也，而說之法也」。

古之善用天下者，必量天下之權，而揣諸侯之情。量權不審，不知強弱輕重之稱；揣情不審，不知隱匿變化之動靜。

何謂量權？曰：度於大小，謀於眾寡；稱貨財有無之數，料人民多少、饒乏，有餘不足幾何？辨地形之險易，孰利孰害？謀慮孰長孰短？

揆君臣之親疏，孰賢孰不肖？與賓客之智慧，孰多孰少？觀天時之禍福，孰吉孰凶？諸侯之交，孰用孰不用？百姓之心，去就變化，孰安孰危？孰好孰憎？反側孰辨？能知此者，是謂量權。

揣情者，必以其甚喜之時，往而極其欲也；其有欲也，不能隱其情。必以其甚懼之時，往而極其惡也；其有惡者，不能隱其情。情欲必出其變。感動而不知其變者，乃且錯其人勿與語，而更問其所親，知其所安。夫情變於內者，形見於外，故常必以其見者而知其隱者，此所以謂測深探情。

故計國事者，則當審權量；說人主，則當審揣情；謀慮情欲，必出於此。乃可貴，乃可賤；乃可重，乃可輕；乃可利，乃可害；乃可成，乃可敗；其數一也。故雖有先王之道；聖智之謀，

非揣情隱匿，無可索之。此謀之大本也，而說之
法也。常有事於人，人莫能先，先事而生，此最
難為。故曰：揣情最難守司。言必時其謀慮。故
觀蜎飛蠕動，無不有利害，可以生事美。生事
者，幾之勢也。此揣情飾言，成文章而後論之
也。

譯　文

　　古之善用天下者，必量天下之權，而揣諸侯之情。量權不審，不知強弱輕重之稱；揣情不審，不知隱匿變化之動靜。

　　揣情者，必以其甚喜之時，往而極其欲也；其有欲也，不能隱其情。必以其甚懼之時，往而極其惡也；其有惡者，不能隱其情。

　　古代那些善於遊說國君、左右天下局勢的謀臣說客，必須衡量天下的形勢，揣摩諸侯各君的真實意向。假如對天下的形勢衡量不夠審慎周密，那麼就不可能知道諸侯各國與他國相比誰強誰弱，誰重誰輕；假如對諸侯各君的真實意向揣測不夠翔實詳細，那麼就不可能知道諸侯各國國內的動靜，和其中隱藏著的局勢變化趨勢。

　　所謂衡量形勢是指什麼？是指測算天下諸侯各國疆域的大小、估算諸侯各國實力的多少；估量出其國庫中錢財物資的有無情況；了解人口總數的多少及百姓富足程度如何；哪些方面多餘，哪些方面不足；分辨地形的險峻與平坦，哪些地勢有利，哪些地勢有害；所採用的國家發展謀略哪些是優勢，哪些是劣勢；國君與大臣之間的關係是親密還是疏遠，哪些臣子是賢德之人，哪些臣子是不肖之徒；客座國君的謀士們哪些是聰明之人，哪些愚蠢之士；看清楚天象時辰運行變化，哪些是吉兆，哪些是凶兆；揣測諸侯之間的關係，哪些是可以利用的，哪些則是不能利用的；民心的向背和發展變化趨勢，哪些地方老百姓安居樂業，哪些地方老百姓則民心不穩，他們愛戴誰，又憎惡誰，人心是否思變，造反的情況

會否發生……能充分知道上述這些，就可以知道
什麼是衡量形勢了。

　　所謂揣摩諸侯國君的意向，就是必須在對方
最高興的時候，用各種方法刺激他們，使他們情
緒繼續高漲到極點，情緒高漲極其興奮時，他們
就無法隱藏自己內心的真實意向和想法；又必須
在對方最恐懼的時候，採取各種方法去刺激加重
他們的恐懼感，使他們的恐懼也達到極點，極其
恐懼的時候，他們也不能隱瞞住自己內心的真實
意向和想法。一般說來，一個人在極其高興或者
恐懼的時候，就不能夠控制情緒，也會忘記掩飾
自己的真實想法和意圖，必然要隨著事態的發展
變化流露出來。對那些情感受到觸動但仍不見有
異常變化的人，就要改變遊說對象，暫時不要再
對他遊說；而應向他所親近的人去遊說，這樣就
可以知道他情緒沒有變化的原因，知道對他觸動
最大的是哪方面的事物，也就容易揣摩到他的真
實想法了。那些內部發生情感變化的人，必然會
表露在外在形態上。所以我們應該通過表現出來
的表面形態，來揣測他內心隱藏的真實意圖和想
法，這也就是所謂的「測深揣情」。

　　所以謀劃國家大事的謀臣說客，就應當詳細
衡量天下的形勢；遊說國君的謀臣說客，則應當
全面揣測國君的真實意圖和想法，避其所短，從
其所長。所有的謀略、想法、情緒及要求都必須

揆君臣之親疏，
孰賢孰不肖？與賓客
之智慧，孰多孰少？
觀天時之禍福，孰吉
孰凶？諸侯之交，孰
用孰不用？百姓之
心，去就變化，孰安
孰危？孰好孰憎？反
側孰辨？能知此者，
是謂量權。

遊說國君的謀臣
說客，則應當全面揣
測國君的真實意圖和
想法，避其所短，從
其所長。所有的謀
略、想法、情緒及要
求都必須以此為出發
點進行。

「揣情術」可以使人獲得富貴，也可以使人歸於貧賤；可以使人受到重用，也可以使人受到輕視；可以使人從中獲得利益，也可以使人從中遭到迫害；可以使事態走向成功，也可以使事態趨向失敗，其使用的計謀都是一致的。

如果不使用「揣情」，從現實的實際情況出發，你就不能夠知道對方的真實意圖和想法，無法探求表面情況下隱藏的真實變化。這是策劃謀略的基礎和遊說成功的規則。

以此為出發點進行。「揣情術」可以使人獲得富貴，也可以使人歸於貧賤；可以使人受到重用，也可以使人受到輕視；可以使人從中獲得利益，也可以使人從中遭到迫害；可以使事態走向成功，也可以使事態趨向失敗，其使用的計謀都是一致的。

所以對於遊說之士來講，即使你有古代先王高尚的德行，有聖人出眾的智謀，如果不使用「揣情」，從現實的實際情況出發，你就不能夠知道對方的真實意圖和想法，無法探求表面情況下隱藏的真實變化。這是策劃謀略的基礎和遊說成功的規則。經常有些事情已經發生了，人們卻不能事先預測到，而能在事情發生之前就預見，難度是很大的。因此說揣情是最難把握的技巧。遊說時必須經過細緻的思考，選擇合適的時機。過去我們看到昆蟲飛行和爬蟲蠕動，知道這些都與牠們自身的利益相關，正因為如此，蟲子才會有動靜的變化。而任何事情在剛剛產生之時，都會表露出微小的變化，成功的謀士正是能夠審視到這種變化。這就要求行「揣情術」時，需要先借助華美的言辭或文章，而後才能進行遊說進言的道理。

釋　義

　　所謂「揣」就是指揣摩、推測、估計、分析、推理等等，通過這些方法對遊說對象做出較為準確的判斷。揣包括「量權」和「揣情」兩個意思。所謂量權，就是衡量一國綜合國力，具體包括一國的人口、經濟、地形、謀士的智謀、君臣關係、天時吉凶、外交、人心向背等等。所謂揣情，就是揣度、琢磨、推測遊說對象的心理狀態，以利於下一步遊說的切入。好的謀略要以精通天下形勢為基礎，說服對方則需要了解對方真實情況為保證，只有兩者結合，謀臣策士才能說服對方。

　　鬼谷子先生在《揣篇》中把揣分為兩部分內容：量權和揣情。在文中首先強調了掌握這兩種技巧對於一個謀士來講的重要性。「古之善用天下者，必量天下之權，而揣諸侯之情」。謀臣策士如果想要說服國君、左右天下局勢，必須通曉天下的形勢，揣摩諸侯各君的真實意向。「量權不審，不知強弱輕重之稱；揣情不審，不知隱匿變化之動靜，否則就不知道諸侯各國的實力對比高低，也不可能知道諸侯各國國內的政治局勢，以及表面情況下隱藏著的發展變化趨勢。因此，揣情術是「謀之大本也，而說之法也」。也即策

鬼谷子

劃謀略的基礎和遊說成功的規則。

接著，鬼谷子先生又闡述了量權的主要內容。量權就是，「度於大小，謀於眾寡；稱貨財有無之數，料人民多少、饒乏，有餘不足幾何？辨地形之險易，孰利孰害？謀慮孰長孰短？揆君臣之親疏，孰賢孰不肖？與賓客之智慧，孰多孰少？觀天時之禍福，孰吉孰凶？諸侯之交，孰用孰不用？百姓之心，去就變化，孰安孰危？孰好孰憎？反側孰辨？」量權主要是針對「計國事者」（謀劃國家大事的謀臣說客）的一種策略。謀臣在遊說前必須知曉遊說對象的國際國內政治、經濟、軍事、外交等等局勢。

揣情，是本篇的主要論述內容，主要是針對「說人主者」的策略。怎麼樣才能更好地「揣情」？

一是可以順著對手的性情去「揣摩」。「以其甚喜之時，往而極其欲也；……必以其甚懼之時，往而極其惡也」，一般說來，一個人在極其高興或者恐懼的時候，就不能夠控制情緒，也會忘記掩飾自己的真實想法和意圖，必然要隨著事態的發展變化流露出來，然後不能「隱真情」。

二是可以迂迴側擊地去「揣摩」。對於感情控制能力強的對象，他們可能在內心裡已經受到觸動，但是並沒有表露出來，或者說不太明顯能讓你觀察出來。你很難直接觀察出他的情緒波

> 「量權不審，不知強弱輕重之稱；揣情不審，不知隱匿變化之動靜。」

謀臣策士如果想要說服國君、左右天下局勢，必須通曉天下的形勢，揣摩諸侯各君的真實意向。

208

動，那麼可以採用迂迴側擊，先不急著直接分析對象本人，而應該與他身邊的人進行溝通，「感動而不知其變者，乃且錯其人勿與語，而更問其所親，知其所安」。這樣，才能揣摩到他的真實想法。

三是可以見微知著。遊說時必須進行細緻的思考，善於從小見大，見樹木而知森林。「言必時其謀慮。故觀蜩飛蠕動，無不有利害，可以生事美。生事者，幾之勢也。」昆蟲飛行和爬蟲蠕動都與牠們自身的利益相關，因此牠們才會有動靜的變化。任何事情在剛剛發生之初，都會表露出微小的變化，要想成為一個成功的謀士就應該能夠審視到這種變化，進而「揣摩」出對方內心的真實想法。

四是可以察言觀色去「揣摩」對方。「夫情變於內者，形見於外。故常必以其見者而知其隱者。」一個人的內心情感發生變化，是會通過自己外在的形貌諸如言語、行動、表情等等表現出來的，通過觀其心而知真意。「測深揣情」就能揣測出對方隱藏在內心深處的真情實意。

揣情的難點是什麼？鬼谷子認為是預測事物的發生。「常有事於人，人莫能先，先事而生，此最難為。」經常有些事情已經發生了，人們卻不能事先預測到，而能在事情發生之前就預見，難度是很大的。因此說揣情是最難把握的技巧。

「常有事於人，人莫能先，先事而生，此最難為。」

經常有些事情已經發生了，人們卻不能事先預測到，而能在事情發生之前就預見，難度是很大的。

209

鬼谷子

謀術一　審時度勢

「古之善用天下者，必量天下之權……量權不審，不知強弱輕重之稱……何謂量權？……能知此者，謂量權。」一個謀臣如果想成功的推銷自己的政治謀略，首要的條件就是要能夠「量權」，要通曉形勢，並能預測出形勢的走向，根據不同的時機、不同的形勢而制定不同的策略去應付。

任何人或者事都不是孤立存在的，人是環境的產物，而事是各種勢力合力的結果，要說服人接受某種觀點，或者採取某種行動，要看是否符合其外部條件。

未出茅廬，三分天下

三國時期的諸葛亮一曲《隆中對》可以說是最為典型的一例。

《三國演義》和《三國志》中說及了此事。東漢後期外戚和宦官爭奪朝廷大權，政治日趨黑暗，賦稅極其繁重，刑罰極其苛刻，張角在冀州率黃巾軍起義，各地紛紛響應。這次起義雖然被鎮壓下去了，但東漢王朝的統治也土崩瓦解，各地方割據勢力擁兵自重，「跨州連郡者不可勝數」，不聽中央政令。曹操又脅迫獻帝遷都許昌，用他的名義發號施令。至此，東漢王朝已經

「欲信大義於天下，而智術淺短，遂用猖獗，至於今日。」

名存實亡。

　　劉備問計於諸葛亮在建安十二年（207）。此前，曹操已經在官渡之戰中擊敗了佔有冀、青、幽、并四州的袁紹，基本上統一了黃河流域，其後又北征烏桓，取得很大的勝利，為南下統一全國準備了條件；而孫權經過父兄和自己的三世經營，也比較牢固地佔有了長江下游南部地區。長江中游的荊州地區屬於劉表的勢力範圍，上游的益州地區屬於劉璋的勢力範圍，這兩個集團內部矛盾重重，其軍力也不足與曹操抗衡。此外，較大的割據勢力還有漢中（今陝西南部）的張魯和涼州（今甘肅）的馬騰、韓遂等人。劉備是靠鎮壓黃巾起義起家的，但是他的兵少，而且又沒有地盤，在當時算不上割據勢力。他雖有才略，然而志不得伸，曹操說劉備是「人中之龍」，而生平「未嘗得水」，這是很恰當的評價。為了改變到處流浪的局面，他決定從尋求謀士入手。經徐庶推薦，他三顧茅廬，請求諸葛亮出山幫助他。他對諸葛亮說的「欲信大義於天下，而智術淺短，遂用猖獗，至於今日」，就是他前半生經歷的概括，也表現了他問計的誠懇態度。諸葛亮遂提出了著名的「隆中對」：

　　「自從董卓作亂以來，各地豪傑同時興起，跨州連郡稱霸一方的多得數不清。曹操同袁紹相比，名位低賤，兵力又少，然而曹操終於打敗了

　　「言必時其謀慮。故觀蜩飛蠕動，無不有利害，可以生事美，生事者，幾之勢也。」

　　「感動而不知其變者，乃且錯其人勿與語，而更問其所親，知其所安。」

袁紹，以弱勝強的原因，不僅是時機有利，而且更重要的還在於人的謀劃得當。現在曹操已經擁有百萬大軍，控制著皇帝向諸侯發號施令，這實在是不能同他較量的。孫權佔據江東已經三世了，那裡地勢險要，百姓歸順，又任用了有才能的人，在這種情況下只能以它為外援，而不可以謀取。荊州北靠漢水、沔水，南邊可以直達沿海一帶，東面和吳郡、會稽郡相連，西面和巴郡、蜀郡相通，這是個戰略要地，而劉表卻沒能力守住它，這大概是形勢給您提供的機會，難道將軍沒有奪取它的意圖嗎？益州地勢險要，有廣闊肥沃的土地，是個富饒的地方，高祖憑藉著它建立了帝業。劉璋昏庸懦弱，張魯又在北面威脅著他，那裡人口眾多，物產豐富，劉璋卻不知道愛惜，有才能的人都盼望能得到一位賢明的君主。將軍既是皇室的後代，又聲望很高，聞名天下，廣泛接納英雄，思慕賢才如飢似渴。如果能佔據荊、益二州，守住險要的地方，與西邊的各少數民族和好，又安撫南邊的少數民族，對外聯合孫權，內部革新政治；一旦形勢發生變化，就派一員上將率領荊州的軍隊向中原進軍，將軍親自統率益州大軍打出秦川，百姓誰能不拿著飯食水酒來迎接您呢！如果真能這樣做，那麼稱霸的事業就可以成功，漢朝的天下就可以復興了。」

　　劉備聽了非常興奮，遂邀諸葛亮加入自己的

隊伍，並重用為軍師。

　　諸葛亮的策略是根據以下三個方面的分析得出的：第一，在當時的條件下，劉備完全不具備向北或向東發展的可能性。劉備的最終目標是「信大義於天下」即興復漢室，他的主要敵人自然是北方的曹操集團。但曹操集團在官渡之戰中擊敗袁紹，「以弱為強」，其地位日益鞏固。諸葛亮看出了它的軍事優勢（「今操已擁百萬之眾」）和政治優勢（「挾天子以令諸侯」），因而做出「不可與爭鋒」的結論；又在這個結論之前著一「誠」字，強調了要尊重這個客觀實際的意思。既然如此，能不能向東發展呢？諸葛亮又認為，向東發展的可能性也不存在。東方的孫權集團是當時長江以南的最大割據勢力，它不僅有優越的地理條件（「國險」），而且內部團結緊密（「民附」和「賢能為之用」），其地位也比較鞏固。但它跟曹操集團之間的矛盾很大，必須時時防範對方的進攻。據此，諸葛亮又做出了「可以為援而不可圖」的結論。「為援」，就是把孫權集團當作反曹的同盟者或牽制曹操集團的力量。

　　向北、向東發展都不可能，那麼向西、向南發展是否可能呢？由此就引出諸葛亮的第二個基本估計。第二，在諸葛亮看來，劉備應當首先奪取荊、益二州，作為建立「霸業」的根基。他指出，「荊州北據漢、沔，歷經南海，東連吳會，

一個人在極其高興或者恐懼的時候，就不能夠控制情緒，也會忘記掩飾自己的真實想法和意圖，必然要隨著事態的發展變化流露出來，然後不能「隱其情」。

西通巴、蜀」，在戰略上具有重要意義，是兵家必爭之地；而益州也是個險要的地方，它「沃野千里」，是個天然的糧倉，在經濟上具有重要價值。能夠佔領這樣的戰略要地，並充實自己的經濟力量，「霸業」自然就有了根基。接著又引用漢高祖憑藉益州這塊根據地奪取天下的歷史經驗，進一步論證了奪取益州的必要性。與此同時，他又看到劉表、劉璋這兩個集團的弱點，指出劉表必然「不能」守住荊州，而劉璋的內部也極不穩固（「民殷國富而不知存恤，智慧之士思得明君」），這就給劉備提供了可乘之機。最後諸葛亮還看到劉備是「帝室之胄，信義著於四海」，在政治上有一定的號召力。因此，奪取荊、益二州的計畫完全有實現的可能。

第三，在諸葛亮看來，奪取荊、益之後，應當一方面修明內政，跟西南少數民族和睦相處，建立鞏固的戰略後方；另一方面聯合孫權，把曹操集團孤立起來，使它兩面受敵，這樣形勢就會發生有利於我的變化。

諸葛亮的這番對策，從當時的歷史條件來看，是完全可行的。他對當時的政治形勢一目瞭然，曹、孫二者現在都已經具備了相當的實力，儘管劉備目前處境艱難，但只要「人謀」得當，成霸業、興漢室的願望還是可以實現的。

司馬錯諫秦王

　　苴國和蜀國相互攻打，分別到秦國告急。秦
惠王要出動軍隊討伐蜀國，又認為道路艱險狹
窄，不容易到達。這時韓國又來侵犯秦國。秦惠
王要先攻打韓國，然後再討伐蜀國，恐怕有所不
利；要先攻打蜀國，又恐怕韓國趁著久戰疲憊之
機來偷襲，猶豫不能決斷。司馬錯和張儀在惠王
面前爭論不休，司馬錯主張討伐蜀國，張儀說：
「不如先討伐韓國。」惠王說：「我願聽聽你們
的理由。」

　　張儀說：「我們先和魏國相親，與楚國友
好，然後進軍三川，堵絕什谷的隘口，擋住屯留
的要道。這樣，使魏國到南陽的通道斷絕，讓楚
國出兵逼近南鄭，秦軍進擊新城和宜陽，徑直逼
近西周和東周的城郊，討伐周王的罪惡，再攻佔
楚、魏的土地。周王自己知道沒辦法挽救，一定
會獻出傳國的九鼎寶物。秦國佔有了九鼎之寶，
依照地圖和戶籍，就可以挾制著周天子而向天下
發號施令，天下各國沒有誰敢不聽從的。這是統
一天下的大業啊！如今蜀國是西方偏僻的國家，
像戎狄一樣的落後民族，搞得我們士兵疲憊、百
姓勞苦，也不能夠揚名天下，奪取了他們的土地
也得不到實際的好處。我聽說追求名位的人要到

朝廷去，追求利益的人要到市場去。如今，三川、周室，如同朝廷和市場，大王卻不到那裡去爭奪，反而到戎狄一類的落後地區去爭奪，這離帝王的功業就太遠了。」

司馬錯說：「不是這樣。我聽說，想使國家富強的人，一定要開拓他的疆土；想使軍隊強大的人，一定要使百姓富足；想要統一天下的人，一定要廣施恩德。這三種條件具備了，帝王大業也就水到渠成了。如今，大王的疆土還狹小，百姓還貧窮，所以我希望大王先做些容易辦到的事情。蜀國，是西方偏僻的國家，卻是戎狄的首領，已經發生了類似夏桀、商紂的禍亂。出動秦國強大的軍隊去攻打它，就好像讓豺狼去驅趕羊群一樣。佔領了它的土地就可以擴大秦國的疆域，奪取了它的財富就可以使百姓富足、整治軍隊。用不著損兵折將，他們就已經屈服了。攻克一個國家，天下人不認為我們殘暴；把西方的全部財富取盡，天下人不認為我們貪婪，我們這一出動軍隊，使得聲望、實利都有增益，還能享有禁止暴亂的好名聲。如今去攻打韓國，劫持天子，是很壞的名聲，未必就能得到好處，還負有不義的醜名，而又是天下人所不希望攻打的國家，那就危險了。請讓我陳述一下理由：周王，是天下共有的宗主；是和齊、韓交往密切的國家。周王自己知道要失掉傳國的九鼎，韓國自己

故計國事者，則當審權量；說人主，則當審揣情；謀慮情欲，必出於此。乃可貴，乃可賤；乃可重，乃可輕；乃可利，乃可害；乃可成，乃可敗；其數一也。

知道將會失去三川，這二國必將通力合謀，依靠齊國和趙國的力量，與楚國、魏國謀求和解。如果他們把九鼎寶器送給楚國，把土地讓給魏國，大王是不能阻止的，這就是我說的危險所在，所以不如攻打蜀國那樣完滿。」

　　惠王說：「說得很好，我聽您的。」終於出兵討伐蜀國。當年十月攻佔了蜀國。於是，平定了蜀國的暴亂，貶謫蜀王，改封號為蜀侯，派遣陳莊出任宰相。蜀國歸秦國後，秦國因此更加強大、富足，更加輕視其他諸侯了。

　　司馬錯與張儀都可以說是量權高手，對國家的形勢、地理了解非常透徹，他們對形勢的發展也都有自己的看法，雖然秦王最終採用了司馬錯的建議，但一個國家擁有這樣高明的幾名謀臣，從另一個側面說明了國君的重視人才思想。

謀術二　因色揣意

「夫情變於內者，形見於外。故常必以其見者而知其隱者。」一個人的內心情感發生變化，是會通過自己外在的形貌諸如言語、行動、表情等等表現出來的，通過觀其心而知其意。因色揣意則是說服者的基本能力。色一指表情，二指體態，都是心理狀態的外在表現。一般來講，語言因素傳遞的信息都是有意識的，而非語言因素諸如表情、身體語言等等，當對方的語言信息狀態處於曖昧狀態時，可以通過對方的表情姿勢而解讀其真實情況，觀色是揣摩對方心理的重要方法。

東郭牙揣透齊桓公

君子有三種形態，開朗而有愉悅氣息的人，一定是有喜賀的事了；淡然而又靜默的人，一定有悲哀的事了；有怒容而氣盛的人，一定有戰事了。

戰國時期的齊國曾經出現過一次「失密案」，一個高級的軍事決策機密，竟被全國人都知道了，驚動了滿朝文武，一查才知道，原來是決策人情形於「色」，局外人因「色」見異。事情是這樣的：

齊桓公有一次與管仲密謀攻打莒國，策劃過程是非常祕密的，可是這個計畫尚未得到付諸實施，卻是連百姓也知道了。齊桓公很吃驚，下令調查，並未發現有人洩密，管仲也感到很奇怪，為什麼密未洩而人皆知。他斷定一定有一個善於

察言觀色、揣摩別人內心祕密的人，並肯定這個人不是別人，而是一個「執蹄而上視」的僕役，此人叫東郭牙。

　　一問，他沒有否認，他說：君子善於謀劃，而小人善於意測，齊國要攻打莒國，不過是我私下裡猜想罷了。這猜測性判斷的根據就是齊桓公的舉止顏色。他認為按照一般規律，君子有三種形態，開朗而有愉悅氣息的人，一定是有喜賀的事了；淡然而又靜默的，一定有悲哀的事了；有怒容而氣盛的人，一定有戰事了。東郭牙正是仔細觀察了齊桓公的神色變化，並以其舉止、諸侯之間的關係等因素做了分析，才做出猜想性判斷的。他看到，齊桓公臉有怒容，手足舉措很不自然，分明有動武之意；齊桓公講話「呿而不驗，舉壁而止」其意指向莒國；平時他也與莒國的關係最糟。所以確定要攻打莒國了。此案偵察結果是齊桓公的顏色舉止把機密洩露於外。

　　不管一個人的心理活動如何複雜，不管他如何善於製造假象來掩飾自己，然而在他的行為當中一定會有所表現，在他的神經生理過程中，一定有所反映。

　　語言因素傳遞的信息都是有意識的，而非語言因素諸如表情、身體語言等等，當對方的語言信息狀態處於曖昧狀態時可以通過對方的表情姿勢而解讀其真實情況觀色是揣摩對方心理的重要方法。

謀術三　測深揣情

謀略的特點在於用迂迴曲折、輕鬆快捷的方式就可達到目的。這種測深揣情要求出言行事都能夠仔細揣摩，並盡可能地迎合君王的意思，以便得到賞識和寵愛。

口審腹劍

《資治通鑑》記載：

唐玄宗時期的大臣李林甫，不學無術。他什麼事都不會，專學了一套奉承拍馬的本領。他和宮內的宦官、妃子勾結，探聽宮內的動靜。唐玄宗在宮裡說些什麼，想些什麼，他都先摸了底。等到唐玄宗找他商量什麼事，他就對答如流，簡直跟唐玄宗想的一樣。唐玄宗聽了挺舒服，覺得李林甫又能幹，又聽話，比張九齡強多了。

唐玄宗做了二十多年太平天子，漸漸滋長了驕傲怠惰的情緒。他想，天下太平無事，政事有宰相管，邊防有將帥守，自己何必那麼為國事操心。於是，他就追求起享樂的生活來。宰相張九齡看到這種情況，心裡挺著急，常常給唐玄宗提意見。唐玄宗本來很尊重張九齡，但是到了後來，對張九齡的意見也聽不進去了。

當時武惠妃在後宮受到玄宗寵倖，生有一子被封為壽王，各個皇子都沒有辦法和他相比，就連太子也受到冷落。李林甫就利用宦官傳話給惠妃，說自己願盡力保護壽王；惠妃很感激他，兩人勾搭起來糊弄玄宗，後來李被授為侍郎一職。

唐玄宗想把李林甫提為宰相，跟張九齡商量。張九齡看出李林甫不是正路人，就直截了當地說：「宰相的地位，關係到國家的安危。陛下如果拜李林甫為相，只怕將來國家要遭到災難。」

這些話傳到李林甫那裡，李林甫把張九齡恨得咬牙切齒。朔方（治所在今寧夏靈武）將領牛仙客，目不識丁，但是在理財方面，很有點辦法。唐玄宗想提拔牛仙客，張九齡沒有同意。李林甫在唐玄宗面前說：「像牛仙客這樣的人，才是宰相的人選；張九齡是個書呆子，不識大體。」

有一次，唐玄宗又找張九齡商量提拔牛仙客的事。張九齡還是不同意。唐玄宗發火了，厲聲說：「難道什麼事都得由你做主嗎！」唐玄宗越來越覺得張九齡討厭，加上聽信了李林甫的誹謗，終於借個因頭撤了張九齡的職，讓李林甫當宰相。

李林甫知道自己在朝廷中的名聲不好。凡是大臣中能力比他強的，他就千方百計地把他們排

假如對天下的形勢衡量不夠審慎周密，那麼就不可能知道諸侯各國與他國相比誰強誰弱，誰重誰輕；假如對諸侯各君的真實意向揣測不夠翔實詳細，那麼就不可能知道諸侯各國國內的動靜，和其中隱藏著的局勢變化趨勢。

擠掉。他要排擠一個人，表面上不動聲色，笑臉相待，卻在背地裡暗箭傷人。

有一個官員嚴挺之，被李林甫排擠在外地當刺史。後來，唐玄宗想起他，跟李林甫說：「嚴挺之還在嗎？這個人很有才能，還可以用呢。」李林甫說：「陛下既然想念他，我去打聽一下。」退了朝，李林甫連忙把嚴挺之的弟弟找來，說：「你哥哥不是很想回京城見皇上嗎，我倒有一個辦法。」嚴挺之的弟弟見李林甫這樣關心他哥哥，當然很感激，連忙請教該怎麼辦。李林甫說：「只要叫你哥哥上一道奏章，就說他得了病，請求回京城來看病。」嚴挺之接到他弟弟的信，真的上了一道奏章，請求回京城看病。李林甫就拿著奏章去見唐玄宗，說：「真太可惜，嚴挺之現在得了重病，不能幹大事了。」

唐玄宗惋惜地歎了口氣，也就算了。

儘管李林甫裝扮得怎麼巧妙，他的陰謀詭計到底被人們識破。人們就說李林甫這個人是「嘴上像蜜甜，肚裡藏著劍」（成語「口蜜腹劍」就是這樣來的）。

李林甫當了十九年宰相，一個個有才能的正直的大臣全都遭到排斥，一批批鑽營拍馬的小人都受到重用提拔。就在這個時期，唐朝的政治從興旺轉向衰敗，「開元之治」的繁榮景象消失，接著出現的就是「天寶之亂」（天寶是唐玄宗後

期的年號）。

　　李林甫之所以受到玄宗寵愛，就在於他善於揣測玄宗的意思。他通過和玄宗身邊的人，迂迴了解玄宗所愛之事，然後曲意逢迎。張九齡一事，他已經得知玄宗討厭張九齡，於是合著玄宗的意思去說話，因此得到了玄宗賞識。為其以後的仕途打下了堅實的感情基礎。

司馬熹薦后

　　春秋時期，中山國國君有兩個妃子，一個是陰姬，一個是江姬。兩人都想當王后。當時司馬熹是中山國的相國。司馬熹的目的是讓陰姬當王后，為此目的，如果直接上書君王要求讓陰姬當王后，那麼不僅陰姬當不了王后，而且會惹怒競爭者江姬，更使君王懷疑司馬熹是否存有私心私利。但富有智慧的司馬熹卻通過另外一種方式很快就達到了目的。

　　司馬熹對陰姬的父親說：「爭當王后的事如果能成功，那麼您就可以得到封地，管理萬民；如果不能成功，恐怕您連性命也保不住呀。想要辦成這件事，為什麼不讓陰姬來見我呢？」陰姬的父親跪拜叩頭，說：「事情如果真像您說的那樣，我要好好地報答您。」司馬熹於是向中山君上書說：「我已得知削弱趙國、強大中山的辦

法。」中山君很高興地接見他說：「我想聽聽你的高見。」司馬熹說：「我希望先到趙國去，觀察那裡的地理形勢，險要的關塞，人民的貧富，君臣的好壞，敵我力量的對比，考察之後作為憑據，眼下還不能陳述。」於是，中山君派他到趙國去。

　　司馬熹拜見趙王，說：「我聽說，趙國是天下最善音樂和出產美女的國家。這次我來到貴國，走城過邑，觀賞人民的歌謠風俗，也看見了形形色色的人，卻根本沒有見到天姿國色的美女。我周遊各地，無所不至，從沒有見過像中山國的陰姬那樣漂亮的女子。不知道的，還以為是仙女下凡，她的豔麗用言語簡直不能描畫。她的容貌姿色實在超出一般的美女，至於說她的眉眼、鼻子、臉蛋、額角，那頭形，那天庭，那真是帝王之后，絕不是諸侯的嬪妃。」

　　趙王的心被說動了，高興地說：「我希望能得到她，怎麼樣？」司馬熹說：「我私底下看她那麼漂亮，嘴裏就不知不覺地說出來了。您如果要想得到她，這可不是我敢隨便說的，希望大王不要泄露出去。」

　　司馬熹告辭而去，回來向中山君報告說：「趙王不是個賢明的君主。他不喜歡道德修養，卻追求淫聲美色；不喜歡仁德禮義，卻追求勇武暴力。我聽說他竟然還想得到陰姬哩！」中山君

聽後臉色大變，很不高興。司馬熹接著說道：
「趙國是個強國，他要得到陰姬的心思是肯定的
了。大王如果不答應，那麼國家就危險了；如果
把陰姬給了他，不免會被諸侯恥笑。」中山君
說：「那該怎麼辦好呢？」司馬熹說：「大王立
陰姬為后，以此斷了趙王的念頭。世上還沒有要
人王后的道理。即使他想來要，鄰國也不會答
應。」中山君於是立陰姬為王后，趙王也就沒有
再提娶陰姬的事了。

　　司馬熹在此不僅揣摩透了陰姬及其父親的欲
爭王后的心理狀態，而且也揣摩透了趙武靈王好
色和中山王虛弱的心理狀態，於是借此導演了這
齣頗為成功的「鬧劇」。現在既滿足了陰姬及其
父親的心願，又抑制了趙王的好色之欲和調動了
中山王的自尊之心。

張儀二入楚

　　張儀首使楚，瓦解了齊楚聯盟。後楚國遭秦
齊聯軍痛擊，大敗而歸。休戰求和。秦戰勝後經
常要挾楚國。一次秦惠文王派使者到楚國去，
說：「我想和你們換塊地，願意用秦國武關以外
的地交換楚國黔中之地（今貴州省），如果同意
的話我們就可以不攻打你們。」魏章奉秦王之
命，派人告知楚王。

揣情是最難把握的技巧。遊說時必須經過細緻的思考，選擇合適的時機。

內部發生情感變化的人，必然會表露在外在形態上。所以我們應該通過表現出來的表面形態，來揣測他內心隱藏的真實意圖和想法，這也就是所謂的「測深揣情」。

楚懷王回答說：「我不願意要地，只要能得到張儀就心甘情願了。如果您肯把張儀遣送到楚國，我願意用黔中之地作為答謝之禮。」秦王身邊有很多人都忌嫉張儀，就進讒言：「用一個人換幾百里的土地，利太大了。」秦惠文王拒絕了他們，說：「張儀是我最重視的大臣，我寧肯不要地也不會捨棄張儀！」張儀聽說後，自己向秦王請命，道：「我願意去楚國。」

秦惠文王說：「楚王現在對你的氣特別大，對你恨之入骨，你去楚國的話一定會被他殺死。所以我不忍心把你送給他們。」張儀又說：「殺我一個人，而為秦獲利得黔中之地，我就算是死了也值得了，何況我不一定就會去死。」

秦惠文王又擔心地問：「您有什麼計謀能逃脫嗎？」張儀回答道：「楚國夫人鄭袖，美麗聰明，深得楚王寵愛。靳尚和鄭袖關係很好，而我與靳尚也關係非常好，我認為他們能庇護我，最少能夠讓楚王不殺我。大王只要命令魏章等在漢中駐紮軍隊，戰略上讓對方看到是進攻之勢，楚一定不敢殺我。」於是，秦王就再次派遣張儀出使楚國。

張儀到達楚國之後，楚懷王立即讓手下人把他抓了起來並且囚禁了他。並揚言要選擇合適日子祭告太廟，然後處死張儀。張儀入楚前就已經另外派人和靳尚取得了聯繫，讓他去打通與鄭袖

的環節。

靳尚找到鄭袖對她說：「夫人，您的受寵恐怕時間不長了，怎麼辦啊？」鄭袖問道：「怎麼了？有什麼原因嗎？」

靳尚告訴她：「秦國不知道楚王生張儀那麼大的氣，因此又派遣他來出使我國。現在聽說楚王要殺死張儀，秦王準備歸還楚國的領地，並把自己的女兒下嫁給楚王，把秦國能歌善舞的女子送到楚國，以贖張儀之罪。秦國的女子一到，楚王一定會寵倖她們。夫人想要獨自受寵，可能性太小了吧？」鄭袖大驚道：「您有什麼計謀，能夠阻止這件事發生嗎？」靳尚回答道：「現在妳可以假裝不知道這些事，然後用利害關係勸說大王，把使臣張儀送回秦國，那麼這件事就沒有什麼大礙了。」

鄭袖聽從了靳尚的建議，就在楚懷王面前哭訴：「大王您要用楚國的土地來交換張儀，土地還沒有送給秦國，而張儀已經到達我國。這說明秦王禮待大王，很尊重您。秦國軍隊已經佔據漢中，有吞併楚國的氣勢。如果殺張儀觸怒了秦國，他們一定會派兵攻打我國。我夫婦二人不一定能相互保全啊！臣妾的心中像扎了刺一樣，飲食不甘，已經好幾天了。而且做臣子的各為其主，張儀是天下有名的智士，他在秦國為相已經很久，和秦王關係好怎麼能怪他啊！大王如果優

一個人的內心情感發生變化，是會通過自己外在的形貌諸如言語、行動、表情等等表現出來的，通過觀其心而知其意。

厚待他，張儀對待楚國，也會像對秦國一樣忠心！」懷王說：「妳別煩惱了，我會從長計議多加考慮的。」

這時靳尚也不失時機地勸說楚王：「殺張儀一個人，對秦國損害能有多大？而且還失去黔中數百里之地。不如留張儀作為和秦國換地的交換條件。」懷王的意思也是很可惜黔中之地，不肯給秦國。

於是放走了張儀，並且還厚加賞賜。

此文中，鬼谷子得意弟子張儀對他們的了解和揣測可以說老到至極：他揣測秦王的心意，知道秦王如果在土地和自己之間選擇的話是兩難，而且會更傾向於獲得土地，因此他採用了主動的策略，自覺請命再使楚國，以此來讓秦王對他有愧，然後獲得秦王的信任；他揣測楚王的性格，認為楚王優柔寡斷，沒有自己的主意，肯定會被靳尚與鄭袖說服，果如其然，楚王在別人遊說之下放棄了堅決殺死張儀的意圖；他揣測鄭袖，估計鄭袖對楚王的寵倖非常在乎，因此把這個弱點利用了起來，空穴來風，說秦國將送給楚王很多美女將對她構成威脅，以此來讓鄭袖幫助自己；他揣測靳尚，知道其人愛財無比，於是送給他錢財籠絡住了這個關鍵人物，不僅自己遊說楚王而且也說服鄭袖的幫忙。

靳尚說服鄭袖，也是用了「揣情術」，利用

鄭袖擔心失寵的強烈心理，造勢來使其主動進入已設計好的「網」中，使鄭袖不知不覺就成為張儀謀略的一部分；對楚王則直接用利害關係來打動他，國家利益與個人私憤孰輕孰重。

　　鄭袖說服楚王，則用情感人。用夫妻之情來打動對方。她了解楚王是好色之人，所以並沒有直接說出她的想法，而是用情作為突破口，進而又結合理說服對方，情理相融、理利相濟。

　　故雖有先王之道；聖智之謀，非揣情隱匿，無可索之。此謀之大本也，而說之法也。常有事於人，人莫能先，先事而生，此最難為。

謀術四　揣情障礙

在鬼谷子先生看來，揣情最重要，但也是最難的。「常有事於人，人莫能先，先事而生，此最難為。」經常有些事情已經發生了，人們卻不能事先預測到，而能在事情發生之前就預見，難度是很大的。他認為揣情的難處就在於對方的內情是「隱匿」的、「變化」的。

在前文中我們講過一個《韓非子·說難》中的寓言：

昔者鄭武公欲伐胡，故先以其女妻胡君以娛其意。因問於群臣：「吾欲用兵，誰可伐者？」大夫關其思對曰：「胡可伐。」

武公怒而戮之，曰：「胡，兄弟之國也。子言伐之，何也？」胡君聞之，以鄭為親己，遂不備鄭。鄭人襲胡，取之。

這裡鄭武公表裡不一，而關其思提出自己的主張前，既不知道鄭武公的戰略意圖——攻胡，也不知道他的策略思想——先麻痺他，後偷襲他。這些內情不知，即使他的說服動機、說服內容、說服方式都很正確，也不免成為刀下之鬼。

揣情量勢是設計謀略的根本，是說服對方的基本法則。只有在充分地分析和估量天下形勢的基礎上，才能正確地說謀定策。只有對對方的內

揣情量勢是設計謀略的根本，是說服對方的基本法則。只有在充分地分析和估量天下形勢的基礎上，才能正確地說謀定策。只有對對方的內情做了充分地揣度和把握，才能說服對方接受自己的主張。

情做了充分地揣度和把握，才能說服對方接受自己的主張。而「揣情術」就是權衡天下形勢和揣度對方的技巧，也是審時度勢的具體方法。

鬼谷子

——的謀略寶典

第八篇

摩篇八

　　摩者有十法：「有以平，有以正；有以喜，有以怒；有以名，有以行；有以廉，有以信；有以利，有以卑。」最根本一條為「獨用」，最關鍵之處在於「用之有道，其道必隱。」這是摩意術的最高境界。

原　文

　　摩者，揣之術也。內符者，揣之主也。用之
有道，其道必隱。微摩之以其所欲，測而探之，
內符必應；其所應也，必有為之。故微而去之，
是謂塞窌匿端，隱貌逃情，而人不知，故能成其
事而無患。

　　摩之在此，符應在彼，從而用之，事無不
可。古之善摩者，如操鉤而臨深淵，餌而投之，
必得魚焉。故曰：主事日成，而人不知；主兵日
勝，而人不畏也。聖人謀之於陰，故曰神；成之
於陽，故曰明，所謂主事日成者，積德也，而民
安之，不知其所以利。積善也，而民道之，不知
其所以然；而天下比之神明也。主兵日勝者，常
戰於不爭不費，而民不知所以服，不知所以畏，
而天下比之神明。

　　其摩者，有以平，有以正；有以喜，有以
怒；有以名，有以行；有以廉，有以信；有以
利，有以卑。平者，靜也。正者，宜也。喜者，
悅也。怒者，動也。名者，發也。行者，成也。
廉者，潔也。信者，期也。利者，求也。卑者，
諂也。故聖人所以獨用者，眾人皆有之；然無成
功者，其用之非也。

　　故謀莫難於周密，說莫難於悉聽，事莫難於

必成；此三者唯聖人然後能任之。故謀必欲周密；必擇其所與通者說也，故曰：或結而無隙也。夫事成必合於數，故曰：道、數與時相偶者也。說者聽，必合於情；故曰：情合者聽。故物歸類；抱薪趨火，燥者先然；平地注水，濕者先濡；此物類相應，於勢譬猶是也。此言內符之應外摩也如是，故曰：摩之以其類，焉有不相應者；乃摩之以其欲，焉有不聽者。故曰：獨行之道。夫幾者不晚，成而不拘，久而化成。

鬼谷子

譯　文

　　所謂「摩意」是」「揣情術」的主要方法，「內符」（內心情感的變化及其外在表現）是「揣」的根本對象。運用「揣摩」時需要掌握「揣摩」的規律和原則，而這種規律和原則是必須隱祕地進行。根據對方的欲望稍微地進行揣摩，揣測而探究他的內心，其內在的情感就會通過外在表現反映出來。內心的感情要是表現出來後，他就必然要做出一些行動。這就是「摩意」的作用。在達到了這個目的之後，要在適當的時候悄悄地隱藏自己的真實想法，把真實想法和意圖隱藏起來，消除形跡，偽裝外表，加避實情，使人無法知道自己的實情。這樣做既達到了目的又沒有讓別人察覺，不會留下禍患。從這邊著手揣摩，對方的反應卻是從另一邊顯露。遵從這樣的規律和方法去應對對方，讓對方順應我們的安排行事，就沒有什麼事情是辦不成的。

　　古代善於運用「摩意」的人，就像拿著釣鉤到深水邊上去釣魚一樣，只要把帶著餌食的鉤投入水中，不必聲張，悄悄等待，就一定會釣到魚。所以說：用這種方法做事的人，必定經常行事成功，卻沒人能夠察覺；必定經常用兵獲勝，卻沒人感到恐懼，只有做到這樣才是高明的。那

　　善於運用「摩意」的人，就像拿著釣鉤到深水邊上去釣魚一樣，只要把帶著餌食的鉤投入水中，不必聲張，悄悄等待，就一定會釣到魚。

　　運用「揣摩」時需要掌握「揣摩」的規律和原則，而這種規律和原則是必須隱祕地進行。

些有很高修養和智慧的人謀劃的行動總是在暗中進行的，所以被稱為「神」，而這些行動的成功都顯現在公開之處，所以被稱為「明」。所謂「主事日成」（經常主持行事成功）者，是指暗中積累德行，老百姓安居樂業卻不知道為什麼會享受到這些利益的人；指暗中積累善行，老百姓生活在善政卻不知道為什麼會有這樣的局面的人。因此，普天下的人們都把採用「謀之於陰，成之於陽」政治謀略的賢人比作「神明」。所謂「主兵日勝」（經常主持用兵獲勝）者，是指主持戰爭卻不去爭城奪地，不消耗人力物力，打勝仗於無形之中，因此老百姓不知道鄭國為什麼臣服，不知道敵人為什麼畏懼。因此，普天下的人們都把採用「謀之於陰、成之於陽」軍事策略的賢人比作「神明」。

　　在實施「摩意術」時，根據不同對象採用不同的方法。有的用平和進說，有的用正義責難，有的用娛樂討好，有的用憤怒激勵，有的用名聲啟發，有的用行為威逼，有的用廉潔感化，有的用信譽說服，有的用利益誘惑，有的用謙卑討好。平和就是安靜，正義就是剛直，娛樂就是喜悅，憤怒就是激動，名聲就是聲譽，行為就是實施，廉潔就是清明，利益就是需求，謙卑就是諂媚。所以說聖人所獨用的「摩意」之術，平常人也可以使用。但是他們沒有能運用成功的，那是

　　平和就是安靜，正義就是剛直，娛樂就是喜悅，憤怒就是激動，名聲就是聲譽，行為就是實施，廉潔就是清明，利益就是需求，謙卑就是諂媚。

謀劃策略，最困難的就是是周到縝密；進行遊說，最困難的就是讓對方全部聽從自己的說辭；主辦事情，最困難的就是一定要成功。

謀臣說客必須選擇情感可以與自己相通的人，來作為自己的遊說對象，所以說與人結交要親密，沒有空子讓別人鑽；要想使想辦的事取得成功，必須要運用「摩意術」的方法，所以說客觀規律、行動方法的運用要與實際情況相結合。

因為他們運用不得法。因此，謀劃策略，最困難的就是周到縝密；進行遊說，最困難的就是讓對方全部聽從自己的說辭；主辦事情，最困難的就是一定成功。這三個方面只有使用了「摩意術」的人才能做到。

所以說謀必須周到縝密，謀臣說客必須選擇情感可以與自己相通的人，來作為自己的遊說對象，所以說與人結交要親密，沒有空子讓別人鑽；要想使想辦的事取得成功，必須要運用「摩意術」的方法，所以說客觀規律、行動方法的運用要與實際情況相結合；謀臣說客想要讓對方聽信自己的說辭，就必須結合對方的感情來進行遊說，所以說遊說要情理相合才會有人聽從、採納。

世界上萬事萬物都有各自的屬性，物有類聚。這就像如果抱著柴草向烈火走去，那麼乾燥的柴草肯定首先著火燃燒；如果往平地倒水，那麼低的地方就要先進水。這些現象都是與各類事物的性質相適應的。經此類推，其他事情也要與自己的性質相適應，這條規律也適用於「內符」與「外摩」的運用上，從外部運用「摩意術」的時候要能夠與對方的內心感受結合起來，所以說，按照遊說對象的特徵來實施「摩意術」，哪有遊說對方而不被響應的？根據被遊說者的喜好

來實施「摩意術」，哪有對方不聽從遊說的呢？
所以說「摩意術」是謀臣說客獨用的「祕方」。
只要觀察到事物的細微變化就不失時機地採取相
應的行動，有所成功也不止步不前，長此以往，
就一定能化育天下，達到自己的追求目標。

釋　義

　　所謂「摩」，鬼谷子先生闡述為「摩者，符也。內符者，揣之主也」，是指通過「揣測」使對方的內心情感得以表現出來。在《太平御覽》中引作《摩意篇》，摩者，揣測、體會，在本文中是試探、誘動的意思；意者，意圖、心意。所謂摩意就是指揣摩他人的意圖而去順從。「摩」是「揣」的繼續和延伸，根據對方的表現檢驗「揣」的結果。

　　開篇鬼谷子先生先提出了揣情與摩意之間的關係。「摩者，揣之術也。內符者，揣之主也。」摩意是揣情的一種方法，而且是一種主要方法。摩與描在縱橫學派中經常相提並論，揣摩是指得知對方的內情，而後順之，以獲得對方的信任，進而達到自己的政治目的。那麼二者的區別何在？揣是見到外在表現而知曉內情，是處於判斷的靜態階段，雙方還沒有實質性的接觸；摩則是揣的一種具體方法，使用此術的一方已經採取行動，用各種方法刺激對方，讓對方內心實情得以表現出來，從而驗證揣是否與其內情一致。從事物的發展順序上看，揣在前而摩在後。

　　摩的目的在於「應」，「微摩之以其所欲，測而探之，內符必應；其所應也，必有為之。」

根據對方的欲望稍微地進行揣摩，揣測而探究他的內心，其內在的情感就會通過外在表現反映出來；內心的感情要是表現出來後，他就必然要做出一些行動，這就是「摩意」的作用。

讓對方的內情隱藏不住，做出反應，從而使其深層思想外化。

揣情摩意的方法很多。鬼谷子先生舉了十法，「其摩者，有以平，有以正；有以喜，有以怒；有以名，有以行；有以廉，有以信；有以利，有以卑」。因為被遊說者的性格品質不同，客觀環境也總處於變化之中，謀臣說客只有根據不同的對象、不同的情勢而採取不同的方法。但無論方法再多，有最根本的一條：「獨用」，揣情摩意常常因機而發，有規律可循，十法是最基本的，誰都可以掌握和運用，但只有獨用才會收到特效。而「獨行之道」是指內符與外摩相應，這與物類相應的道理相通，只要掌握了事物的法則，就能成功的運用「摩意術」。

在使用「摩意術」的時候，最關鍵也是最難之處在於「隱」。「隱」即隱去動機，隱去目的，隱匿形跡。「用之有道，其道必隱」，也即運用「揣摩」時需要掌握「揣摩」的規律和原則，而這種規律和原則是必須隱祕地進行，這也是「摩意術」的最高境界。「聖人謀之於陰，故曰神；成之於陽，故曰明」，高明的謀臣說客謀

「其摩者，有以平，有以正；有以喜，有以怒；有以名，有以行；有以廉，有以信；有以利，有以卑。」

在使用「摩意術」的時候，最關鍵也是最難之處在於「隱」。「隱」即隱去動機，隱去目的，隱匿形跡。

劃行動總是在暗中進行的，所以被稱為「神」，而這些行動的成功則都顯現在公開之處，所以被稱為「明」。這裡的陰謀不同於現代意義上的陰謀，是指悄悄地策劃、謀計，並無貶義，讓人不知不覺地跟著他走是一種高明的治人術。只有能做到「隱」的謀臣才是「善摩」者，才能夠真正做到遊刃有餘，縱橫捭闔。

在運用「摩意術」的時候，鬼谷子先生提出了需要注意的兩個問題，「故謀莫難於周密，說莫難於悉聽，事莫難於必成；此三者唯聖人然後能任之」與「夫事成必合於數，故曰：道、數與時相偶者也。」也即摩意術是不能單獨運用的，要注意謀、說、事相結合與道、數、時相結合。謀是設謀，說是進說，事是成事，設謀的目的是成事，而進說是介於設謀與成事之間是技巧。要讓對方接受你的觀點，要求對方聽從你的建議，就要在感情上讓對方信任你，在心理上讓對方接受你，在語言上讓對方佩服你，「故謀必欲周密；必擇其所與通者說也，故曰：或結而無隙也」，因此在使用「摩意術」時要注意策略的安排。道是原則規律，數是技巧方法，時是時機場合，只有三者結合，才能達到預期的目標。

「用之有道，其道必隱」，也即運用「揣摩」時需要掌握「揣摩」的規律和原則，而這種規律和原則是必須隱祕地進行。

「聖人謀之於陰，故曰神；成之於陽，故曰明」，高明的謀臣說客謀劃行動總是在暗中進行的，所以被稱為「神」，而這些行動的成功則都顯現在公開之處，所以被稱為「明」。

謀術一　不爭不費

鬼谷子說：「主兵日勝者，常戰於不爭不費，而民不知所以服，不知所以畏，而天下比之神明。」意即高明的軍事家，不用去爭城奪地，也不用大量消耗人力物力，就能打勝仗於無形之中，老百姓不知道邦國為什麼臣服，不知道敵人為什麼畏懼，天下的人把這種賢人比作「神明」。類似於《孫子兵法》中所說的「不戰而屈人之兵」，「上兵伐謀」，是爭戰中的上智之策，一般人難以仿傚，其中內含著深邃的哲學思想。

周亞夫絕糧計

　　周亞夫，沛縣（今屬江蘇）人，西漢文景時期的名將。在歷史上以細柳營、「真將軍」而聞名。周亞夫起初當河南太守，未曾封侯。漢景帝三年（公元前154年），吳、楚等七個諸侯王國發動武裝叛亂。吳王劉濞親自領兵二十萬來犯，北渡淮河，會合楚軍。先向梁國進擊，又派奇兵到崤、函之間埋伏起來，伺機行動。周亞夫以中尉的身分代行太尉的職務，奉命率領大軍東進，反擊吳楚叛軍。他先擬了個先予後取、避實擊虛的策略，向景帝請示，得到景帝的同意。

　　吳楚聯軍「先擊梁棘壁，殺數萬人」，圍攻

> 「主兵日勝者，常戰於不爭不費，而民不知所以服，不知所以畏，而天下比之神明。」

梁軍於睢陽。梁王劉武請求周亞夫派兵救援。這時周亞夫曾向鄧都尉（原是周勃門客）請教破敵之策。鄧都尉說：「吳兵銳甚，難與爭鋒。楚兵輕，不能久。方今為將軍計，莫若引兵東北壁昌邑，以梁委吳，吳必精銳攻之。將軍深溝高壘，使輕兵絕淮泗口，塞吳餉道。彼吳梁相敝而糧食竭，乃以全強制其疲極，破吳必矣。」周亞夫說：「善。」於是確定了「堅壁昌邑南，輕兵絕吳餉道」的戰策。

他帶軍向東北進至昌邑，深溝高壘而防守。梁王一再派使者來向周亞夫請求援助，周亞夫按既定策略，不發兵。梁王上書向景帝報告，景帝派使者詔令周亞夫救援梁國。周亞夫不執行詔令，仍然堅守營壘不肯出兵，而派遣弓高侯韓積當率領輕騎兵斷絕吳軍後面的糧道，然後將大軍推進到下邑。

這時吳楚聯軍已感到進退兩難，乃回軍向下邑，要與漢軍主力決戰，多次向漢軍挑戰，周亞夫始終不出兵應戰。夜間，漢軍營中突然驚動，互相攻擊，擾亂到周亞夫帳旁。周亞夫安臥不起。過了一會，就安定了。吳軍拉到漢軍營壘的東南角，擺出在東南進攻的態勢，周亞夫卻安排在營壘的西北角加強戒備。一會兒吳軍的精銳部隊果然調到西北方發起進攻，但不能攻入。吳楚聯軍因為饑餓，不得已引軍撤退。周亞夫乘機發

摩者，揣之術也。內符者，揣之主也。用之有道，其道必隱。

微摩之以其所欲，測而探之，內符必應；其所應也，必有為之。

摩之在此，符應在彼，從而用之，事無不可。

動精銳部隊追擊，大破吳軍。吳王劉濞丟棄自己的軍隊，帶著幾千名士兵逃跑，到了長江以南，在丹徒進行防守。楚王劉戊走投無路而「自殺」。漢軍乘勝追擊，俘虜了大部分吳楚將士，平定了許多縣邑，並懸賞黃金千斤捉拿吳王。過了一個多月，越地民眾斬了吳王劉濞的頭前來領賞。這次用兵，前後三個月，平定了吳楚七國之亂。到這時候，將領們都承認太尉周亞夫的計謀正確，只有梁王劉武從此與周亞夫有了嫌隙。

周亞夫作為西漢時期著名的軍事家，在這次戰役中把孫子的「不戰而屈人之兵」思想貫穿其中，就連君令都置之不顧，堅決執行既定的絕糧戰略，並沒有同敵軍進行正面交鋒，而是找準其關鍵點——糧草，裝備保障線長的弱點，一擊成功，為掃平七國之亂做出了很大貢獻。

姜維兵敗隴西

《三國志・魏志》中記載：

公元249年秋天，姜維二次出兵隴西，率蜀軍在魏山修築西城，由牙門將句安、李歆守衛，姜維自己率軍和部分羌人進攻諸郡。

這時征西將軍郭淮和眾人商議，新任雍州刺史陳泰認為蜀軍有三大弱點：一，麴城雖然是依險而築，但是離蜀地遙遠，運糧很不方便。二，

故謀莫難於周密，說莫難於悉聽，事莫難於必成；此三者唯聖人然後能任之。

蜀軍役使的羌夷並非真心歸附姜維。三，魏城是依險而守，同時也會給蜀軍自身的增援造成困難。所以咱們只要對麴山圍而不攻，可兵不血刃而拔其城。郭淮採用了他的建議，派陳泰率南安太守鄧艾、討蜀護軍徐質依計行事。

麴城的蜀軍被陳泰斷水斷糧斷後路，也不敢出戰硬闖。到了冬天，城內的蜀軍縮成一團，就著積雪分享不多的糧食，眼巴巴盼著姜維的救兵。在隴西遊蕩的姜維趕忙率軍從牛頭山的方向回來援救。

陳泰聽說姜維來援，說：「兵法貴在不戰而屈人，現在只要把牛頭山截斷，姜維沒有退路，必被我擒也。」陳泰嚴令各軍堅守營壘不許出戰，為了給出牛頭山的姜維再圍個口袋，陳泰打算自己在南出兵白水，並聯繫後方郭淮出兵洮水進牛頭山方向。當即郭淮就率軍抵達洮水。

這個時候姜維大概已看出魏軍的動向，為了不使自己的大部隊也掉進包圍，決定放棄援救麴城暫時退兵。還沒有合圍的郭淮看到姜維又跑了，就向洮水以西進軍去討伐不聽話的羌胡。52歲的南安太守鄧艾發言說：「賊去未遠，或能復還」，郭淮還高興鄧艾言簡意賅，鄧艾接著說：「宜分，分，分……」分什麼？郭淮急了，陳泰說：「分兵也？」鄧艾如釋重負，「哎，對！」行；那你鄧艾就按照老計畫去白水駐紮，陳泰和

徐質留在這裡繼續圍困麴城，俺郭淮接著去打稱心如意的羌胡。

　　看到郭淮的大部隊西向，不知道藏在什麼地方的姜維又冒出來。鄧艾剛在白水北岸紮營三天，廖化的軍隊也出現在白水南岸。鄧艾看到蜀軍在河對岸和自己不多的軍隊對峙，卻不進攻。就跟手下人說：「姜維這次突然撤軍，咱們人少，按道理蜀軍應該趁勢攻打咱們。但現在只有廖化在南岸，看來他是要把咱們牽制住，姜維肯定偷襲洮城去了。」此洮城是洮水北岸的洮陽。鄧艾當夜分兵趕到六十里外的洮陽主持守城，姜維果然領兵來偷襲洮陽，沒想到此城卻已有準備。無奈之下，姜維只好徹底退軍。

　　在此戰役中郭淮的戰略也體現了鬼谷子先生的「不爭不費」，主動去攻打麴城，損失肯定會很大，他就採用了陳泰的建議，「不戰而屈人之兵」，對該城圍而不打，以逸待勞，掌握了戰略上的主動，最後逼迫姜維主動退兵。

　　主事日成，而人不知；主兵日勝，而人不畏也。聖人謀之於陰，故曰神；成之於陽，故曰明，所謂主事日成者，積德也，而民安之，不知其所以利。

　　積善也，而民道之，不知其所以然；而天下比之神明也。

謀術二　謀莫難於周密

鬼谷子在文中表述了這樣一種思想：謀於密而事成，謀於不密而事不成。他在此實際上是強調了周密對於謀事的重要性。

唐玄宗劇除太平

《資治通鑑》二百一十是記述的唐玄宗先後兩次劇除危己權勢的太平公主集團的故事——

李隆基（公元685～762年），唐睿宗第三子，母竇氏，睿宗讓位於他，時年28歲，在位45年，（公元712～756年）。病死，葬泰陵。年號先天、開元、天寶。

710年，韋皇后毒死中宗，以皇太后的身分臨朝聽政，並謀害相王季旦，李隆基聯合姑母太平公主發動宮廷政變，劇除韋氏及其黨羽，迫使少帝李重茂頒布詔書，讓帝位於叔父相王旦，仍稱唐睿宗。

李隆基被立為皇太子。當時，宮廷的內部鬥爭十分激烈，太平公主在協助李隆基政變除掉韋后以後，依仗功大，日益驕奢，不可一世。延和元年（712年）六月，睿宗自稱太上皇，把帝位傳給了李隆基。

唐玄宗先天元年（712），當時宰相大多是太平公主的黨羽，劉幽求與右羽林將軍張謀想用羽林兵除掉太平的勢力，就進密言：「竇懷貞、崔湜、岑羲都是公主提拔起來的，早晚圖謀不軌。要是不早點除掉他們，一旦他們發動政變，太上皇怎麼能夠安心！請盡快除掉他們。我已經和幽求定下計策，只等皇上下命令了。」皇帝也贊同他們的看法。沒有想到這條消息被侍御史鄧光賓洩露了出去，玄宗大為驚恐，趕緊把他們的建議拿出來給太平公主。丙辰，幽求被抓捕入獄。當時的司法官說：「幽求他們離間姑姪骨肉，其罪當死。」玄宗認為幽求立過大功，不可殺。後來流放幽求於封州，張於峰州，光賓於繡州。第一次誅滅太平公主的權謀因為洩於外而流產，幸虧唐玄宗當機立斷，玩弄了捨車保帥的計策方才不至於「害成」。

唐玄宗開元元年（713），太平公主自恃有太上皇的勢力，擅權用事，和玄宗發生了矛盾，宰相七個人，就有五個是她的門生。朝內的文武百官，一大半都依附於太平公主的勢力集團。太平公主與竇懷貞、岑羲、蕭至忠、崔湜及太子少保薛稷、雍州長史新興王晉、左羽林大將軍常元楷、知右羽林將軍事李慈、左金吾將軍李欽、中書舍人李猷、右散騎常侍賈膺福、鴻臚卿唐晙及僧慧範等密謀想廢掉太子，她還與宮人元氏策劃

在赤箭粉中投毒，伺機讓玄宗中毒。

丞張王琚建議玄宗盡快行事解決太平公主的事情。左承張說與荊州長史崔日用說：「太平公主準備謀逆已經很長時間了，陛下以前住在東宮時，要想討伐她，還必須用計謀。現在您已經登上皇位，只要下一道命令，沒有人敢不服從。萬一讓她得志，後悔也來不及了！」玄宗認為他們說的很在理，於是任命崔日用為吏部侍郎。

七月，魏知古舉報說太平公主準備在四日作亂，玄宗就命令元楷、慈以羽林兵進駐武德殿，懷貞、至忠、羲等在南牙舉兵響應。玄宗和岐王范、薛王業、郭元振及龍武將軍王毛仲、殿中少監姜皎、太僕少卿李令問、尚乘奉御王守一、內給事高力士、果毅李守德等定計除太平公主。

玄宗命令王毛仲帶領兵三百多人，以及一齊策劃此事的十幾個人，從武德殿進入虔化門，傳召元楷、慈晉見皇上，先把這兩人殺死。在內客省抓獲膺福、猷，也處死了他們。懷貞逃入溝中，自殺身亡。太上皇聽聞有變，遂登承天門樓。郭元振上奏了此事。

玄宗也來到樓上解釋事由，太上皇於是下誥給懷貞等人定罪，並大赦天下，只有參與叛亂的人不赦，薛稷賜死在萬年獄。

太上皇正式下誥退位養志。太平公主逃入山寺，後在家中被賜死，公主的兒子及黨羽數十人

被處斬。

　　在玄宗的兩次行動中，第一次由於其謀劃不周密，事先洩露了消息，結果以失敗告終；第二次行動，當他獲知對方的陰謀後，周密策劃，先發制人，徹底剿除了太平公主及其黨羽，為自己登上皇位掃除了最大的障礙。

　　只要觀察到事物的細微變化就不失時機地採取相應的行動，有所成功也不止步不前，長此以往，就一定能化育天下，達到自己的追求目標。

謀術三　成而不抱

鬼谷子文中的「成而不抱」，據陶弘景注為「功成不拘（居），何抱之有？」意即有所成功也不止步不前。謀士們應該藏起自己的物欲和情欲，不使君王和其他人發覺，這樣便能保證成其功業，而無禍患。伴君如伴虎「狡兔死，走狗烹」、「飛鳥盡，良弓藏」，謀士們應當盡藏自己的鋒芒，將成功之因全歸於君主。

兔死狗烹

春秋時期，吳越爭霸，越滅吳之後，君臣設宴慶功。群臣皆樂，勾踐卻面無喜色。范蠡觀察到這一細節，立刻引起深深思索：勾踐為了滅吳興越，不惜忍辱負重，臥薪嘗膽。如今如願以償，功成名就，他便不想歸功於臣下，猜疑嫉妒之心已見端倪，可與之同患難，難與之同安樂，大名之下，難以久居。如不及早急流勇退，日後恐無葬身之地。遂寫信辭別勾踐說：「我聽說，君王憂愁臣子就勞苦，君主受辱臣子就該死。過去您在會稽受辱，我之所以未死，是為了報仇雪恨。當今既已雪恥，臣請求您給予我君主在會稽受辱的死罪。」勾踐說：「我將和你平分越國。

群臣皆樂，勾踐卻面無喜色。范蠡觀察到這一細節，立刻引起深深思索：勾踐為了滅吳興越，不惜忍辱負重，臥薪嘗膽。如今如願以償，功成名就，他便不想歸功於臣下，猜疑嫉妒之心已見端倪，可與之同患難，難與之同安樂，大名之下，難以久居。

否則，就要加罪於你。」范蠡說：「君主可執行您的命令，臣子仍依從自己的意趣。」

范蠡連夜出走，帶領家屬徒隸，駕舟泛海，輾轉定居齊國。更名改姓，自稱「鴟夷子皮」，在海邊耕作，吃苦耐勞，努力生產。范蠡跳出是非之地，又想到風雨同舟的同僚文種曾有知遇之恩，遂投書一封，勸說道：「狡兔死，走狗烹；飛鳥盡，良弓藏。越王為人，長頸鳥喙，可與共患難，不可與共榮樂，先生何不速速出走？」

文種見書，如夢初醒，便假托有病，不復上朝理政。然而樊籠已下，豈容遠飛。後勾踐誣說文種圖謀作亂。賜劍一把，令其引頸自殺。

范蠡與文種，均為越國的振興立下了犬馬之勞，在越國復興之後，二者結局完全不同，其原因何在？就在於范蠡看到了勾踐的性格和真實意圖，功成身退；而文種則繼續為仕，「抱」著自己是功臣的地位不捨得放棄，而留在越王身邊，最終被疑心很重的勾踐處死。

「謀聖」張良功成身退

《史記‧留侯列傳》中記述了張良的故事，張良與韓信的結局也是鮮明的對照。

張良，字子房。是韓國貴族，祖父與父親都是韓國的宰相。他是劉邦智囊團中的核心人物，

根據對方的欲望稍微地進行揣摩，揣測而探究他的內心，其內在的情感就會通過外在表現反映出來。

為劉邦出了很多主意，劉邦對他則言聽計從。劉邦對張良的評價「運籌策帷帳中，決勝千里外」，成了對古今高明軍師的共同贊語。

楚漢相爭最後以漢的勝利結束。在消滅項羽之後，劉邦封賞功臣，張良雖然沒有在戰場上直接的功勞，但是劉邦評價張良很高，所以要封張良三萬戶。結果張良說：我和您是在留認識的，您用我的計謀，很幸運都成功了。我不需要什麼封地，如果一定要封我，那麼就把留這個地方封給我吧。劉邦很感動，於是就把留封給了張良，從此張良就又被稱為留侯。

在長安定都之後，張良藉口身體欠佳，很長時間沒有出門，沒有出門在幹些什麼呢？據說是在「辟穀」——也就是不吃東西，修煉仙術。他經常對人說道：「我家世代相韓，韓國被滅掉後，我不惜花萬金家財，為韓國報仇。刺殺秦始皇一事使天下震動。現在我以三寸不爛之舌輔佐皇帝，被封為萬戶侯，作為一個普通人，這已經是登峰造極了，我張良心滿意足。我情願摒棄人間之事，跟著他人赤松子去遊歷天下。」

漢高祖所稱道的三傑之中，淮陰侯韓信被誅，丞相蕭何入獄，只有張良保住了自己。

明哲保身是張良謀略的一個重要組成部分。張良深知「狡兔死，走狗烹；高鳥盡，良弓藏；敵國破，謀臣亡」的道理，在群臣爭功的情況

下，他「不敢當三萬戶」；劉邦對他的封賞，他極為知足；他稱病杜門不出，行「道引」、「辟穀」之術；他揚言「願棄人間事，欲從赤松子遊」，處處表現得急流勇退。因此，在漢初「三傑」中，韓信被殺，蕭何被囚，張良卻始終未傷毫毛。

張良深知「狡兔死，走狗烹；高鳥盡，良弓藏；敵國破，謀臣亡」的道理，在群臣爭功的情況下，他「不敢當三萬戶」。

鬼谷子

謀術四　獨用

「故聖人所以獨用者，眾人皆有之；然無成功者，其用之非也」。所以說聖人所獨用的「摩意」之術，平常人也可以使用。但是他們沒有能運用成功的，那是因為他們運用不得法。

出其不意　攻其不備

《資治通鑑·晉紀》西晉太安二年（公元303年）八月，西晉末年，河間王司馬顒割據關中，他派遣部將張方討伐長沙王司馬義。張方率兵自函谷關進駐河南郡，晉惠帝派左將軍皇甫商率軍抵抗。張方暗中出兵襲破皇甫商部隊，於是進入京師洛陽。司馬義奉惠帝之命討伐張方於洛陽城內，張方部隊望見惠帝乘坐的車子，於是向後稍退，（可是一退）張方竟然無法制止，其部眾被打得大敗，死傷的士卒充滿大街小巷。

張方率領餘眾退守十三里橋，部隊由於嚴重受挫，已經喪失固守再戰的決心，多數人都勸說張方趕緊乘夜逃走。但張方卻說：「作戰的勝敗乃是兵家常事，但可貴的是從失敗中汲取教訓而轉敗為勝。我們現在要採取迫近敵人構築工事的辦法，但要做到出乎他們的意料之外。這就是兵

「獨用」，揣情摩意常常因機而發，有規律可循，十法是最基本的，誰都可以掌握和運用，但只有獨用才會收到特效。

法上所講的出奇制勝的戰法。」張方於是率眾乘夜祕密前進，直抵距洛陽七里的地方構築營壘。司馬義因為剛剛打了勝仗，便對張方所部不再介意，突然獲悉張方營壘已經築成，就匆忙出城應戰，結果被打得大敗而逃回。

謀術五　數道合時

文中說：「夫事成必合於數，故曰：道、數與時相偶者也。說者聽，必合於情；故曰：情合者聽。」其意造就某一功業，絕非一件容易的事，必須使「數」、「道」、「時」三者合一，也就是說必須謀略得法、合乎規律事理、順應時勢的發展。古代中國人辦事，非常講究合於道、應乎時。古人「一鳴驚人」便是合於時勢數的一個好的例證。

楊修之死

曹操殺楊修事，見於《三國志‧魏書‧任城陳蕭王傳》，操屯兵日久，欲要進兵，又被馬超拒守；欲收兵回，又恐被蜀兵恥笑，心中猶豫不決。適庖官進雞湯。操見碗中有雞肋，因而有感於懷。正沉吟間，夏侯入帳，稟請夜間口號。操隨口曰：「雞肋！雞肋！」傳令眾官，都稱「雞肋」。

行軍主簿楊修，見傳「雞肋」二字，便教隨行軍士，各收拾行裝，準備歸程。有人報知夏侯。大驚，遂請楊修至帳中問曰：「公何收拾行裝？」修曰：「以今夜號令，便知魏王不日將退兵歸也。雞肋者，食之無肉，棄之有味。今進不

> 「夫事成必合於數，故曰：道、數與時相偶者也。說者聽，必合於情；故曰：情合者聽。」

能勝，退恐人笑，在此無益，不如早歸：來日魏王必班師矣。故先收拾行裝，免得臨行慌亂。」夏侯曰：「公真知魏王肺腑也。」遂亦收拾行裝。於是寨中諸將，無不準備歸計。

當夜曹操心亂，不能穩睡，遂手提鋼斧，繞寨私行。只見夏侯寨內軍士，各準備行裝。操大驚，急回帳召問其故。曰：「主簿楊德祖先知大王欲歸之意。」操喚楊修問之，修以雞肋之意對。操大怒曰：「汝怎敢造言，亂我軍心！」喝刀斧手推出斬之，將首級號令於轅門外。

原來楊修為人恃才放曠，數犯曹操之忌。操造花園一所；造成，操往觀之，不置褒貶，只取筆於門上書一「活」字而去。人皆不曉其意。修曰：「『門』內添『活』字，乃『闊』字也。丞相嫌園門闊耳。」於是再築牆圍。改造停當，又請操觀之。操大喜，問曰：「誰知吾意？」左右曰：「楊修也。」操雖稱美，心甚忌之。

又一日，塞北送酥一盒至。操自寫「一盒酥」三字於盒上，置之案頭。修入見之，竟取匙與眾分食訖。操問其故。修答曰：「盒上明書『一人一口酥』，豈敢違丞相之命乎？」操雖嬉笑，而心惡之。

操恐人暗中謀害己身，常吩咐左右：「吾夢中好殺人；凡吾睡著，汝等切勿近前。」一日晝寢帳中，落被於地。一近侍慌取復蓋。操躍起拔

劍斬之，復上床睡。半晌而起，佯驚問：「何人殺吾近侍？」眾以實對。操痛哭，命厚葬之。人皆以為操果夢中殺人。惟修知其意，臨葬時指而歎曰：「丞相非在夢中，君乃在夢中耳！」操聞而愈惡之。

　　操第三子曹植，愛修之才，常邀修談論，終夜不息。操與眾商議，欲立植為世子。曹丕知之，密請朝歌長吳質入內府商議；因恐有人知覺，乃用大簏藏吳質於中，只說是絹匹在內，載入府中。修知其事，逕來告操。操令人於丕府門伺察之。丕慌告吳質。質曰：「無憂也。明日用大簏裝絹，再入以惑之。」丕知其言，以大簏載絹入。使者搜看簏中，果絹也。回報曹操。操因疑修譖害曹丕，愈惡之。操欲試曹丕、曹植之才幹。一日，令各出鄴城門；卻密使人吩咐門吏，令勿放出。曹丕先至，門吏阻之，丕只得退回。植聞之，問於修。修曰：「君奉王命而出，如有阻擋者，竟斬之可也。」植然其言。及至門，門吏阻住。植叱曰：「吾奉王命，誰敢阻擋！」立斬之。於是曹操以植為能。後有人告操曰：「此乃楊修之所教也。」操大怒，因此亦不喜植。修又嘗為曹植作答教十餘條。但操有問，植即依條答之。操每以軍國之事問植，植對答如流。操心中甚疑。後曹丕暗買植左右，偷答教來告操。操見了大怒曰：「匹夫安敢欺我耶！」此時已有殺

修之心。今乃借惑亂軍心之罪殺之。修死年三十四歲。

　　楊修對曹操可謂非常了解了，他能夠根據曹操表象而推斷由他心中所想，是「摩意術」高手，對於摩意的「道」、「數」掌握非常好，但他沒有意識到「時」不合適，他沒有考慮到所揣摩的對手的性格個性，他對對手的了解也正觸犯了曹操的疑心。曹操不願意讓別人知道自己心中所想，覺得別人知道自己的想法對於他是很大的威脅，所以藉機殺了楊修。

　　所謂「主事日成」者，暗中積累德行，老百姓安居樂業卻不知道為什麼會享受到這些利益的人。

　　謀臣說客想要讓對方聽信自己的說辭，就必須結合對方的感情來進行遊說，所以說遊說要情理相合才會有人聽從、採納。

鬼谷子

謀術六　從而應之

　　鬼谷之文中提到：「摩之在此，符應在彼，從而用之，事無不可」。從這邊著手揣摩，對手的反應卻是從另一邊顯露，遵從這樣的規律和方法去應對對方，讓對方順應我們的安排行事，就沒有什麼事情是辦不成的。這實際上也是「揣摩術」的主旨，對對方進行試探，根據他的反應而揣測其想法，之後再採用各種方法去勸服他。

從這邊著手揣摩，對方的反應卻是從另一邊顯露，遵從這樣的規律和方法去應對對方，讓對方順應我們的安排行事，就沒有什麼事情是辦不成的。

　　漢光武帝建立東漢王朝以後，任命班彪整理西漢的歷史，班彪有兩個兒子名叫班固、班超，以及一個女兒叫班昭，從小都跟父親學習文學和歷史。

　　公元73年，大將軍竇固出兵打匈奴，班超在他手下擔任代理司馬，立了戰功。竇固為了抵抗匈奴，想採用漢武帝的辦法，派人聯絡西域各國，共同對付匈奴。他賞識班超的才幹，派班超擔任使者到西域去。

　　班超帶著隨從人員三十六個先到了鄯善。鄯善原來是歸附匈奴的，因為匈奴逼他們納稅進貢，勒索財物，鄯善王很不滿意。但是這幾十年來，漢朝顧不到西域那一邊，他只好勉強聽匈奴的命令，這次看到漢朝派了使者來，他就挺殷勤地招待著他們。

過了幾天，班超發現鄯善王對待他們忽然冷淡起來。他起了疑心，跟隨從的人員說：「你們看得出來嗎？鄯善王對待咱們跟前幾天不一樣，我猜想一定是匈奴的使者到了這兒。」話雖這樣說，畢竟只是一種猜想。剛巧鄯善王的僕人送酒食來。班超裝得早就知道的樣子說：「匈奴的使者已經來了幾天？住在什麼地方？」

　　鄯善王和匈奴使者打交道，本來是瞞著班超的。那個僕人給班超一嚇，以為班超已知道這件事，只好老實回答說：「來了三天了，他們住的地方離這兒三十里地。」

　　班超把那個僕人扣留起來，立刻召集三十六個隨從人員，對他們說：「大家跟我一起來到西域，無非是想立功報國。現在匈奴使者才到幾天，鄯善王的態度就變了。要是他把我們抓起來送給匈奴人，我們的屍骨也不能回鄉了。你們看怎麼辦？」大家都說：「現在情況危急，死活全憑你啦！」班超說：「大丈夫不進老虎洞，怎能掏得到小老虎（文言是『不入虎穴，焉得虎子』）？現在只有一個辦法，趁著黑夜，到匈奴的帳棚周圍，一面放火，一面進攻。他們不知道咱們有多少人馬，一定著慌。只要殺了匈奴的使者，那事情就好辦了。」

　　大家說：「好，就這樣拼一拼吧！」

　　到了半夜裡，班超率領著三十六個壯士偷襲

匈奴的帳棚。那天晚上，正趕著刮大風。班超吩咐十個壯士拿著鼓躲在匈奴的帳棚後面，二十個壯士埋伏在帳棚前面，自己跟其餘六個人順風放火。火一燒起來，十個人同時擂鼓、吶喊，其餘二十個人大喊大叫地殺進帳棚。

匈奴人從夢裡驚醒，到處亂竄。班超打頭衝進帳棚，其餘的壯士跟著班超殺進去，殺了匈奴使者和三十多個隨從，把所有帳棚都燒了。

班超回到自己的營房裡，天剛發白。班超請鄯善王過來。鄯善王一看到匈奴的使者已被班超殺了，就對班超表示願意服從漢朝的命令。

班超通過鄯善國王接待他們的態度先迎後拒，對比明顯，揣摩出一定是匈奴使者來了，判斷出了鄯善王的內心想法，於是「從而應之」，帶領下屬消滅了匈奴使者，最終讓鄯善國臣服。

信者，期也。利者，求也。卑者，諂也。故聖人所以獨用者，眾人皆有之；然無成功者，其用之非也。

謀術七　摩而爲之

「微摩之以其所欲，測而探之，內符必應；其所應也，必有為之。」根據對方的欲望稍微地進行揣摩，揣測而探究他的內心。其內在的情感就會通過外在表現反映出來。

商臣摩意得天下

　　楚成王時，潘姓中出了一個赫赫有名的人物叫潘崇，是太子商臣的師傅。此前，楚成王欲立長子商臣為太子，徵求令尹（楚王手下的最高執政官，有軍政大權，相當今總理）子上的意見。子上說：「大王年紀不老，且後宮的寵姬很多，不必急於立儲。一旦立了太子以後再想改換，那就容易引起內亂，國家就會不穩定，社稷就會難保。再說商臣長相特別，眼睛鼓鼓的像黃蜂，聲音尖尖的像豺狼，這是心狠手辣的徵兆，肯定是個狠毒的傢伙。為楚國的江山考慮，不宜立商臣為太子。」可是成王最終還是沒能聽取子上的建議，仍將商臣立為太子。

　　幾年以後，楚成王年紀大了，又想廢掉商臣，立寵妃所生的小兒子職為太子。商臣也聽到了有關廢立的風聲，因為不知道是否屬實，就去

根據對方的欲望稍微地進行揣摩，揣測而探究他的內心，其內在的情感就會通過外在表現反映出來。

找潘崇商量。潘崇建議他去有意得罪一下成王最寵愛的妹妹羋，然後就可辨明廢立的真假。商臣依計而行，故意對江羋不恭敬。果然江羋發怒了，罵道：「你這個畜生！怪不得大王要殺你呢！」商臣把江羋說的話告訴了潘崇。潘崇說：「你甘心做職的臣嗎？」商臣說：「不甘心！」潘崇又問：「你願意逃走嗎？」商臣回答：「不願意！」「那麼你敢做大事嗎？」商臣想了一想說：「敢！」於是，商臣在潘崇的授意下，立即召集東宮衛隊包圍了成王的住處，活捉了成王。成王知道難逃活命，因平時最喜歡吃熊掌，故要求臨死之前再吃一次熊掌。可是商臣卻說：「熊掌難熟燒起來很費時間，夜長夢多啊！我不能再等了。」成王無奈，在長子的逼迫下只好自殺。商臣繼位即楚穆王。

商臣在不知道成王的意圖的情況下，主動運用「摩意術」，從成王的妹妹處著手進行「測而探之」，對方果然中計，「內符必應」，把實情說了出來。這樣，商臣獲知了成王的真實意圖後，「必有為之」，掌握了行動的主動權，一舉成事。

要像釣魚一樣「摩意」，一次次地去引誘其做出反應，耐心地等待其上鉤，在不知不覺中獲得成功。摩意是揣情的主要方法，與本書中其他章節相比是技巧性、操作性很強。

要像釣魚一樣「摩意」，一次次地去引誘其做出反應，耐心地等待其上鉤，在不知不覺中獲得成功。

鬼谷子

——的謀略寶典

第九篇

權篇九

　　口是用來言談的機關，像閘門一樣，可以用來開啟或者關閉自己內心的情感和意圖；耳朵、眼睛是內心思維的輔助器官，可以窺探觀察，發現對方的奸詐邪惡之處。心、耳、目三者結合，互相呼應，共同運用就能讓對方的思維和形勢朝著有利於自己的方向發展。

原　文

　　說者，說之也；說之者，資之也。飾言者，假之也；假之者，益損也。應對者，利辭也；利辭者，輕論也。成義者，明之也；明之者，符驗也。（言或反覆，欲相卻也。）難言者，卻論也；卻論者，釣幾也。

　　佞言者，諂而干忠；諛言者，博而干智；平言者，決而干勇；戚言者，權而干信；靜言者，反而干勝。先意承欲者，諂也；繁稱文辭者，博也；縱舍不疑者，決也；策選進謀者，權也；他分不足以窒非者，反也。

　　故口者，機關也；所以關閉情意也。耳目者，心之佐助也；所以窺覬奸邪。故曰：參調而應，利道而動。故繁言而不亂，翱翔而不迷，變易而不危者，觀要得理。故無目者不可示以五色，無耳者不可告以五音。故不可以往者，無所開之也。不可以來者，無所受之也。物有不通者，聖人故不事也。古人有言曰：「口可以食，不可以言」者，有諱忌也。眾口鑠金，言有曲故也。

　　人之情，出言則欲聽，舉事則欲成。是故智者不用其所短而用愚人之所長；不用其所拙而用愚人之所工；故不困也。言其有利者，從其所長

也；言其有害者，避其所短也。故介蟲之捍也，必以堅厚；螫蟲之動也，必以毒螫。故禽獸知用其長，而談者亦知其用而用也。故曰：辭言有五：曰病、曰恐、曰憂、曰怒、曰喜。病者，感衰氣而不神也。恐者，腸絕而無主也。憂者，閉塞而不洩也。怒者，妄動而不治也。喜者，宣散而無要也。此五者精則用之，利則行之。

故與智者言，依於博；與博者言，依於辨；與辨者言，依於要；與貴者言，依於勢；與富者言，依於高；與貧者言，依於利；與賤者言，依於謙；與勇者言，依於敢；與愚者言，依於銳；此其術也，而人常反之。是故與智者言，將以此明之；與不智者言，將以此教之；而甚難為也。故言多類，事多變。故終日言不失其類，而事不亂；終日不變，而不失其主。故智貴不忘。聽貴聰，智貴明，辭貴奇。

人之情，出言則欲聽，舉事則欲成。是故智者不用其所短而用愚人之所長；不用其所拙而用愚人之所工；故不困也。

鬼谷子

與智者言，依於博；與博者言，依於辨；與辨者言，依於要；與貴者言，依於勢；與富者言，依於高；與貧者言，依於利；與賤者言，依於謙；與勇者言，依於敢；與愚者言，依於銳；此其術也，而人常反之。

與智者言，將以此明之；與不智者言，將以此教之；而甚難為也。

遊說，就是勸說別人接受自己的主張；說服別人，就要憑藉利用別人的感情和想法。修飾言辭，就是要假借修辭和邏輯等手段，假借修辭就是要斟酌言辭的取捨，以適合對方的心理。應辯對方的疑難，就要用犀利的言辭對付他，犀利的言辭，就是要減少辯論，簡潔有力。言論具有義理，就是要讓對方闡明真偽，闡明真偽，是需要通過實際的事實效果來檢驗。言論的詰難，就是要讓對方駁斥自己，在對方駁斥自己的時候，得悉對方的隱祕意圖。

在遊說過程中，有的時候採用花言巧語，用諂言來討好對方，迎合對方以求得忠貞的名聲，從而易於取得信任，使對方接受自己的觀點。有的時候採用不實之詞誇獎對方，是想通過誇張健談，修飾詞句來獵取智者名聲；有的時候採用平實公正的言辭，是想以果斷不疑的方式博取勇者的名聲；有的時候採用憂患的言辭，是想通過權詐，裝腔作勢的方式來獲取對方信任的名聲；有的時候採用穩重沉著的言辭，是想掩飾自己的過失，以進為退的方式來取得遊說的勝利。在對方剛萌發某種欲望時就順承其意願，迎合別人，就是「諂」；言談時反覆申述，旁徵博引就是

270

「博」；籌劃運用謀略並加以選擇方案的，就是「權」；擇言進諫果斷而毫不猶豫的，就是「決」，自己有漏洞，能及時掩飾並詰難他人過失的，就是「反」。

　　口是用來言談的機關，像閘門一樣，可以用來開啟或者關閉自己內心的情感和意圖；耳朵、眼睛是內心思維的輔助器官，可以窺探觀察，發現對方的奸詐邪惡之處。所以說，心、耳、目三者結合，互相呼應，共同運用就能讓對方的思維和形勢朝著有利於自己的方向發展。遊說者的言辭雖然繁多瑣碎，卻不雜亂無章；思緒雖然放得很高很遠，可是卻不會迷失方向，失去主旨；言辭雖然變化多端，卻不詭譎怪異。這中間的根本原因就在於他們看到了事物的本質，看準了關鍵點，掌握了事物發展變化的規律。所以對於沒有視力的人，不要用五顏六色的東西給他欣賞；對於沒有聽力的人，不要用悅耳的音樂拿給他聽。因此，不要去遊說那些不明事理的人，其原因就在於他們的情感是封閉的，沒有辦法打開他們；也不要去遊說那些眼光短淺的人，其原因是因為他們無法接受真理。事情無法說通，謀臣策士們就不要去遊說他們。古人說過：「口可以吃東西，但不要說東西。」遊說的時候言語必須要有禁忌。「眾口鑠金」（眾人的言語一致或者經常提到，那麼甚至可以熔化金屬，就是因為人們在

在對方剛萌發某種欲望時就順承其意願，迎合別人，就是「諂」；言談時反覆申述，旁徵博引就是「博」；籌劃運用謀略並加以選擇方案的，就是「權」；擇言進諫果斷而毫不猶豫的，就是「決」。

言談的時候經常會另有隱情，有時候會讓別人誤解己意。

人之常情，按照普通人的想法，自己說話時總希望對方在聽，做事情則希望自己能成功。所以，聰明的人是會捨棄自己的短處，而採用愚笨之人的長處；避開自己笨拙的方法，而採用愚笨之人擅長的方法。避己所短而用人所長，他們在處理事情的時候就不會陷入困境。遊說的時候，說到對對方有利的一面，要儘量發揮他們的長處去論述；說到對方不利的一面，則要避開他們的弱勢，少說為佳。因而有甲殼的蟲子在保護自己的時候都會用自己最堅厚的外殼；有毒刺的蟲子在行動進攻的時候都會用自己的毒刺去螫傷對方。就連蟲子都知道要用自己的長處，那麼謀臣說客更應該知道用該用的辦法去達到自己說服別人的目的。

因此說，遊說中言辭存在的問題有如下五種：病言、怨言、憂言、怒言、喜言。所謂「病言」，就是指言語中沒有氣勢，像得了病沒有精神一樣；所謂「怨言」，就是指言語中有悲觀洩氣，像傷心過度而六神無主一樣；所謂「憂言」，就是指言語中情志抑鬱，像憂心忡忡一樣；所謂「怒言」，就是指言語中沒有條理胡亂發洩，像怒火攻心一樣；所謂「喜言」，就是指言語中散漫而沒有要點，讓人感到漂浮不定不得

聰明的人是會捨棄自己的短處，而採用愚笨之人的長處；避開自己笨拙的方法，而採用愚笨之人擅長的方法。避己所短而用人所長，他們在處理事情的時候就不會陷入困境。

遊說的時候，說到對對方有利的一面，要儘量發揮他們的長處去論述；說到對方不利的一面，則要避開他們的弱勢，少說為佳。

要領，就像心情愉快而血脈暢流一樣。這五種言辭，只有精通其中的妙用才能使用，只在情況有利於己的時候才能實行。

　　所以，謀臣說客在與聰明的人言談時要遵循博多識廣的原則；在與愚笨的人言談時要遵循能言善辯的原則；在與善辯的人言談時要遵循簡明扼要的原則；在與尊貴的人言談時要遵循在氣勢上壓倒他的原則；在與富有的人言談時要遵循清高雅緻的原則；在與貧窮的人言談時要遵循現實利益的原則；在與低賤的人言談時，要遵循謙恭待人的原則；在與勇敢的人言談時，要遵循果敢堅決的原則；在與過失的人言談時要遵循直率尖銳的原則。

　　這些都是言談時的基本規律，但一般人們卻都不遵循這些而是背道而馳，違背其規律。

　　因此遊說者在與聰明人交談時可以採用上述方法，讓他們明白道理；在與愚笨的人交談時，用上述方法則很難讓他們明白。言辭有許多種類，事物也有諸多變化，人們每天交談的時候不脫離言辭其中的規律，那麼處理事情就不會雜亂無章。遊說者每天言談不變化，就不會失去言談根本的主要精神。因此聰明的人最可貴的在於言辭的不偏頗。聽人講話貴在能聽出他的真實想法和意圖，智慧最重要的是要總結出規律，言辭最重要的則是奇妙，語出驚人。

口是用來言談的機關，像閘門一樣，可以用來開啟或者關閉自己內心的情感和意圖；耳朵、眼睛是內心思維的輔助器官，可以窺探觀察，發現對方的奸詐邪惡之處。

　　謂「權」，其本義是秤錘，古代稱物體重量的砝碼，權一般是權衡是非輕重、權變的意思，在本篇中引伸為權衡、斟酌、權變、審察之意。所謂「量權」，則是指根據所稱物體輕重而變換砝碼，引伸為謀臣說客在遊說時必須根據不同的情況而選擇適當的說服方式。經過「揣摩」，已經真正知曉對方的意圖和想法，就需要根據對方的個性性格、不同的形勢環境，對說服對方的言辭、策略和技巧仔細權衡酌定。

　　鬼谷子先生在本篇中講述與別人溝通時，在語言的運用上需要重點注意的環節。全文主要闡述了遊說的目的、方式、技巧，在遊說時口耳目三種器官的配合運用，說話時易出現的問題以及遊說對象的分類。

　　開篇鬼谷子先生首先講述了遊說的目的。「說者，說之也；說之者，資之也。」遊說的目的就是要說服對方，而說服對方的目的是要從對方那裡有所收穫，得到自己想要的東西。

　　接著，他講述了遊說的基本方式。由於說服對象不同，目的也不同，形勢環境也不同，遊說也存在不同的類型，以適應對方的情況。分別是「飾言」（修飾言辭、注意語言的增刪）、「應對」

（回答別人問話，言辭簡潔）、「成義」（言辭成理，辨明真偽）、「難言」（雙方意見不合時詰難對方）四種。飾言，是為了避開心理阻力而採用修辭和邏輯手段，或運用寓言等等旁敲側擊，曉諭對方，以改變其思維方式和行為趨勢。應對，在論辯、外交、禮儀場合、觀點爭論中要求簡潔、準確、有力地回答對方的問題，語言明快，對答如流才能制伏對方。成義，提出主張，說明道理，要求觀點鮮明，論述清楚，並要有事實驗證，才會有說服力。難言，提示對方語言邏輯上的漏洞，觀點上的錯誤，從而挫其銳氣達到否定對方觀點的目的，使對方不得不接受自己的主張，有時候則是為了誘使對方暴露深層的思想。

　　在闡述了遊說的目的和基本方式之後，鬼谷子先生進而論述了運用語言遊說的技巧，有五種：佞言、諛言、平言、戚言和靜言。佞言是指在遊說過程中，順著對方的心理需要，強調共同點，採用花言巧語，討好對方，取得對方信任，使對方接受自己的觀點；諛言是引經據典，縱橫健談，來顯示自己的知識淵博，採用不實之詞誇獎對方，來取信對方；平言是指採用平實公正的言詞，以果斷不疑的方式增強言語的嚴肅性；戚言是有意識地採用憂患的言辭，通過權詐，裝腔作勢的方式來顯示自己了解對方的想法，並善於權衡得失，善於進謀；靜言是採用穩重沉著的言

　　口舌是遊說的重要武器，一定要慎重使用，不能隨便開口，如果不注意而觸及別人的隱私，那就得不償失了。

　　成義，提出主張，說明道理，要求觀點鮮明，論述清楚，並要有事實驗證，才會有說服力。

275

辭，掩飾自己的過失，以進為退的方式來取得遊說的勝利。

接著鬼谷子提出在選擇遊說對象的時候要注意口耳目的重要作用。口舌是遊說的重要武器，一定要慎重使用，不能隨便開口，如果不注意而觸及別人的隱私，那就得不償失了。耳目是心的外在表現，是用來獲取和辨別信息的。遊說者如果想進言成功，就必須三者協調配合，「參調而應，利道而動」，這中間的根本原因就在於他們看到了事物的本質，看準了關鍵點，掌握了事物發展變化的規律。

揚長避短，是鬼谷子先生在本文中的又一閃光點。「人之情，出言則欲聽，舉事則欲成」。要善於發揮自己的長處，又不囿於自己的短處，也善於用人之長，說人擊其弱點。

下一部分內容，描述語言溝通中常犯的幾個錯誤：「病」、「怨」、「憂」、「怒」、「喜」，這是鬼谷子先生提醒遊說者一般容易犯的誤言。所謂「病言」，就是指言語中沒有氣勢，像得了病沒有精神一樣；所謂「怨言」，就是指言語中有悲觀洩氣，像傷心過度而六神無主一樣；所謂「憂言」，就是指言語中情志抑鬱，像憂心忡忡一樣；所謂「怒言」，就是指言語中沒有條理胡亂發洩，像怒火攻心一樣；所謂「喜言」，就是指言語中散漫而沒有要點，讓人感到漂浮不定不得

難言，提示對方語言邏輯上的漏洞，觀點上的錯誤，從而挫其銳氣達到否定對方觀點的目的，使對方不得不接受自己的主張，有時候則是為了誘使對方暴露深層的思想。

要領，就像心情愉快而血脈暢流一樣。這五種言辭，只有精通其中的妙用才能使用，只在情況有利於己的時候才能實行。

遊說要根據不同的對象採用不同的遊說態度和技巧去說服對方。文中把被遊說者分為明顯的級別，共有九種：智者、拙者、辯者、貴者、富者、貧者、賤者、勇者和過者，遊說的成功很大程度上取決於對方的情況。高明的說客對這九種人分別採用不同的方法去說服「與智者言，依於博；與博者言，依於辨；與辨者言，依於要；與貴者言，依於勢；與富者言，依於高；與貧者言，依於利；與賤者言，依於謙；與勇者言，依於敢；與過者言，依於銳」。

鬼谷子

謀術一　利辭應對

　　鬼谷子在文中說到「應對者，利辭也；利辭者，輕論也」。意思是指謀臣策士在應辯對方的疑難的時候，就要用犀利的言辭對付他，而所謂犀利的言辭，就是要減少辯論，簡潔有力。在論辯、外交、禮儀場合、觀點爭論中要求簡潔、準確、有力地回答對方的問題，語言明快，對答如流才能制伏對方。

馮忌為盧陵君謂趙王

　　《戰國策·趙策》記載，戰國時期有一名辯士，名叫馮忌，為盧陵君而去勸說趙王。

　　當時盧陵君是趙孝成王的弟弟，趙孝成王要驅逐他出境。

　　馮忌就去見趙孝成王，對他說：「大王您驅逐盧陵君是因為他替燕國說話吧？」趙王說：「我所看重的並不是他為燕國還是為秦國。」馮忌說：「秦國三次派虞卿向您進言，而大王您沒有驅逐他；現在燕國只有一次讓盧陵君向您進言，而您卻要驅逐他，您這是輕視強大的秦國而看重弱小的燕國。」

　　趙王說：「我並不是因為盧陵君替燕國說話，而是本來就要驅逐他。」馮忌說：「如此說

　　謀臣策士在應辯對方的疑難的時候，就要用犀利的言辭對付他，而所謂犀利的言辭，就是要減少辯論，簡潔有力。

278

來，大王驅逐盧陵君替東道國說話又不是因為燕國，您既驅逐了他的弟弟又失去了燕國，我認為大王的做法不可取。」

從這個故事中可以看出趙孝成王屬於善辯者，而馮忌直接指明利害，與辯者交談採用簡明扼要的方式就可以說服對方。

謀術二　假之飾言

> 「飾言者，假之也；假之者，益損也」。意思是指修飾言辭，就是要假借修辭和邏輯等手段，假借修辭就是要斟酌言辭的取捨，以適合對方的心理。是為了避開心理阻力而採用修辭和邏輯手段，或運用寓言等等旁敲側擊，曉諭對方，以改變其思維方式和行為趨勢。

蘇秦說服燕昭王

假借修辭就是要斟酌言辭的取捨，以適合對方的心理。

《戰國策‧燕策一》中記載蘇秦為了報答燕昭王的知遇之恩，蘇秦主動地提出，願意為完成亡齊的總戰略，而親自到齊國去做內應，他說：「王自治其外，臣自報其內，此乃亡之之勢也。」然而，長期遠離燕王，替燕國在齊做奸細，不但危險，而且易受讒言挑撥，令燕王對他起疑心。為此，蘇秦曾意味深長地對燕昭王講了一個因為忠信反遭惡報的故事。

故事說，有一人出外三年，妻子與別人私通。當聽到她丈夫就要回來的消息時，與其私通者非常慌亂，問她如何對付？姦婦卻心中有數，早已備好毒酒，準備鴆殺其夫。丈夫回來後，妻子命其妾上前送藥酒給丈夫喝，企圖嫁禍於人。

其妾心想，將藥酒送給主父，則害死主父，將主母告發，則主母必被休逐，兩者都不妥當。所以，她假裝摔了一跤，把毒藥酒給灑了。其妻看奸計告吹，便挑撥丈夫。丈夫一怒之下，把其妾捆綁起來，狠狠鞭打了一頓。蘇秦用這一忠心為主的小妾反遭毒打的故事勸告燕王，希望昭王在他去齊國進行反間活動期間，勿聽信其他人的挑撥離間，要堅定不移地相信他，不要使他遭到和那個小妾一樣，忠信反遭到惡報的下場。

　　燕昭王聽從了蘇秦的建議，說：「善！吾請拜子為上卿，奉子車百乘，子以此為寡人東遊於齊。」蘇秦用了一個寓言故事而說服了燕昭王，消除了昭王的不信任感，讓對方相信自己對燕國的忠心，最終同意自己去相齊。

蘇秦言談得十國

　　《史記‧蘇秦列傳》記載發生在齊國和燕國之間的一段故事——

　　有一年，燕文侯去世，太子即位，這就是燕易王。易王剛剛登位，齊宣王趁著燕國發喪之機，攻打燕國，一連攻克了十座城池。易王對蘇秦說：「從前先生到燕國來，先王資助您去見趙王，於是才約定六國合縱。如今齊國首先進攻趙國，接著又打到燕國，因為先生的緣故被天下人

　　謀臣說客在與聰明的人言談時要遵循博多識廣的原則；在與愚笨的人言談時要遵循能言善辯的原則。

　　言辭有許多種類，事物也有諸多變化，人們每天交談的時候不脫離言辭其中的規律，那麼處理事情就不會雜亂無章。遊說者每天言談不變化，就不會失去言談根本的主要精神。

恥笑，先生能替燕國收復被侵佔的國土嗎？」蘇秦感到非常的慚愧，說：「請讓我替大王把失地收回來。」

　　蘇秦見到齊王，拜了兩拜，彎下腰去，向齊王表示慶賀；仰起頭來，又向齊王表示哀悼。齊王說：「為什麼慶賀和哀悼相繼這麼快呢？」蘇秦說：「我聽說飢餓的人，寧願飢餓而不吃烏頭這種有毒植物的原因，是因為它越是能填滿肚子就和餓死的災禍越是沒有區別啊。現在，燕國雖然弱小，但燕王卻是秦王的小女婿。大王佔了他十座城池的便宜卻長久地和強秦結成仇怨。如今，使弱小的燕國像大雁一樣相繼飛行，強大的秦國跟在它的後面做掩護，從而招致天下的精銳部隊攻擊你，這和吃烏頭是相類似的啊。」齊王的臉色一下子變得淒愴而嚴肅，說：「既然如此，那怎麼辦呢？」蘇秦說：「我聽說古代善於處理事情的人，能夠把災禍轉化為吉祥，通過失敗變為成功。大王果真能聽從我的計策，立即歸還燕國的十座城池。燕國白白地收回十城，一定很高興。秦王知道因為他的關係而歸還燕國的十城，也一定很高興。這就叫做放棄仇恨而得到牢不可破的友誼。燕國、秦國都來奉事齊國，那麼大王對天下發出的號令，沒有敢不聽的。這就等於用虛誇不實地依附秦國，實際上卻以十城的代價取得天下，這是稱霸天下的功業啊。」齊王

說：「好。」於是就歸還了燕國的十座城池。

　　蘇秦作為「飾言」高手，在本篇中運用一系列的比喻修辭去說服對方。首先他用以奇制勝，用慶賀和哀悼的對比來抓住對方注意力，然後用「飢餓的人吃烏頭」來比喻齊國獲得燕國十座城池，又用雁行來比喻燕國和秦國的關係，翻手為雲，覆手為雨，僅憑言語就獲得在戰場上很難收回的十座城池，不得不令人佩服。

鬼谷子

謀術三　戚言

「戚言者，權而干信」，有的時候是有意識地採用憂患的言辭，通過權詐，裝腔作勢的方式來顯示自己了解對方的想法，並善於權衡得失，善於進謀。

合縱抗秦孟嘗廣借兵

秦國將要攻打魏國，魏王得到這個消息後，連夜召見孟嘗君，對他說：「秦國馬上就要攻打魏國了，你幫我想個辦法，看看該怎麼辦？」孟嘗君回覆說：「只要能說服其他諸侯之國來救援，那麼國家就不會有什麼危險。」魏王就對他說：「我希望您能代表我去遊說諸侯。」並給他車百乘作為說資。

孟嘗君先到了趙國，見了趙王後就對趙王說：「我想從您這借兵去救魏國。」趙王沒有答應他的要求。孟嘗君說道：「我從您這裡借兵也是為您好啊！」趙王問：「你怎麼這麼說？」孟嘗君又進言說：「趙國的軍隊，不一定比魏國軍隊戰鬥力強；魏國的軍隊，也並不一定就比趙國的差。然而趙國沒有感覺到危險，人民也沒有覺得會有災難，但是魏國就不一樣了，他們的地盤

說者，說之也；說之者，資之也。

飾言者，假之也；假之者，益損也。

已經受到威脅，百姓很快將面臨戰爭災難，是為什麼？主要原因就是因為你們的西面有魏國擋著，秦國才不能直接進攻趙。現在如果趙不救魏，魏就準備和秦歃血為盟，如果那樣的話，趙將和強秦接壤，地盤就會受到威脅，老百姓離大的災難也就不遠了。所以說我向您借兵對您是有很大好處的，我是忠於您的。」於是趙王答應了孟嘗君的請求，借給他兵十萬，車三百乘。

　　孟嘗君接著又北上拜見燕王，對燕王說：「我和您相交已久。現在秦國將要攻打魏國，我希望大王能救他們。」燕王回答道：「我們這裡已經兩年沒有收成了，現在又要奔走幾千里地去幫助魏國，怎麼能行啊！」孟嘗君接著勸說：「奔走幾千里去幫助魏國，對你們國家也有很大好處。如今魏王沒有出門就能看到敵軍了，就算是想走千里去幫助別人也沒有辦法了。」燕王沒有答應他出兵。孟嘗君又說：「我獻計謀給您，是對您忠心，可是大王您不用我的計謀，我只能和您告別了。就怕天下會大亂了，將會有很大的變化！」燕王就繼續問他：「能有什麼大變啊，你說說唄！」孟嘗君就說道：「秦國攻打魏國，不一定能滅亡魏國，如果燕不救魏，魏王會投降秦國，然後把一半的國家割給秦國，把一半都給秦國了，秦國軍隊一定會退兵。秦離開魏國後，魏王一定會聯合韓國、趙國，再從西邊向秦國借

応對者，利辭也；利辭者，輕論也。

成義者，明之也；明之者，符驗也。

難言者，卻論也；卻論者，釣幾也。

兵，四個國家一齊攻打燕國，您可以想想對於燕國會有什麼樣的後果！軍隊走幾千里地難道僅僅是幫助別人嗎？您難道願意看到敵軍陳列邊境嗎？」燕王曰：「是這樣子，我同意您的借兵。」於是給他八萬軍隊，車二百乘。

魏王非常高興，說：「你這麼快就從燕國和趙國借得這麼多兵！」秦王看到這樣，只好割地給魏。

唇亡則齒寒，這是戰國諸侯不能單獨立國的原因。孟嘗君之說燕趙出兵，也是立足於這個出發點。他遊說燕國、趙國的時候，誇大了兩個國家的憂患，「戚言」成功。

謀術四　仗義執言

謀臣策士在進諫的過程中，應該根據環境、對象的不同，採用不同的進言方式。有的適合執言進諫、有的適合曲意逢迎。

秦王使人謂安陵君

　　秦王派使者對安陵君說：「我想用方圓五百里的土地換取安陵，安陵君可要答應我！」安陵君說：「大王施加恩惠，以大換小，這非常好。但是我從先王那裡繼承了這塊土地，願意始終守著它，不敢換掉。」秦王很不高興。安陵君因此派唐雎出使秦國。

　　秦王對唐雎說：「我拿五百里的土地換取安陵，安陵君不答應我，這是為什麼？秦國消滅了韓國和魏國，只有安陵君憑著五十里的土地生存下來，那是因為我認為他是忠厚長者，所以沒有把他放在心上。如今我拿十倍的土地希望同安陵君交換，他卻違抗我，不是看不起我嗎？」唐雎說：「不，不是這樣的。安陵君從先王手裡繼承了封地並保有它，即使一千里也是不敢換掉的，何況只是五百里？」

　　秦王勃然大怒，對唐雎說：「你可聽說過天

子的發怒嗎？」唐雎說：「我沒聽說過。」秦王說：「天子發怒，伏屍一百萬，流血一千里！」唐雎說：「大王聽說過平民的發怒嗎？」秦王說：「平民的發怒，不過是摘下帽子，光著腳，拿腦袋撞地罷了。」唐雎說：「這是庸人的發怒，不是士人的發怒。當專諸刺殺王僚時，彗星遮蓋了月亮；聶政刺殺韓傀時，白虹穿過了太陽；要離刺殺慶忌時，蒼鷹在宮殿上撲擊。這三個人，都是平民中的士人，滿腔的怒氣還沒有發洩出來，預兆就從天而降，加上我就是四個人了。所以士人要發怒，兩具屍首就要倒下，五步之內鮮血四濺，天下人穿白戴孝，今天就要這樣了。」說著便拔出劍站了起來。

秦王臉色大變，挺起身跪著向唐雎道歉說：「先生坐下！何至於這樣呢？我明白了：韓國、魏國滅亡，可是安陵憑著五十里土地安然無事，只是因為有先生在啊。」

唐雎的浩然正氣、慷慨陳詞使他流芳百世。他在論辯時的氣勢完全壓倒了驕狂的秦王。他的這種仗義執言，就是借助道義的力量，傳播勇氣與正義，令一切利誘威逼相形見絀，他賦予論辯以正義凜然的人格魅力，把宣傳真理與弘揚正氣融為一體，使人的內在本質精神得到弘揚，使人的個性風采、精神世界得到了展示。這正是論辯決勝的法寶。唐雎不畏強暴、蔑視強權、敢於與

言其有利者，從其所長也；言其有害者，避其所短也。故介蟲之捍也，必以堅厚；螫蟲之動也，必以毒螫。

專制暴君抗爭的正義之氣，和他「三軍可奪帥，匹夫不可奪志」的不屈服精神，使他的人格顯得無比偉大、使他的論辯顯得無比有力。

謀術五　衆口鑠金

指在衆口一詞的情況下，連金屬都會被熔化掉，比喻輿論的力量極大，如果一件事有不少的人都這麼說，那麼不論如何堅定的信念都會發生動搖，因此，鬼谷子先生讓其學生要提防流言蜚語的中傷。

三人成虎

輿論的力量極大，如果一件事有不少的人都這麼說，那麼不論如何堅定的信念都會發生動搖。

三人成虎的典故就出自《戰國策‧龐蔥與太子質於邯鄲》一章。這裏揭示出了一個只有權謀家們才知道的祕密：那就是人類語言對真實事實的支配性。

戰國時期，魏趙結成聯盟，互送人質，魏王派龐蔥陪太子到邯鄲去做人質。龐蔥對魏王說：「現在，如果有一個人說街市上有老虎，您相信嗎？」魏王說：「不相信。」龐蔥說：「如果是兩個人說呢？」魏王說：「那我就要疑惑了。」龐蔥又說：「如果增加到三個人呢，大王相信嗎？」魏王說：「我相信了。」龐蔥說：「街市上不會有老虎那是很清楚的，但是三個人說有老虎，就像真有老虎了。如今邯鄲離大梁，比我們到街市遠得多，而毀謗我的人超過了三個。希望

您能明察秋毫。」魏王說：「我知道該怎麼辦。」
於是龐蔥告辭而去，而詆謗他的話很快傳到魏王
那裏。後來太子結束了人質的生活，龐蔥果真不
能再見魏王了。

曾參殺人

　　在孔子的學生曾參的家鄉費邑，有一個與他
同名同姓也叫曾參的人。有一天他在外鄉殺了
人。頃刻間，一股「曾參殺了人」的風聞便傳遍
了家鄉。

　　第一個向曾子的母親報告情況的是曾家的一
個鄰人，那人沒有親眼看見殺人兇手。當那個鄰
人把「曾參殺了人」的消息告訴曾子的母親時，
並沒有引起預想的那種反應。曾子的母親一向引
以為驕傲的正是這個兒子。他是儒家聖人孔子的
好學生，怎麼會幹傷天害理的事呢？曾母聽了鄰
人的話，不驚不憂。她一邊安之若素、有條不紊
地織著布，一邊斬釘截鐵地對那個鄰人說：「我
的兒子是不會去殺人的。」

　　沒隔多久，又有一個人跑到曾子的母親面前
說：「曾參真的在外面殺了人。」曾子的母親仍
然不去理會這句話。她還是坐在那裏不慌不忙地
穿梭引線，照常織著自己的布。又過了一會兒，
第三個報信的人跑來對曾母說：「現在外面議論

紛紛，大家都說曾參的確殺了人。」曾母聽到這裡，心裡驟然緊張起來。她害怕這種人命關天的事情要株連親眷，因此顧不得打聽兒子的下落，急忙扔掉手中的梭子，關緊院門，端起梯子，越牆從僻靜的地方逃走了。

以曾子良好的品德和慈母對兒子的了解、信任而論，「曾參殺了人」的說法在曾子的母親面前是沒有市場的。然而，即使是一些不確實的說法，如果說的人很多，也會動搖一個慈母對自己賢德的兒子的信任。

謀術六　見人說法

> 　　遊說者在遊說他人的時候要視對手的情況而採取能讓對方接受的遊說方法。「與智者言，依於博；與博者言，依於辨；與辨者言，依於要；與貴者言，依於勢；與富者言，依於高；與貧者言，依於利；與賤者言，依於謙；與勇者言，依於敢；與過者言，依於銳。」

子貢說五國

　　田常想要在齊國叛亂，卻害怕高昭子，國惠子，鮑牧，晏圉的勢力，所以想轉移他們的軍隊去攻打魯國。孔子聽說這件事，對門下弟子們說：「魯國，是祖宗墳墓所在的地方，是我們出生的國家，我們的祖國危險到這種地步，諸位為什麼不挺身而出呢？」子路請求前去，孔子制止了他。子張、子石請求前去救魯，孔子也不答應。子貢請求前去救魯，孔子答應他。

　　子貢就出發了，來到齊國，遊說田常說：「您攻打魯國是錯誤的。魯國，是難攻打的國家，它的城牆單薄而矮小，它的護城河狹窄而水淺，它的國君愚昧而不仁慈，大臣們虛偽而不中用，它的士兵百姓又厭惡打仗的事，這樣的國家

　　物有不通者，聖人故不事也。古人有言曰：「口可以食，不可以言」者，有諱忌也。眾口爍金，言有曲故也。

不可以和它交戰。您不如去攻打吳國。吳國，它的城牆高大而厚實，護城河寬闊而水深，鎧甲堅固而嶄新，士卒經過挑選而精神飽滿，可貴的人才、精銳的部隊都在那裡，又派英明的大臣守衛著它，這樣的國家是容易攻打的。」田常頓時憤怒了，臉色一變說：「你認為難，人家認為容易；你認為容易的，人家認為是難的。用這些話來指教我，是什麼用心？」子貢說：「我聽說，憂患在國內的，要去攻打強大的國家；憂患在國外的，要去攻打弱小的國家。如今，您的憂患在國內。我聽說您多次被授予封號而多次未能封成，是因為朝中大臣的有反對您的呀。現在，您要攻佔魯國來擴充齊國的疆域，若是打勝了，您的國君就更驕縱，佔領了魯國土地，您國的大臣就會更尊貴，而您的功勞都不在其中，這樣，您和國君的關係會一天天地疏遠。這是您對上使國君產生驕縱的心理，對下使大臣們放縱無羈，想要因此成就大業，太困難啦。國君驕縱就要無所顧忌，大臣驕縱就要爭權奪利，這樣，對上您與國君感情上產生裂痕，對下您和大臣們相互爭奪。像這樣，那您在齊國的處境就危險了。所以說不如攻打吳國。假如攻打吳國不能取得勝利，百姓死在國外，大臣率兵作戰朝廷勢力空虛，這樣，在上沒有強臣對抗，在下沒有百姓的非難，孤立國君專制齊國的只有您了。」田常說：

「好。雖然如此，可是我的軍隊已經開赴魯國
了，現在從魯國撤軍轉而進兵吳國。大臣們懷疑
我，怎麼辦？」子貢說：「您按兵不動，不要進
攻，請讓我為您出使去見吳王，讓他出兵援助魯
國而攻打齊國，您就乘機出兵迎擊它。」田常採
納了子貢的意見，就派他南下去見吳王。

　　子貢遊說吳王說：「我聽說，施行王道的不
能讓諸侯屬國滅絕，施行霸道的不能讓另外的強
敵出現，在千鈞重的物體上，再加上一銖一兩的
分量也可能產生移位。如今，擁有萬輛戰車的齊
國再獨自佔有千輛戰車的魯國，和吳國來爭高
低，我私下替大王感到危險。況且去援救魯國，
是顯揚名聲的事情；攻打齊國，是能獲大利的事
情。安撫泗水以北的各國諸侯，討伐強暴的齊
國，用來鎮服強大的晉國，沒有比這樣做獲利更
大的了。名上保存危亡的魯國，實際上阻阨了強
齊的擴張，這道理，聰明人是不會疑的。」吳王
說：「好。雖然如此，可是我曾經和越國作戰，
越王退守在會稽山上棲身，越王自我刻苦，優待
士兵，有報復我的決心。您等我攻打越國後再按
您的話作罷。」子貢說：「越國的力量超不過魯
國，吳國的強大超不過齊國，大王把齊國擱置在
一邊，去攻打越國，那麼，齊國早已平定魯國
了，況且大王正借著「使滅亡之國復存，使斷絕
之嗣得續」的名義，卻攻打弱小的越國而害怕強

鬼谷子

大的齊國，這不是勇敢的表現。勇敢的人不迴避艱難，仁慈的人不讓別人陷入困境。聰明的人失掉時機，施行王道的人不會讓一個國家滅絕，憑藉這些來樹立你們的道義。現在，保存越國向各國諸侯顯示您的仁德，援助魯國攻打齊國，施加晉國以威力，各國諸侯一定會競相來吳國朝見，稱霸天下的大業就成功了。大王果真畏忌越國，我請求東去會見越王，讓他派出軍隊追隨您，這實際上使越國空虛，名義上追隨諸侯討伐齊國。」吳王特別高興，於是派子貢到越國去。

越王清掃道路，到郊外迎接子貢，親自駕馭著車子到子貢下塌的館舍致問說：「這是個偏遠落後的國家，大夫怎麼屈辱自己莊重的身分光臨到這裡來了！」子貢回答說：「現在我已勸說吳王援救魯國攻打齊國，他心裡想要這麼做卻害怕越國，說：『等我攻下越國才可以』。像這樣，攻破越國是必然的了。況且要沒有報復人的心志而使人懷疑他，太拙劣了；要有報復人的心志又讓人知道他，就不安全了；事情還沒有發動先叫人知道，就太危險了。這三種情況是辦事的最大禍患。」勾踐聽罷叩頭到地再拜說：「我曾不自量力，才和吳國交戰，被圍困在會稽，恨入骨髓，日夜唇焦舌燥，只打算和吳王一塊兒拼死，這就是我的願望。」於是問子貢怎麼辦。子貢說：「吳王為人兇猛殘暴，大臣們難以忍受；國

家多次打仗，弄得疲憊衰敗，士兵不能忍耐；百姓怨恨國君，大臣內部發生變亂；伍子胥因諫諍被殺死，太宰嚭執政當權，順應著國君的過失，用來保全自己的私利：這是殘害國家的政治表現啊。現在大王果真能出兵輔佐吳王，以投合他的心志，用重金寶物來獲取他的歡心，用謙卑的言辭尊他，以表示對他的禮敬，他一定會攻打齊國。如果那場戰爭不能取勝，就是大王您的福氣了。如果打勝了，他一定會帶兵逼近晉國，請讓我北上會見晉國國君，讓他共同攻打它，一定會削弱吳國的勢力。等他們的精銳部隊全部消耗在齊國，重兵又被晉國牽制住，而大王趁它疲憊不堪的時候攻打它，這樣一定能滅掉吳國。」越王非常高興，答應照計行動。送給子貢黃金百鎰，寶劍一把，良矛二支。子貢沒有接受，就走了。

　　子貢回報吳王說：「我鄭重地把大王的話告訴了越王，越王非常惶恐，說：『我很不走運，從小就失去了父親，又不自量力，觸犯吳國而獲罪，軍隊被打敗，自身受屈辱，棲居在會稽山上，國家成了荒涼的廢墟，仰賴大王的恩賜，使我能夠捧著祭品而祭祀祖宗，我至死也不敢忘懷，怎麼另有其他的打算！」過了五天，越國派大夫文種以頭叩地對吳王說：「東海役使之臣勾踐謹派使者文種，來修好您的屬下近臣，託他們向大王問候。如今我私下聽說大王將要發動正義

鬼谷子

修飾言辭，就是
要假借修辭和邏輯等
手段，假借修辭就是
要斟酌言辭的取捨，
以適合對方的心理。

之師，討伐強暴，扶持弱小，困厄殘暴的齊國而
安撫周朝王室，請求出動越國境內全部軍隊三千
人，勾踐請求親自披掛鎧甲、拿著銳利的武器，
甘願在前面去冒箭石的危險。因此派越國卑賤的
臣子文種進獻祖先珍藏的寶器，鎧甲十二件，斧
頭、屈盧矛、步光劍、用來作貴軍吏的賀禮。」
吳王聽了非常高興，把文種的話告訴子貢說：
「越王想親自跟隨我攻打齊國，可以嗎？」子貢
回答說：「不可以。使人家國內空虛，調動人家
所有的人馬，還要人家的國君跟著出征，這是不
道義的。你可接受他的禮物，允許他派出軍隊，
辭卻他的國君隨行。」

吳王同意了，就辭謝越王。於是，吳王就調
動了九個郡的兵力去攻打齊國。

子貢因而離開吳國前往晉國，對晉國國君
說：「我聽說，不事先謀劃好計策，就不能應付
突然來的變化，不事先治理好軍隊，就不能戰勝
敵人。現在齊國和吳國即將開戰，如果那場戰爭
吳國不能取得勝利，越國必定會乘機擾亂它；和
齊國一戰取得了勝利，吳王一定會帶他的軍隊逼
近晉國。」晉非常恐慌，說：「那該怎麼辦呢？」
子貢說：「整治好武器，休養士卒，等著吳軍的
到來。」晉君依照他的話做了。

子貢離開晉國前往魯國。吳王果然和齊國人
在艾陵打了一仗，把齊軍打得大敗，俘虜了七個

将军的士兵而不肯班師回國，果然帶兵逼近晉國，和晉國人在黃池相遇。吳晉兩國爭雄，晉國人攻擊吳國，大敗吳軍。越王聽到吳軍慘敗的消息，就渡過江去襲擊吳國，直打到離吳國都城七里的路程才安營紮寨。吳王聽到這個消息，離開晉國返回吳國，和越國軍隊在五湖一帶作戰。多次戰鬥都失敗了，連城門都守不住了，於是越軍包圍了王宮，殺死了吳王夫差和他的國相。滅掉吳國三年後，越國稱霸東。

　　所以，子貢這一出行，保全了魯國，擾亂了齊國，滅掉了吳國，使晉國強大而使越國稱霸。子貢一次出使，使各國形勢發生了相應變化，十年當中，齊、魯、吳、晉、越五國的形勢各自有了變化。

　　本篇主要申說了如何達到遊說的目的，遊說應具備的才能，遊說的方式及遊說時要重視耳聰、智明、辭奇等關鍵性問題。智者成事不會追求過於完美，當取則取，取捨之前靜心權量。

　　言論具有義理，就是要讓對方闡明真偽，闡明真偽，是需要通過實際的事實效果來檢驗。

　　在與富有的人言談時要遵循清高雅致的原則；在與貧窮的人言談時要遵循現實利益的原則。

鬼谷子
—的謀略寶典

第十篇
謀篇十

　　權者，策略的權衡；謀者，內容的謀劃。天地變化，物生長，在於其高深莫測；聖人立身處世、治國安邦，在於隱祕藏匿，並不是單純講求仁愛、正義、忠誠、信用，而是在維護不偏不倚。

原　文

　　凡謀有道，必得其所因，以求其情；審得其情，乃立三儀。

　　三儀者，曰上、曰中、曰下，參以立焉，以生奇；奇不知其所壅；始於古之所從。

　　故鄭人之取玉也，載司南之車，為其不惑也。夫度材、量能、揣情者，亦事之司南也。

　　故同情而相親者，其俱成者也；同欲而相疏者，其偏害者也；同惡而相親者，其俱害者也；同惡而相疏者，偏害者也。故相益則親，相損則疏，其數行也；此所以察異同之分也。故墻壞於其隙，木毀於其節，斯蓋其分也。

　　故變生事，事生謀，謀生計，計生議，議生說，說生進，進生退，退生制；因以制於事，故百事一道，而百度一數也。

　　夫仁人輕貨，不可誘以利，可使出費；勇士輕難，不可懼以患，可使據危；智者達於數，明於理，不可欺以不誠，可示以道理，可使立功；是三才也。故愚者易蔽也，不肖者易懼也，貪者易誘也，是因事而裁之。

　　故為強者，積於弱也；為直者，積於曲也；有餘者，積於不足也；此其道術行也。

　　故外親而內疏者，說內；內親而外疏者，說

外；故因其疑以變之，因其見以然之，因其說以
要之，因其勢以成之，因其惡以權之，因其患以
斥之；摩而恐之，高而動之，微而證之，符而應
之，擁而塞之，亂而惑之，是謂計謀。

　　計謀之用，公不如私，私不如結；結比而無
隙者也。正不如奇；奇流而不止者也。故說人主
者，必與之言奇；說人臣者，必與之言私。其身
內，其言外者，疏；其身外，其言深者，危。無
以人之所不欲而強之於人，無以人之所不知而教
之於人。人之有好也，學而順之；人之有惡也，
避而諱之；故陰道而陽取之。故去之者，從之；
從之者，乘之。貌者不美又不惡，故至情託焉。

　　可知者，可用也；不可知者，謀者所不用
也。故曰：事貴制人，而不貴見制於人。制人
者，握權也。見制於人者，制命也。故聖人之道
陰，愚人之道陽；智者事易，而不智者事難。以
此觀之，亡不可以為存，而危不可以為安；然而
無為而貴智矣。智用於眾人之所不能知，而能用
於眾人之所不能見。既用，見可否，擇事而為
之，所以自為也。見不可，擇事而為之，所以為
人也。故先王之道陰。言有之曰：「天地之化，
在高與深；聖人之制道，在隱與匿。」非獨忠信
仁義也，中正而已矣。道理達於此之義，則可與
語。由能得此，則可以縠遠近之誘。

　　夫仁人輕貨，不
可誘以利，可使出
費；勇士輕難，不
可懼以患，可使據危；
智者達於數，明於
理，不可欺以不誠，
可示以道理，可使立
功；是三才也。

對於一個人來說，凡是籌劃計謀都要遵循一定的規律和方法，一定要弄清事物的起因緣由，以便把握研究真實情況。仔細觀察和研究了這些實際情況後，再來確定「三儀」。「三儀」就是上、中、下三個標準。三者互相滲透，相輔相成，結合運用就可以謀劃出解決問題的奇計，而奇計是沒有什麼可以阻塞的，順從事理而暢通無阻，從古到今都是如此。鄭國人入山採玉時，都要帶上指南針，是為了不迷失方向。衡量對方才幹、估量對方能力、揣度對方內心意圖，對於謀臣策士來講，就類似於做事時使用的指南針。凡是情投意合而又關係親密的人，雙方必定都會取得成功；欲望相同卻關係疏遠的，一定會有一方利益受到損害；臭味相投且關係緊密的人，雙方必然會兩敗俱傷；凡是惡習相同而關係疏遠的，一定是部分人先受到損害。所以，如果能互相帶來利益，就要密切關係，如果相互牽連地造成損害，就要疏遠關係。這都是規律在起作用，根據這個標準來判斷事物的相異相同，其道理是一樣的。所以，牆壁通常因為有裂縫才會倒塌，樹木通常因為有節疤才會折斷，這都是因為事物內部出現了裂縫而引發的現象。因此，事物自身的不

斷發展變化就會產生事端；事端的出現又引發人們去思考解決事端的謀略；謀略的實現需要制定有可行性的計畫；計畫的提交與實施又會引起人們的議論；議論的過程必然又需要遊說；遊說是為了所提的謀略被採納；有採納就必然會有摒棄；摒棄則是由於有條件沒有滿足而受到內部的制約，因而是內因制約著事物的發展。可見各種事物的道理是一致的，各類章法都出自一個根本的準則。

　　仁義的君子必然會輕視財貨，所以不能用金錢來誘惑他們，反而可以讓他們捐出資財；勇敢的壯士必然會輕視危難，所以不能用禍患來恐嚇他們，反而可以讓他們鎮守危地；聰明的智者，必然通達禮教、明於事理，所以不能假裝誠信去欺騙他們，反而可以給他們講明白事理，讓他們建功立業。這就是所謂的仁人、勇士、智者，我們稱之為「三才」。因此說，愚者的人容易被蒙蔽，不肖之徒容易被恐嚇，貪圖便宜的人容易被引誘，所有這些都要根據具體情況做出判斷。所以強大是由弱小點滴積累而成的；直壯是由彎曲積累而成的；有餘是由不足積累而成的。這是事物發展的必然結果，是「道術」的體現。

　　所以，對那些外表親善而內心疏遠的人進行遊說，要從說服他的內心入手；對那些內心親善而外表關係疏遠的人進行遊說，要從改善與他的

對那些外表親善而內心疏遠的人進行遊說，要從說服他的內心入手；對那些內心親善而外表關係疏遠的人進行遊說，要從改善與他的關係入手。

要根據對方的疑問所在來改變自己遊說的內容，要根據對方的表現來判斷遊說是否得法；要根據對方的言辭來歸納出遊說的要點。

關係入手。因此，要根據對方的疑問所在來改變自己遊說的內容，要根據對方的表現來判斷遊說是否得法；要根據對方的言辭來歸納出遊說的要點；要根據情勢的變化來幫助對方成功；要根據對方對你的好惡程度來靈活變通；要根據對方的憂心之處來幫其排除。總之是因其心境，調整策略。如果他還沒有改變，那麼要用揣摩讓其恐慌；用誇大其詞的方法使他心理上受到很大振動；略設事例使其得到證實；用「內符術」使其內心得到回應；用蒙蔽、阻塞打亂他的思路，使其陷入困惑；用攪亂他的思維來使他更加迷惑。這就叫做遊說中的「計謀」。至於計謀的運用，公開策劃不如私下密謀；私下密謀不如加深與對方的感情，感情很深的話就不會有間隙讓別人離間了。常規策略不如奇謀，出人意料的奇謀實行起來可以變化多端，成功就像水流一樣不可阻止了。遊說國君，必須以奇制勝，用奇謀來說服他；遊說人臣，必須與他談論涉及其個人切身利益來說服他。

　　和關係密切的人說話如果很見外，就會被疏遠；和關係較遠的人說話如果談論太多太深，就會有危險。不要拿別人不想要的東西，強人所難，強迫他接受；不要拿別人不了解的事，來說服教訓他。如果對方有某種嗜好，就要仿傚設法去迎合他的興趣，順其所好；如果對方有某種憎

惡，就要加以避諱，以免引起反感。所以，要隱祕的進行謀劃，以對方察覺不出來的方法達到說服人的目的。想要除掉別人，就要放縱他，任其胡為，待其留下把柄時就乘機一舉除掉他。無論遇到什麼事情既不喜形於色也不怒目相待的人，是感情沈穩的人，可以托之以機密大事。對於了解透徹的人，可以委以重任；對那些還沒了解透徹、摸不透其心理的人，高明之士是不用他。

所以說行事最重要的是控制別人，而絕對不要被別人控制。控制別人的人就掌握著行事的主動權；被人家控制的人，就被別人控制了命運。所以聖人運用謀略的原則是隱而不露，而愚人運用謀略的方法是大肆張揚。有智慧的人行事容易成功，沒有智慧的人行事則很困難。由此看來，雖然已經消亡了的東西就很難恢復；危險已經存在就很難再安定，但順應自然規律認識到智慧是最重要的。智慧就是要用眾人所想不到的方法處理事情；才能就是要用眾人所看不見的方式解決問題。在施展智謀和才幹之後，如果是可行的、於己有利的，就要選擇合適的事情來做，這是為自己考慮；如果發現是不可行的、於己無利的，也要選擇一些事情去做，這是為別人考慮。

所以古代的君王是主張用隱祕不露的謀略做事，也即「陰道而陽取」。古語說：「天地變化萬物生長，就在於其就高深莫測；聖人立身處世

常規策略不如奇謀，出人意料的奇謀實行起來可以變化多端，成功就像水流一樣不可阻止了。

遊說國君，必須以奇制勝，用奇謀來說服他；遊說人臣，必須與他談論涉及其個人切身利益來說服他。

鬼谷子

凡謀有道，必得其所因，以求其情；審得其情，乃立三儀。三儀者，曰上、曰中、曰下，參以立焉，以生奇；奇不知其所壅；始於古之所從。

治國安邦，在於隱祕藏匿，並不是單純講求仁愛、正義、忠誠、信用，而是在維護不偏不倚、適中的正道而已。」謀臣如能明白理解上述道理的真正意義，就可以與人交談。假如能夠將此法則推廣，就可以培養遠近的人都為己所用。

釋　義

　　所謂「謀」是指設謀，進謀，「謀」與「權」相連，習慣上權謀連用，用兵家的話來說：「權謀者，以正守國，以奇用兵，先計而後戰，兼形勢，包陰陽，用技巧也。」權謀，是指戰略設計，策略安排。權與謀分開，都是權衡、策劃、斟酌之意。《鬼谷子》一書中將「權」與「謀」分篇論述，權是策略的權衡，謀是內容的謀劃。在進言獻辭中，權是如何說，謀是說什麼。

　　「運籌帷幄之中，決勝於千里之外」實際上就是強調「謀」在成事過程中的重要性，「上兵伐謀」，謀的重要性盡人皆知。本篇主要討論謀略的各個方面：謀略出現的前提、產生的過程，謀略運用原則、手段、技巧方法。

　　鬼谷子先生在本篇中首先說明「謀」產生的前提和規律。「凡謀有道，必得其所因，以求其情」。所謂「得其所因」是指了解事物的真相，知曉其發展變化的趨勢，這屬於對對方客觀變化的認識；所謂「以求其情」是指對對方內心意圖和想法的獲得，這屬於對對方主觀感受的認識。鬼谷子先生認為，只有「得其情」才能對症下藥，才能設計相應的謀略。以便把握研究真實情況，得知對方的內心體驗，這就是「謀」的前

提。說人，就要把他的思想變化過程的原因搞清楚；說事則要把這件事的前因後果搞清楚。人和事的發展，內因起著決定性的作用：「墻壞於其隙，木毀於其節，斯蓋其分也」。只有「度材、量能、揣情」，才能獲知對方的內情。知道其因又求其情，計謀的提出就勢在必行。鬼谷子先生還對謀略的產生進行了分析，他認為謀略的產生直至運用有幾個環節：「變生事，事生謀，謀生計，計生議，議生說，說生進，進生退，退生制」也即謀略是應「變」「事」而產生，並且需要經過「議」、「說」、「進」、「退」才能夠最終成熟並被君上採納。

其次，鬼谷子先生認為運用謀慮要考慮施用謀略對象的實際情況，因人制宜。根據不同的對象的具體情況採用不同的謀略，鬼谷子先生從三個方面進行了分析：對方的個性特點、心境和心理狀態。

從個性特點上進行闡述，他把人分成了三六九等，「仁人」、「勇士」、「智者」是「三才」，以及與此相反的三種人「愚者」、「不肖者」、「貪者」，並對各類人進行了心理分析，仁者「輕貨」、勇士「輕難」、智者「達數明理」；愚者「易蔽」、不肖者「易懼」、貪者「易誘」；在此基礎上提出了具體的遊說規則：仁者「不可誘其利」，勇士「不可懼以難」，智者「不可欺以

故同情而相親者，其俱成者也；同欲而相疏者，其偏害者也；同惡而相親者，其俱害者也；同惡而相疏者，偏害者也。

計謀之用，公不如私，私不如結；結比而無隙者也。正不如奇；奇流而不止者也。

310

誠」。對於仁者、智者、勇者要揚其所長，利用其優點；對於愚者、不肖者和貪者則需要用其所短，使其為己所用。

從心境上進行闡述，列舉了一些常見的情況，根據對方不同的心境提出了操作性很強的建議：「故外親而內疏者，說內；內親而外疏者，說外；故因其疑以變之，因其見以然之，因其說以要之，因其勢以成之，因其惡以權之，因其患以斥之；摩而恐之，高而動之，微而證之，符而應之，擁而塞之，亂而惑之，是謂計謀」。對那些外表親善而內心疏遠的人進行遊說，要從說服他的內心入手；對那些內心親善而外表關係疏遠的人進行遊說，要從改善與他的關係入手。因此，要根據對方的疑問所在來改變自己遊說的內容，要根據對方的表現來判斷遊說是否得法；要根據對方的言辭來歸納出遊說的要點；要根據情勢的變化適幫助對方成功；要根據對方對你的好惡程度來靈活變通；要根據對方的憂心之處來幫其排除。總之是因其心境，調整策略。

從心理狀態上進行了闡述。在考慮了對方的個性特點和心境之後，施謀還需要考慮對方現時的心理狀態，「摩而恐之，高而動之，微而證之，符而應之，擁而塞之，亂而惑之」，如果對方有驕傲心理，用「摩」的手段讓其恐慌；如果對方漠然不易觸動，用誇大其詞的方法使他心理

上受到衝擊；如果對方思路清晰，則略設事例證實自己的建議；如果對方心思較重，則用「內符術」引對方與自己達到共鳴；如果對方考慮事情沒有清楚的思維，則用蒙蔽、阻塞打亂他的思路，使其陷入困惑，然後再諫言。

第三，在對對方的心理進行了分析之後，鬼谷子先生提出了兩點運用「謀」的原則：祕、奇。一是祕，即「公不如私，私不如結；結而無隙者也」，公開策劃不如私下密謀；私下密謀不如加深與對方的感情，感情很深的話就不會有間隙讓別人離間了。二是奇，即「正不如奇，奇流而不止者也」，常規策略往往不如奇謀，出人意料的奇謀實行起來可以變化多端，讓人意想不到，成功自然水到渠成。常規的謀略對方或者對方的謀臣也可以想到，不需要你專門去進諫。所以，謀要以祕制勝，以奇制勝。

第四，是對運用「謀」術時需要注意的一些問題。一是忌「身內言外；身外言深」，也即和關係密切的人說話見外與和關係較遠的人說話太深，這樣會導致近者關係變得疏遠，遠者危害自己。二是忌「人所不欲，強之於人；人所不知，教之於人」，也即不要拿別人不想要的東西，強迫他接受；也不要拿別人不了解的事，來說服教訓他。三是「人之有好也，學而順之；人之有惡也，避而諱之」，學習順從別人的優點，避諱別

人的缺點，這樣才能取悅對方，不會讓人產生反感。四是「陰道陽取」，施用謀略要以對方察覺不出來的方法去進行，以達到公開的目的。五是「去之者，從之；從之者，乘之」即用欲擒故縱的方法，先放縱對方，等到抓住對方把柄後再制伏他。六是「貌者不美又不惡，故至情托焉。」對於遇到什麼事情既不喜形於色也不怒目相待的人，可以托之以機密大事。七是「知者，可用；不知者，不用」，只有掌握了對方的客觀情況和個人心理之後，聰明的謀臣策士才會使用謀略。

　　「天地之化，在高與深；聖人之制道，在隱與匿」，鬼谷子在文章最後做了總述，高明的人「智用於眾人之所不能知，而能用於眾人之所不能見」，再次對「陰道陽取」進行了強調。只有這樣，謀士才能達到──「運籌帷幄之中，決勝千里之外」。

謀術一　正不如奇

在計謀的運用上，正常的一般的計謀，不如出奇的計謀。「奇流而不止也」，出奇的計謀就像流水一樣彎彎曲曲，變化多端而不是靜止的。奇正相對，來源於古代兵法，正是正面迎擊，奇是側面偷襲；正是先發制人，奇是後發制人；正是力戰，奇是智取；正是明戰，奇是暗攻。鬼谷子認為，奇正運變是說人的基本原則之一。對別人使用謀略時可以用奇，可以用正，但正不如奇，要因奇制變，以奇制勝。尤其是遊說君王的時候，更應該言奇，「說人主者，必與之言奇」。

謀臣策士在進諫時最困難的局面就是沒開口、就被對方拒絕。對待這種情況，就要出奇招、用富有引誘力的驚人之語製造懸念，用他人的好奇心來誘使他聽我們的話語和建議。「海大魚」就是一個很具懸念的釣語。

南轅北轍

出自《戰國策‧魏策四》。戰國後期，一度稱雄天下的魏國國力漸衰，可是國君魏安釐王仍想出兵攻伐趙國。謀臣季梁本已奉命出使鄰邦，聽到這個消息，立刻半途折回，風塵僕僕趕來求見安釐王，勸阻伐趙。季梁對安釐王說：「今天我在太行道上，遇見一個人坐車朝北而行，但他

知者，可用也；不可知者，謀者所不用也。故曰：是貴制人，而不貴制於人。

告訴我要到楚國去。楚國在南方，我問他為什麼去南方反而朝北走？那人說：『不要緊，我的馬好，跑得快。』我提醒他，馬好也不頂用，朝北不是到楚國該走的方向。那人指著車上的大口袋說：『不要緊，我的路費多著呢。』我又給他指明，路費多也不濟事，這樣到不了楚國。那人還是說：『不要緊，我的馬夫最會趕車。』這人真是糊塗到家了，他的方向不對，即使馬跑得特別快，路費帶得特別多，馬夫特別會趕車，這些條件越好，也只能使他離開目的地越遠。」說到這兒，季梁把話頭引上本題：「而今，大王要成就霸業，一舉一動都要取信於天下，方能樹立權威，眾望所歸；如果仗著自己國家大、兵力強，動不動進攻人家，這就不能建立威信，恰恰就像那個要去南方的人反而朝北走一樣，只能離成就霸業的目標越來越遠！」

魏安釐王聽了這一席話，深感季梁給他點明了重要的道理，便決心停止伐趙。

「天地之化，在高與深；聖人之制道，在隱與匿。」

晏子諷諫齊王

春秋時期，齊景公濫用刑罰，極為殘忍，百姓怒不敢言。百官都想歸諫，但又擔心觸犯龍顏，於國無益，反而加害自身。晏子所居之地，靠近市場，吵鬧得很。

有一次齊景公走訪晏子，看到這種情況，很關心他，就要為他修造僻靜寬敞的新宅院。晏嬰乘機藉題發揮，回絕說：「我先人久住此處，若我因不滿足而捨舊居更新宅，未免過於奢侈；況且宅近市場，既便利，又熟悉情況。」把景公的思維轉到了市場上來。景公沒有察覺出他的意思，接著問道：「您可知市場上何物貴，何物賤嗎？」晏嬰答道：「斷腳人穿的踊貴，常人穿的鞋便宜。」景公說：「什麼緣故？」晏子回答說：「刑罰太多，一些犯輕罪的人都被砍掉了腳，要為假腳買鞋者甚多，供不應需，所以價錢昂貴」。景公聽罷，深感羞愧。晏嬰乘機建議減輕了這種酷刑。

晏子在進言舉諫的時候既很含蓄，又很誇張，喻意極深，意極尖銳，使齊景公採納了建議。史書上都評價其「仁人之言，其利溥（普遍）矣」，因事生變，因變用謀，以奇制勝。

晏子智救馬夫

齊景公有一匹最心愛的馬，突然病死了。齊景公失掉心愛的馬，立即命令武士把馬夫推出去斬首。

齊相晏嬰得知此事後，對齊景公胡亂殺人很是不滿。可是，怎樣才能制止景公的殘暴行為

呢？直言勸說，他可能不聽；當面阻止，他會因失君面而惱怒，馬夫更要被殺掉。晏子思前想後，想出一個主意，他對景公說：「有個問題向陛下請教，堯舜肢解人時，是從誰身上開始的？」齊景公不知如何回答，心想：「堯舜是賢明君主，人們世代傳頌，從未肢解過人，怎麼能說從誰身上開始呢？」他猛然醒悟過來，這是晏子在開導自己。於是很不高興地說：「相國，我明白了，肢解人不應該從我開始。」當即命令把馬夫關到監獄裏去。

　　晏子見此，知道景公這口氣沒出來，馬夫早晚還得遭殺。於是就嚴肅地對景公說：「陛下，我把馬夫的罪行列舉出來吧？其罪行有三條：第一，他把國君的馬養死了。第二，死的馬是國君最心愛的馬。第三，他讓國君因死了一匹馬而殺人，百姓聽說了，會怨恨國君；官員們聽說了，會以為國君殘暴，不通情理，而蔑視國君，遠離國君。這樣，舉國上下，朝廷內外，都會對國君不滿、失望，這是馬夫最嚴重的罪行，完全應該殺掉。」齊景公聽著晏嬰的話，非常羞愧，趕緊打斷晏嬰的話，說：「好啦。」於是，齊景公立即派人把馬夫釋放了。

　　晏子知道景公在氣頭上很難聽進諫言，因此用言奇來說服他，這也正是晏子的特點：進諫時多用諷喻而很少直接進諫，因此《晏子春秋》裏

無以人之所不欲而強之於人，無以人之所不知而教之於人。

人之有好也，學而順之；人之有惡也，避而諱之；故陰道而陽取之。

制人者，握權也。見制於人者，制命也。故聖人之道陰，愚人之道陽；智者事易，而不智者事難。

的許多小故事他都是以奇取勝。

子昂摔琴揚名

唐朝詩人陳子昂青年時，自忖所學足以立於當世，便前往京城求取功名。然而陳子昂縱有滿腹才學，得到的也只是權勢的輕慢和壓制。

一天，陳子昂閑遊長安，見一位賣琴者索價千金欲售一把古琴，周圍俱是豪貴子弟文人學士，大家都在期待著這把古琴的知音出現。陳子昂突然跑過去，毫不猶豫地按價將琴買下，眾人皆驚，都想聽陳子昂演奏一曲。陳子昂道：「明日中午請到宜陽里來，我定當獻醜。」

次日中午豪客騷人雲集宜陽里。不會弄琴的陳子昂此時手捧古琴，高聲道：「本人陳子昂，蜀中文士，寫下詩文不少，自信嘔心之作，無不可誦之處。只因初到貴地，不為人知，特為快快。現操琴之前，先為各位朗誦拙作一篇。」

陳子昂文才好，朗誦好，眾人聽後大加讚賞。忽然，他聲音驟停，降低聲調感歎地說：「唉，彈琴不過是一種消遣，並非我們文士所倚重的途徑、爭取的目標。這把琴雖名貴，但對我究竟有什麼作用呢！」說完，將琴摔碎，並將詩文遍贈賓客。

陳子昂的豪舉及文名，一夜遍傳長安。

陳子昂很有文才，但沒有人了解他，依靠正
途求取功名沒有成功。於是，他借千金之價的胡
琴，出奇計，找到了一個讓別人了解他的機會，
通過摔琴的舉動而揚名，其詩文也終於得到長安
人欣賞。

鬼谷子

謀術二　縱之，乘之

> 欲擒故縱，鬼谷子先生主張：「去之者，從之，從之者，乘之」，意思是想要除掉別人，就要放縱他，任其胡為，待其留下把柄時就乘機一舉除掉他。

伶人說莊宗

五代後唐時期，唐莊宗喜歡打獵，有一次莊宗帶著大隊人馬去中牟狩獵，把莊稼踐踏得不成樣子。中牟縣令心痛極了，急忙攔住莊宗的馬頭，懇求莊宗停止狩獵。莊宗見一個小小縣令也敢打斷他的好興致，不由得火冒三丈，大聲喝令縣令滾開，並打算殺死他。

莊王寵愛的伶人敬新磨得知莊宗要屈殺忠臣，急中生智，就帶著一批人去把縣令抓回到莊宗馬前，嚴詞斥責，說他罪大惡極，應該處死。並以果推因，把唐莊宗要殺縣令的錯誤加以引伸，指著縣令說道：「你身為縣令，難道不知道我們的天子喜歡打獵嗎？你為什麼放任百姓種莊稼來繳納賦稅，妨礙天子的鷹飛狗走？為什麼不讓百姓把田地都荒廢了，留著獵場供我們天子打獵呢？老百姓雖然會餓肚子，可妨礙了天子打

獵，這罪過難道不大嗎？你犯了死罪，當殺！」
他轉過去向莊宗請求趕快行刑，其他伶人都哄笑
著附和。莊宗聽出了敬新磨的弦外之音，最終赦
免了中牟縣令。

敬新磨並沒有直接勸諫，而是先順著對方的
思路引伸其意，使對方觀點的謬誤趨向鮮明，從
而使對方認識到荒謬性。

楚莊王葬馬

《史記·滑稽列傳》中記載了優孟的故事。
優孟原是楚國的老歌舞藝人。他身高八尺，富有
辯才，時常用說笑方式勸誡楚王。

楚莊王有一匹特別喜愛的馬，莊王給牠穿上
華美的繡花衣服，養在富麗堂皇的屋子裏，睡在
設有帳幔的床上，用蜜餞的棗乾來餵牠。馬因為
得肥胖病而死了，莊王派群臣給馬辦喪事，要用
棺槨盛殮，按大夫那樣的標準來葬埋死馬。

左右近臣爭論此事，認為不可以這樣做。莊
王下令說：「有誰再敢以葬馬的事來進諫，就處
以死刑。」

優孟聽到此事，走進殿門，仰天大哭。莊王
吃驚地問他哭的原因。優孟說：「馬是大王所喜
愛的，就憑楚國這樣強大的國家，有什麼事情辦
不到，卻用大夫的禮儀來埋葬牠，太薄待了，請

用人君的禮儀來埋葬牠。」莊王問：「那怎麼辦？」優孟回答說：「我請求用雕刻花紋的美玉做棺材，用細緻的梓木做套材，用梗、楓、豫、樟等名貴木材做護棺的木塊，派士兵給牠挖掘墓，讓老人、兒童背土築墳，齊國、趙國的使臣在前面陪祭，韓國、魏國的使臣在後面護衛，建立祠廟，用牛羊豬祭祀，封給萬戶大邑來供奉。諸侯聽到這件事，就都知道大王輕視人而看重馬了。」莊王說：「我的過錯竟到這種地步嗎？那該怎麼辦呢？」優孟說：「請大王准許按埋葬畜生的辦法來葬埋牠：在地上堆個土灶當作套材，用大銅鍋當作棺材，用薑棗來調味，用香料來解腥，用稻米作祭品，用火作衣服，把牠安葬在人的肚腸中。」於是莊王派人把馬交給了主管宮中膳食的太官，不讓天下人長久傳揚此事。

優孟也採取了「從之」的策略，有意識的去誇大對方的觀點謬誤，然後「乘之」，使莊王從自身的錯誤中醒悟過來，諷諫在這裏可說起了很大的作用。

鄭莊公克段

《左傳·隱公元年》記載的鄭莊公克段於鄢，也是欲擒故縱的典型故事。

從前，鄭武公在申國娶了一妻子，叫武姜，

她生下莊公和共叔段。莊公出生時腳先出來，武姜受到驚嚇，因此給他取名叫「寤生」，很厭惡他。武姜偏愛共叔段，想立共叔段為世子，多次向武公請求，武公都不答應。到莊公即位的時候，武姜就替共叔段請求分封到制邑去。莊公說：「制邑是個險要的地方，從前虢叔就死在那裏，若是封給其他城邑，我都可以照吩咐辦。」武姜便請求封給京邑，莊公答應了，讓他住在那裏，稱他為京城太叔。

大夫祭仲說：「分封的都城如果超過三百方丈，那就會是國家的禍害。先王的制度規定：國內最大的城邑不能超過國都的三分之一，中等的不得超過它的五分一，小的不能超過它的九分之一。現在，京邑的城牆不合規定，這不是先王的制度，這樣下去您將會控制不住的。」莊公說：「姜氏想要這樣，我怎能躲開這種禍害呢？」祭仲回答說：「姜氏哪有滿足的時候！不如及早處置，別讓禍根滋長蔓延，一滋長蔓延就難辦了。蔓延開來的野草還不能剷除乾淨，何況是您受寵愛的弟弟呢？」莊公說：「多做不義的事情，必定會自己垮臺，你姑且等著瞧吧。」

過了不久，太叔段使原來屬於鄭國的西邊和北邊的邊邑也屬於自己。公子呂說：「國家不能使土地有兩屬的情況，現在您打算怎麼辦？您如果打算把鄭國交給太叔，那麼我就去服侍他；如

果不給，那麼就請除掉他，不要使人民產生兩屬的心理。」莊公說：「不用除掉他，他自己將要遭到災禍的。」

太叔又把兩屬的邊邑改為自己統轄的地方，一直擴展到廩延。子封說：「可以行動了！土地擴大了，他將得到老百姓的擁護。」莊公說：「多行不義之事，別人就不會親近他，土地雖然擴大了，他也會垮臺的。」

太叔修治城郭，聚集百姓，修整盔甲武器，準備好兵馬戰車，將要偷襲鄭國。武姜打算開城門做內應。莊公打聽到公叔段偷襲的時候，說：「可以出擊了！」命令子封率領車二百乘，去討伐京邑。京邑的人民背叛共叔段，共叔段於是逃到鄢城，莊公又追到鄢城討伐他。

在這個故事中，莊公採用的計謀也是「去之者，從之，從之者，乘之」的謀略，對威脅到自己勢力的共叔段先「從之」，放任他的擴張，讓他恣意妄為，多行不義，失去民心，在條件成熟以後又「乘之」，一舉而消滅了段。「陰道而陽取」用別人看不見的方法，最終取得了看得見的利益。

對於一個人來說，凡是籌劃計謀都要遵循一定的規律和方法，一定要弄清事物的起因緣由，以便把握研究真實情況。

衡量對方才幹、估量對方能力、揣度對方內心意圖，對於謀臣策士來講，就類似於做事時使用的指南針。

事物自身的不斷發展變化就會產生事端；事端的出現又引發人們去思考解決事端的謀略，謀略的實現需要制度有可行性的計畫。

謀術三　欺詐蒙蔽

　　鬼谷子先生在文中說：「愚者易蔽也，不肖者易懼也，貪者易誘也，是因事而裁之」，對於愚者、不肖者、貪者，高明之士可以根據他們不同的弱點施行謀略。他認為在那個時代，應該以利益為上，只要能獲得利益，欺詐之術有時是必需的。謀臣策士不能拘泥於道德之中，而裹足不前。而騙取別人最重要的是看準對方所需，以利誘之。張儀以六百里地誘使楚齊斷交，正是用楚王看重的土地來誘使其上鉤。

蘇秦放水澆周地

　　蘇秦欲使西周放水，以使東周有水種稻，採取的辦法就是出一個似乎是為了西周考慮的策略，讓西周信以為真，實則是為東周服務的。

　　蘇秦就去見東周君，說：「請讓我去西周說服放水，可以嗎？」東周君同意了他。於是他去拜見西周君，說：「您的主意打錯了！如果不放水，反而使東周有了致富的機會。現在東周的百姓都種麥子，沒有種其他東西。您如果想坑害他們，不如突然一下子給他們放水，去破壞他們的莊稼。放下了水，東周一定又改種水稻；種上水稻就再給他們停水。如果這樣，那麼就可以使東

　　「愚者易蔽也，不肖者易懼也，貪者易誘也，是因事而裁之」，對於愚者、不肖者、貪者，高明之士可以根據他們不同的弱點施行謀略。

周的百姓完全依賴於西周而聽命於您了。」

西周君說：「好。」於是就放水。蘇子於焉得到了兩國賞金。

在這裏蘇秦先設立一個騙局：東周人在種麥子，不放水正好有利於東周；然後利用東周人的怨恨而想害對方的心理，出了一計：放水破壞東周的莊稼（為對方著想之一）；而放水──斷水──再放水──再斷水，就可以完全控制東周，使東周受制於西周（為對方著想之二）。在欺騙對方之前，先要取信於對方，這裏蘇秦是通過替對方著想而取信於西周，進而計謀獲得成功。

說話需要謀劃，脫口而出的東西是最沒有價值的。說話一定要說到點子上，一定要解決問題，否則寧可不說。這就要求我們在說話前要深思熟慮、謀局排篇。像蘇子一樣句句都迎合西周君的心思和利益，使西周君覺得「放水」最符合自己的利益，然而這恰恰落入了蘇子的整體戰略安排之中。

蘇秦施計楚太子

楚懷王死在秦國時，太子還在齊國充當人質。蘇秦建議齊相孟嘗君扣留楚太子，用他與楚國交換下東國之地。

強大是同弱小點滴積累而成的；直壯是由彎曲積累而成的；有餘的由不足積累而成的。

對於愚者、不肖者、貪者，高明之士可以根據他們不同的弱點施行謀略。他認為在那個時代，應該以利益為上，只要能獲得利益，欺詐之術有時是必需的。謀臣策士不能拘泥於道德之中，而裹足不前。

蘇秦的這個計謀有多種好處：他可以請求出使楚國；可以迫使楚王儘快割讓下東國給齊國；可以繼續讓楚國多割讓土地給齊國；可以假裝忠於太子，迫使楚國增加割地的數目；可以替楚王趕走太子；可以假裝替太子著想而讓他離開齊國；可以借此事在孟嘗君那裏詆毀自己乘機取得楚國的封地；也可以令人說動孟嘗君，以自己的計策解除孟嘗君對自己的戒心。（以上都是假設，以下是完成這些假設的實踐）。

　　蘇秦對孟嘗君說：「我聽說，『計謀泄露不會成功，遇事不決難以成名』。如今閣下扣留太子，是為了得到下東國之地，如果不儘快行動，恐怕楚人會另有算計，閣下便會處於空有人質而身負不義之名的尷尬處境。」孟嘗君：「先生說得很對，但是我該怎麼辦？」蘇秦回答說：「我願意為您出使楚國，遊說它儘快割讓下東國之地。一旦得地，閣下便成功了。」孟嘗君於是派蘇秦到楚國完成使命。

　　蘇秦至楚，對新立的楚王說：「齊人欲奉太子為王，圖謀用太子交換貴國的下東國之地。現今事勢緊迫，大王如果不儘快割讓下東國給齊，太子便會用比大王多出一倍的土地換取齊人對自己的支援。」楚王趕緊答應了他並獻出下東國之地。（蘇秦之計能使楚王趕緊割讓土地）。

　　蘇秦回來對孟嘗君說：「看楚王誠惶誠恐的

行事最重要的是控制別人，而絕對不要被別人控制。

控制別人的人就掌握著行事的主動權；被人家控制的人，就被別人控制了命運。

有智慧的人行事容易成功，沒有智慧的人行事則很困難。

智慧是要用眾人所想不到的方法處理事情；才能就是要用眾人所看不見的方法處理事情。

樣子，還可以多割占些土地。」孟嘗君問：「有何辦法？」蘇秦答道：「請讓我把內情告訴太子，使他前來見您，您假意表示支援他回國執政，然後故意讓楚王知道，他自會割讓更多的土地。」（蘇秦之計可以從楚國繼續多割取土地）。

於是蘇秦前去拜見楚太子，對他說：「齊國擁立太子為楚王，可是新立的楚王卻以土地賄賂齊國以扣留太子。齊國嫌得到土地太小，太子何不以更多倍數的土地許諾於齊呢？若能如此，齊人一定會支援您。」太子同意比楚王割讓得多出一倍的土地許諾給齊國。楚王聽到這個消息，甚是驚慌，便割讓更多的土地，還誠惶誠恐，害怕事情不能成功。（蘇秦之計可以使楚王割更多的土地）。

蘇秦又跑到楚王那裏討好說：「齊人之所以膽敢多割楚地，是因為他們以太子相要挾。如今雖已得到土地，可仍然糾纏不休，這還是有太子作要挾的緣故。臣願意設法趕走太子，太子一走，齊國再無人質，必然再不敢向大王索要土地。大王乘機與齊達成一致協定，與之結交，齊人定然接受大王的要求。這樣一來，既消滅了令大王寢食難安的仇敵，又結交到了強大的齊國。」楚王聽了十分高興，說：「寡人以楚國託付給先生了。」（蘇秦之計可以替楚王早點趕走太子）。

蘇秦再次拜見太子，憂心忡忡的說：「現今專制一國的是楚王，太子您不過空具虛名，齊人未必相信太子的許諾，而新楚王業已割地給齊。一旦齊、楚交結，太子就有可能成為其中的犧牲品，請太子早作良策！」太子醒悟：「惟先生之命是從。」於是整治車輛，乘馬連夜逃去。（蘇秦之計能儘早打發太子離開齊國）。

這時蘇秦又派人到孟嘗君那裏詆毀自己：「勸您扣留太子的蘇秦，並非一個心眼替您打算，他實在是為楚國的利益奔忙。他唯恐閣下察覺此事，便通過多割楚地的做法以掩飾形跡。這次勸太子連夜逃奔的也是蘇秦，可您並不知曉，我私下裏替您懷疑他的用心。」（蘇秦之計可以使人到孟嘗君那裏詆毀自己）。蘇秦又派人到楚王那裏遊說：「使孟嘗君留太子的是蘇秦，奉王而代立楚太子的也是蘇秦，割地以達成協定的是蘇秦，忠於大王而驅逐太子的仍然是蘇秦。現在有人在孟嘗君那裏大進蘇秦的讒言，說他厚楚而薄齊，死心塌地為大王效勞，希望大王能知道這些情況。」楚王封蘇秦為武貞君。（蘇秦之計能為自己受到楚國的封賞）。

事情還未結束，蘇秦通過景鯉向孟嘗君進言說：「閣下之所以名重天下，是因為您能延攬天下才識之士，從而左右齊國政局。如今蘇秦，乃是天下出類拔萃的辯說之士，當世少有。閣下如

無論遇到什麼事情既不喜形於色也不怒目相待的人，是感情沈穩的可以托之以機密大事。

果不加接納，定會閉塞進才之道，也不利於遊說策略的開展。萬一您的政敵重用蘇秦，閣下便會危機叢生。現在蘇秦很得楚王的寵信，假如不及早結納蘇秦，就很容易與楚國結怨成仇。因此您不如順水推舟，與之親近，令其富貴榮達，閣下便得到楚國的支援。」於是孟嘗君與蘇秦言歸於好。（蘇秦之計可以勸服孟嘗君善待自己）。

蘇秦在齊、楚兩國間來回遊說、互相借重，幾個來回，使自己謀取了巨大的好處。蘇秦看起來好像做了個齊、楚兩國間傳令兵的角色，實際上他傳的話都是或威脅、或利誘、或哄抬自身。先期他用禍患威脅使楚國割地、使太子逃亡，後期他用利益、敵對方的器重來使自己在兩國中越來越顯貴。在這裏，其威脅的遊說方式和借重敵方哄抬自身的方法很值得借鑒的。

趨利避害是人之常情，故脅人以害，使其為避免危亡在即的禍患就可以就範我方的如意盤算。威脅是動用暴力等極端手段前的通牒或者虛張聲勢，威脅也是施行說理、施恩和其他仁政時必需要同時準備的手段，威脅用得逼真恰當，就可以輕易達成目的。蘇秦的過人之處還在於看到楚王誠惶誠恐，就覺得威脅的作用超過了想像的程度，而向對方要求的砝碼就繼續加重。他這種揣摩對方，控制對方的能力何其毒辣。

挾敵方而重自己，因為自己一方不會輕易給

你好處，當自己一方從敵方處看到你具有的重要作用，他才會重用、抬舉你。蘇秦做了大量的謀劃工作，使雙方都從對方處發現他奇貨可居、必須重用，蘇秦的謀劃和安排使他能夠左右逢源、四處漁利。

　　「運籌帷幄之中，決勝千里之外」，將謀略用到解決事情方面，會收到事半功倍的效果。作為一種智慧結晶，本篇是以「謀」命名，並以其為中心進行鋪陳列說，較為詳細的介紹了有關謀略的方方面面，辯證地說明了謀略產生的條件和運用方法。篇中指出：「事貴制人，而不貴見制於人。」「制人者，握權也；見制於人，制命也。」道理深刻，頗具借鑒價值。

　　因其心境，調整策略。如果他還沒有改變，那麼要用揣摩讓其恐慌；用誇大其詞的方法使他心理上受到很大振動。

鬼谷子

─的謀略寶典

第十一篇

決篇十一

　　決，乃決情定疑，決斷的目的是解疑，解疑的目的是趨利避

害。決是萬事之基，關係到治亂、成敗、禍福。決斷正確，則是

成功著。決斷錯誤，招災到禍。

原　文

　　凡決物，必託於疑者。善其用福，惡其有患；善至於誘也，終無惑偏。有利焉，去其利，則不受也；奇之所託。若有利於善者，隱託於惡，則不受矣，致疏遠。故其有使失利者，有使離害者，此事之失。

　　聖人所以能成其事者有五：有以陽德之者，有以陰賊之者，有以信誠之者，有以蔽匿之者，有以平素之者。陽勵於一言，陰勵於二言，平素、樞機以用；四者微而施之。於事度之往事，驗之來事，參之平素，可則決之。

　　王公大人之事也，危而美名者，可則決之；不用費力而易成者，可則決之；用力犯勤苦，然不得已而為之者，可則決之；去患者，可則決之；從福者，可則決之。故夫決情定疑，萬事之基，以正治亂，決成敗，難為者。故先王乃用蓍龜者，以自決也。

譯　文

　　凡為他人決斷事情，都是受託於有疑難的
人。一般說來，人們都希望決斷是有利於自己，
不希望決斷結果對自己不利，而帶來禍患；善於
決斷的人，會誘導出對方的疑慮，而主動去排除
疑惑。決斷的目的是帶給人利益，如果得不到利
益，那麼決斷就不會被對方接受，這就需要用奇
謀來讓對方轉化，以使其接受決斷。任何決斷本
來都應有利於決斷者的，但是如果在表面現象下
面隱含著對其不利的因素，那麼決斷者就不會接
受，彼此之間的關係也會因此而疏遠。所以如果
決斷使對方損失既得利益，甚至遭到災難，這樣
的決斷就是失敗的。

　　聖人所以能使事情成功，其主要有五個途
徑：有用公開的規範的道德準則去對待別人的；
有用計謀暗中貶損、抑制對方、甚至傷害別人
的；有用誠心誠意、將心交心，忠信誠實來取的
對方信任的；有用仁愛之心，稍作保留、稍隱實
情的方法來包容他人的；有用常規的辦法平實處
之的。公開辦事，用道德感化別人，要力求前後
一致，言行必果，講求信譽；而暗中謀利，用手
段對付敵人，要努力掌握事物對立的兩面，善於
說兩種話，隨機應變；平時要用公開常規的方

人們都希望決斷
是有利於自己，不希
望決斷結果對自己不
利，而帶來禍患；善
於決斷的人，會誘導
出對方的疑慮，而主
動去排除疑惑。

鬼谷子

在決斷事情之前，需要考慮過去事情的經驗，驗證未來事情的發展，再參照現在事情的狀況和條件，如果可行，就做出決斷；對於王公大臣的事，可以獲得崇高而好的名譽，如果可行，就做出決斷；不用費力輕易可獲成功的事，如果可行，就做出決斷。

法；關鍵時刻暗中用巧妙和方法。將這四方面結合起來，然後再小心謹慎行事。

於是在決斷事情之前，需要考慮過去事情的經驗，驗證未來事情的發展，再參照現在事情的狀況和條件，如果可行，就做出決斷；對於王公大臣的事，可以獲得崇高而好的名譽，如果可行，就做出決斷；不用費力輕易可獲成功的事，如果可行就做出決斷；不僅需要費力氣而且很辛苦，但卻不得不做的事情，如果可行，就做出決斷；能消除對方或者自己憂患的，如果可行，就做出決斷；能給他人帶來幸福的，如果可行，就做出決斷。因此說，確定疑難、決斷疑惑、解決疑問，是世間萬事的鍵。它關係到社會的動盪太平，個人事業成功失敗，這是一件很難做好的事。所以，古代先王經常用筮草和龜甲進行占卜，以指導自己決定一些大事。

釋　義

　　所謂「決」即決斷，指決情、斷事、定疑。決斷多針對有疑慮的事情，所以本篇的主要意思是「決情定疑」。有疑難需要做出判斷；行事有方案，需要做出抉擇；計畫要變成行動，也需要決斷。

　　「決」是《鬼谷子》一書中關於決斷事物的方法，也是說服過程的最後一步，因為決斷是萬事成敗的關鍵。而決的關鍵就在於衡量事物本身存在的利與害的關係。

　　對於如何決斷，本篇針對可能出現的各種情況，提供了多種可供解決的方法。

　　鬼谷子先生在文中強調了「決」的重要性，認為決是「萬事之本」，關係到治亂、成敗、禍福，影響很大。決斷正確，則事成功著；如果決斷錯誤，則會招災致禍。決斷及時，當斷不斷，反受其亂，難於達到目的。

　　鬼谷子先生在文章開篇即告訴了我們：決斷的目的是解疑，解疑的目的是趨利避害。「為人凡決物，必託於疑者」要做決斷是因為有疑惑，而大千世界，變化多端，疑惑是無所不在的。人們都希望能解釋疑惑，預知未來，趨利避害，獲得利益，這也就是「決」的目的。因此「善其用

福，惡其有患；善至於誘也，終無惑偏」，決斷是人們在利益的影響下對形勢做出的反應。而且就算決斷在表面看來是有利於決斷者本人，但是如果在表面現象下面隱含著對其不利的因素，決斷者也不會接受，雙方的關係還會因此而更加疏遠：「若有利於善者，隱託於惡，則不受矣，致疏遠。」只要決斷給人帶不來好處，甚至會帶來危害時，那麼這種決斷就是錯誤的，是失敗的決斷。有利則接受，無利則不受，這是人之常情，不僅在古代，也適用於現代社會。

由於不同的對象，不同的事情，不同的目的，決斷的方法要求大家靈活掌握，鬼谷子列出了聖人成事的五種方法：一是「陽德」，就是說對有的人應明施德澤，公開肯定他、鼓勵他，穩定其內心狀態，影響其行為的趨勢，以獲取對方的好感，密切雙方關係，適用於事情能成功、道理很充足的人。

二是「陰賊」，是指暗地裏對別人有意設置障礙，讓對方的弱點充分暴露，貶其優勢，以便牽制對方，適用於隱瞞實情、言辭虛偽的人。

三是「信誠」，是指用誠心誠意、將心交心、忠信誠實來取的對方信任的方法，示人以誠，取人以信，適用於明白事理、品性正直的人。

四是「蔽匿」，是指用仁愛之心，稍作保

公開辦事，用道德感化別人，要力求前後一致，言行必果，講求信譽；而暗中謀利，用手段對付敵人，要努力掌握事物對立的兩面，善於說兩種話，隨機應變；平時要用公開常規的方法；關鍵時刻暗中用巧妙和方法。

留、稍隱實情的方法來包容他人，對別人的弱點或差錯，加以寬容和遮掩，寬宥人過，調動其積極性，適用於小奸或者小錯的人。

五是「平素」，是指對於常人、常事、常理，要用平時常用的規範性的方法來決斷，適用於循規蹈矩的老實人。

總而言之，這五種方法實際上也就是兩個方面：明施陽德，暗施陰賊。明暗結合陰陽互通，於是方法也會跟著變化多端。高明的人也就是因為他深知其理，善於變通，根據實際情況和目標要求，靈活運用上述辦法。有的只按實際情況做客觀判斷，有的又要同時考慮到利害關係、接受能力、感情因素，略施心機，因人而斷，因事而斷，因目標而斷。

鬼谷子先生又從事物的動態發展過程提出了決斷的客觀依據，注重從前因後果來對事物做出決斷。

一要以往事來衡量。善於總結事物規律性的經驗，注重事實，注重經驗，注重從前因進行分析，做出判斷；二是用來事來驗證。善於預測事物的發展趨勢，注重前瞻，注重超前，注重從後果進行分析，做出決策；三是以現實來參照。善於觀察事物的外部和內部條件，注重實際，注重環境，做出符合實際情況的決斷。

對一些情況，鬼谷子先生特地指明可以做出

確定疑難、決斷疑惑、解決疑問，是世間萬事的鍵。它關係到社會的動盪太平，個人事業成功失敗。

鬼谷子

「王公大人之事
也，危而美名者，可
則決之；不用費力而
易成者，可則決之；
用力犯勤苦，然不得
已而為之者，可則決
之；去患者，可則決
之；從福者，可則決
之。」

決斷：「王公大人之事也，危而美名者，可則決之；不用費力而易成者，可則決之；用力犯勤苦，然不得已而為之者，可則決之；去患者，可則決之；從福者，可則決之」。可以獲得崇高而美好的名譽、不用費力輕易可獲成功的事、不僅需要費力氣而且很辛苦，但卻不得不做的事情、能消除對方或者自己憂患的、能給他人帶來幸福的，在這五種情況下，如果可行，就需要立刻做出決斷。

最後加以總結：「故夫決情定疑，萬事之基，以正治亂，決成敗，難為者。」即確定疑難、決斷疑惑、解決疑問，是世間萬事的關鍵，這關係到社會的動盪太平、個人事業成功失敗，他認為決斷是一件很難做好的事。

謀術一　決疑

鬼谷子先生說：「為人凡決物，必託於疑者。善其用福，惡其有患；善至於誘也，終無惑偏。」在文章開始就強調了「決」的目的是解疑。解疑的目的則是趨利避害。

　　韓信在登壇拜將之後，與劉邦的一篇宏論，使其嶄露頭角，顯示了他的雄才大略，高瞻遠矚的胸襟。

　　任命韓信的儀式結束後，漢王就座。漢王說：「丞相多次稱道將軍，將軍用什麼計策指教我呢？」

　　韓信謙讓了一番，趁勢問漢王說：「如今向東爭奪天下，難道敵人不是項王嗎？」漢王說：「是。」韓信說：「大王自己估計在勇敢、強悍、仁厚、兵力方面與項王相比，誰強？」漢王沈默了好長時間，說：「不如項王。」

　　韓信拜了兩拜，贊成地說：「我也認為大王比不上他呀。然而，我曾經侍奉過他，請讓我說說項王的為人吧。項王震怒咆哮時，嚇得千百人不敢稍動，但不能放手任用有才能的將領，這只不過是匹夫之勇罷了。項王待人恭敬慈愛，言語溫和，有生病的人，心疼的流淚，將自己的飲食分給他，等到有的人立下戰功，該加封進爵時，

凡決物，必託於疑者。善其用福，惡其有患；善至於誘也，終無惑偏。

有利焉，去其利，則不受也；奇之所託。

若有利於善者，隱託於惡，則不受矣，致疏遠。

把刻好的大印放在手裏玩磨得失去了棱角，捨不得給人，這就是所說的婦人的仁慈啊。項王即使是稱霸天下，使諸侯臣服，但他放棄了關中的有利地形，而建都彭城。又違背了義帝的約定，將自己的親信分封為王，諸侯們憤憤不平。諸侯們看到項王把義帝遷移到江南僻遠的地方，也都回去驅逐自己的國君，佔據了好的地方自立為王。項王軍隊所經過的地方，沒有不橫遭摧殘毀滅的，天下的人大都怨恨，百姓不願歸附，只不過迫於威勢，勉強服從罷了。雖然名義上是霸主，實際上卻失去了天下的民心。所以說他的優勢很容易轉化為劣勢。」

「如今大王果真能夠與他反其道而行：任用天下英勇善戰的人才，有什麼不可以被誅滅的呢？用天下的城邑分封給有功之臣，有什麼人不心服口服呢？以正義之師，順從將士東歸的心願，有什麼樣的敵人不能擊潰呢？況且項羽分封的三個王，原來都是秦朝的將領，率領秦地的子弟打了好幾年仗，被殺死和逃跑的多到沒法計算，又欺騙他們的部下向諸侯投降。到達新安，項王狡詐地活埋了已投降的秦軍二十多萬人，唯獨章邯、司馬欣和董翳得以留存，秦地的父老兄弟把這三個人恨入骨髓。而今項羽憑恃著威勢，強行封立這三個人為王，秦地的百姓沒有誰愛戴他們。而大王進入武關，秋毫無犯，廢除了秦朝

的苛酷法令，與秦地百姓約法三章，秦地百姓沒有不想要大王在秦地做王的。根據諸侯的成約，大王理當在關中做王，關中的百姓都知道這件事，大王失掉了應得的爵位進入漢中，秦地百姓沒有不怨恨的。」

「如今大王發動軍隊向東挺進，只要一道文書三秦封地就可以平定了。」於是漢王特別高興，自認為得到韓信太晚了。就聽從韓信的謀劃，部署各路將領攻擊的目標。

韓信的這篇獻辭，有理有據，即看到了漢王的長處和短處，又看到了項羽的長處和短處，並提出揚己之長避己之短，化己弱為強；抑對方之長用對方之短，化其強為弱的具體方法。他對形勢的了解、對交戰雙方的分析，中肯至極，解除了漢王劉邦心存的東渡擊楚的疑慮，其重大的歷史意義類似於「隆中對」。

謀術二　決物

> 人在判斷事物的過程中往往會遇到情感判斷和理智判斷的問題，二者經常會發生衝突，徇情枉法，明知故犯，理智在感情衝動面前顯得軟弱無力。代人受過，以德報怨，則是理智對感情的強烈抑制的效果。

劉備入川

有以陽德之者，有以陰賊之者，有以信誠之者，有以蔽匿之者，有以平素之者。

人在判斷事物的過程中往往會遇到情感判斷和理智判斷的問題，二者經常會發生衝突，徇情枉法，明知故犯。

　　三國時，在如何對待劉璋的問題上，龐統與劉備之間就「決斷」起了很多爭議，這之中就隱含著情與理的交鋒。

　　據《三國志》記載，赤壁之戰以後，孫權欲與劉備共同取蜀，擴大勢力，以與曹操抗衡，遣使至荊州，欲先攻取璋，進討張魯，一統吳、楚。而劉備的謀士龐統從劉備的戰略利益考慮，力主劉備襲擊劉璋，奪取益州，但劉備表示，自己與劉璋是同宗兄弟，加害於人，奪人之地，是不仁不義。

　　實際上據三國研究學者考證，當時劉備是想獨力取川，但又不便明講，於是回答道：「益州民富強，土地險阻，劉璋雖弱，足以自守。張魯虛偽，未必盡忠於操。今操三分天下已有其二，

將欲飲馬於滄海，觀兵於吳會，何肯守此坐須老乎？今同盟無故自相攻伐，借樞於操，使敵承其隙，非長計也。」孫權見劉備不予合作，即遣其弟孫瑜率水軍入川。劉備則下令封鎖江面，不准吳軍通過，對孫瑜說：「劉璋與吾同宗，汝欲取蜀，吾當披髮入山，不失信於天下也。」孫瑜無奈而退。劉備將益州留給了自己。

　　建安十六年，曹操派鍾繇率兵挺進漢中，劉璋不知所措，張松、法正二人慫恿劉璋迎劉備入川以自重。劉備知能否得蜀，取決於張松、法正，所以在與二人接觸中，大獻殷勤，施以厚恩。據《三國志·先主傳》，劉璋在張松蠱惑下，終於正式邀劉備入川，使擊漢中張魯。

　　於是劉備留諸葛亮、關羽等人據守荊州，率步卒數萬人浩浩蕩蕩開入益州。可是，劉備率兵到達葭萌後，並不對張魯用兵，而是在當地廣樹恩德，以收人心。後又以需還荊州救關羽為藉口，向劉璋借兵一萬和糧草器械等。劉璋沒有滿足劉備的要求，只給了四千士兵和所求物資之半數。劉備乘機激怒部眾說：「我們為劉璋征強敵，出生入死，不得安寧，他卻積累了那麼多財物不肯拿出來犒賞我們，他還能指望我們為他出力嗎？」於是引兵南下，最終攻至成都，迫使劉璋投降，占了益州。

　　說起來，劉備的手段也很簡單，那就是說一

套，做一套；但由於他表演得十分真切，故極具
欺騙性。但在一次醉酒後，他暴露了真面目。
《三國志‧龐統傳》載，從葭萌南下攻取涪縣
後，置酒高會，劉備多喝了點，對龐統說：「今
日之會，可謂樂矣。」完全忘記了當初他「披髮
入山，不失信於天下」的誓言。龐統見劉備得意
忘形，回答說：「伐人之國而以為歡，非仁者之
兵也。」劉備見龐統掃己之興，大怒曰：「當年
武王伐紂，前歌後舞，能說不仁嗎？」將龐統趕
出宴會。

　　劉備謀襲劉璋，違義成功，本由詭道，酣宴
失時，事同樂禍，自比武王，曾無愧色，此劉備
之失。但劉備酒醒後，馬上就後悔了，復將龐統
請回來，向他道歉，又恢復了他的仁者姿態。

　　從這裏可以看出，無論是龐統還是劉備，對
是否應在劉璋身上打主意都存在著理智判斷和感
情判斷的矛盾，但最後都服從了理智的判斷，在
根本的利害關係面前，做出了有利於自己的決
斷。

謀術三　陽勵陰勵

鬼谷子先生說：「陽勵於一言，陰勵於二言，平素、樞機以用；四者微而施之」，意為公開辦事，用道德感化別人，要力求前後一致，言行必果，講求信譽；而暗中謀利，用手段對付敵人，要努力掌握事物對立的兩面，善於說兩種話，隨機應變；平時要用公開常規的方法；關鍵時刻暗中用巧妙的方法，將這四方面結合起來，然後再小心謹慎行事。

城濮之戰

晉文公名叫重耳，是春秋時代晉獻公的兒子，避晉獻公寵妾驪姬之難，出奔國外十九年，後來得秦穆公協助歸國即位。晉文公自歸國即位後，勵圖精治，任用賢能。一次將和楚國要在城濮的地方交戰，當時楚國軍勢強大，晉文公召集大夫咎犯（狐偃）商討對策，問道：「楚國兵勢眾多，我國軍力單薄，應該怎樣戰勝楚國呢？」咎犯回答說：「主公只好使用巧詐的方法即可取得勝利。」文公將咎犯的看法問雍季，雍季即舉兩個譬喻說：「去盡澤中的水來捕魚，怎麼不能獲得魚呢？可是這樣做，大小魚概不留存，第二年就不再有魚了；焚燒森林以打獵，怎麼不能獲

故夫決情定疑，萬事之基，以正治亂，決成敗，難為者.故先王乃用蓍龜者，以自決也。

得禽獸呢？可是明年就不再有禽獸了。用詐偽的手段，雖然現在可以取勝於一時，以後將不宜再有使用的餘地了，所以這不是長久的策略。」結果，文公採用咎犯詐偽的方法打敗了楚國。回國後賞賜這次戰役有功的群臣將士，結果雍季獲得的賞賜最高最上，左右即勸諫文公說：「這次城濮戰勝的功績是主公採用咎犯的計策，可是獎賞反而在雍季之下，豈不是不合理嗎？」文公說：「雍季所說的道理，有益於千秋百世，咎犯所獻的方法，只是有利於一時的要務而已，對於一時利益的獎賞，怎能夠高於百世之利的獎賞呢？」孔子聽到了這件事實之後說：「臨急難而使用詐偽的方法取勝，反而尊崇賢才，文公雖然不能從始至終謹慎的施行王道，但是以他的作為來看，足夠可以稱霸諸侯了。」

　　這段故事中，晉文公在戰前面臨著選擇，咎犯和雍季分別給了他兩種不同的建議：咎犯是從戰役的角度考慮問題，用詐術——「陰勵」擊敗敵人，屬於一時的權宜之計；而雍季是從戰略的角度考慮問題，不用詐術——「陽勵」，屬於萬世之利。晉文公從不同的角度分別給予了肯定，見識過人，說服了大家。最終選擇了用「陰勵」的手段先獲得戰爭的勝利，然後再用「陽勵」去統治下轄百姓。

「陽勵於一言，陰勵於二言，平素、樞機以用；四者微而施之。」

平時要用公開常規的方法；關鍵時刻暗中用巧妙的方法，將這四方面結合起來，然後再小心謹慎行事。

謀術四　當斷不斷

決斷的時機對於成事來說，也是非常重要的。如果錯過了最佳的時機，有時候會導致事情的失敗，即人們常說的：「機不可失，時不再來」。當時機成熟的時候一定要抓住機會，做出決斷，在行事成功的可能性最大的時候去作為。

鴻門宴

陳勝、吳廣起義失敗後，項羽、劉邦成了反秦的主力。起義軍約定，由劉邦領兵向西進攻；項羽往北進軍救趙，然後各自向咸陽進發，誰先到咸陽誰就稱王。結果項羽雖然消滅了秦軍的主力，劉邦卻先到了咸陽。項羽大怒：「我費盡九牛二虎之力消滅了秦軍主力，劉邦不費吹灰之力卻佔據咸陽稱王，不殺劉邦難消我心頭之恨。」於是率領四十萬大軍駐紮在鴻門，準備第二天進攻劉邦。

項羽有個叔父叫項伯，和劉邦的謀士張良關係很好，連夜跑到劉邦軍中，把項羽要進攻的消息告訴了張良，並勸他趕快逃走。張良聽了，反勸項伯與他去見劉邦。劉邦當時只有十萬軍隊，根本不是項羽的對手。他對項伯說：「我正在清

當時機成熟的時候一定要抓住機會，做出決斷，在行事成功的可能性最大的時候去作為。

理關中的戶口和財產，是等待項將軍來接收，根本沒有獨佔關中的野心，請您能在項將軍面前說明我的意思。」在張良的幫腔下，項伯與劉邦結成了親家，答應勸說項羽，並與劉邦約定第二天清早就去見項羽。當夜，項伯就把讓邦的話轉告了項羽，終於使項羽改變了進攻劉邦的決定。

第二天大清早，劉邦帶著張良、樊噲等將士一百多人來到鴻門，拜見項羽。項羽設宴招待劉邦，范增和項伯作陪。劉邦一見項羽就說了許多賠罪的話。項羽是個胸無城府的人，就相信了劉邦，還有些感謝劉邦替他打下咸陽呢。

謀士范增看到項羽去掉了殺劉邦的想法，又和劉邦稱兄道弟，心裏很著急。因為他知道劉邦野心很大。范增連續把玉塊舉了三次，看著項羽，示意他殺了劉邦，項羽假裝沒有看見。於是范增召來項莊，暗暗吩咐他以舞劍為名，殺了劉邦。項莊立即走進軍帳，舞起劍來，慢慢地接近了劉邦。在這千鈞一髮的時刻，項伯說：「舞劍要成雙，我和項莊對舞一番。」說罷，拔出劍對舞，幾次擋住了項莊刺向劉邦的劍。張良看到情勢危急，趕緊從帳外把樊噲叫了進來。樊噲頭髮上豎，目皆嘴裂，拿著劍盾怒氣沖沖地站在項羽面前。項羽聽說他是劉邦手下第一勇士樊噲，不禁稱讚：「真是個壯士！」就賞賜給他一斗酒和一隻生豬肩。樊噲一面吃生肉、喝酒，一面陳述

聖人所以能使事情成功，其主要有五個途徑：有用公開的規範道德準則去對待別人的；有用計謀暗中貶損、抑制對方、甚至傷害別人的；有用誠心誠意、將心交心，忠信誠實來取得對方信任的；有用仁愛之心，稍作保留、稍隱實情的方法來包容他人的；有用常規的辦法平實處之的。

劉邦的功勞，並指責他殺劉邦是不對的。項羽聽得啞口無言，只好請樊噲坐下。劉邦乘此機會，藉口要上廁所，溜出軍帳，單身獨騎跑了。

劉邦走後，范增氣沖斗牛，當即取過玉斗，扔在地上，拔劍砍破，恨恨地說：「唉，這小子不足以與他為謀！將來奪取天下的，必定是沛公，我們都會成為他的俘虜。」

鴻門之宴後，劉邦經過幾年奮鬥，終於打敗了項羽，建立了漢王朝。

項羽雖有萬夫莫敵之勇，但他卻有婦人之仁，在「鴻門宴」上，項羽的謀士范增派項莊舞劍，用意就是乘機殺死劉邦，並多次向項羽示意，可是項羽沒有及時做出決斷，在當時只有劉邦與他爭奪天下的情況下，他卻在絕好的機會下放走了劉邦，讓劉邦逃走，以致最後成為項羽的勁敵，項羽最後兵敗自刎。鴻門宴是項羽殺死劉邦最佳的時機，當時劉邦處於絕對的弱勢，但項羽一時的感情用事，猶豫不決，沒有做出決斷，導致了劉邦的出逃成功，最終在垓下之戰中自刎身亡。

韓信之死

韓信（？——前196年），淮陰人，西漢的開國功臣。中國歷史上偉大的軍事家、戰略家、統

鬼谷子

帥和軍事理論家。韓信熟諳兵法，自言用兵「多多益善」，為後世留下了大量的軍事典故：明修棧道、暗渡陳倉，背水為營，拔幟易幟，半渡而擊，四面楚歌，十面埋伏等。其用兵之道，為歷代兵家所推崇。作為軍事家，韓信是繼孫武、白起之後，最為卓越的將領，其最大的特點就是靈活用兵，是中國戰爭史上最善於靈活用兵的將領，其指揮的井陘之戰、濰水之戰都是戰爭史上的傑作；作為戰略家，他在拜將時的言論，成為楚漢戰爭勝利的根本方略；作為統帥，他一人之下，萬人之上，率軍出陳倉、定三秦、破代、滅趙、降燕、伐齊，直至垓下全殲楚軍，無一敗績，天下莫敢與之相爭；作為軍事理論家，他與張良整兵書，並著有兵法三篇。但人無完人，韓信在政治上犯有嚴重的失誤，幾次關鍵時刻都優柔寡斷，最終死於婦人之手，後人評價韓信「成敗一蕭何，生死兩婦人」，實無虛言。

陳勝、吳廣起義後，韓信投奔了項梁，後又歸屬項羽，項羽讓他做郎中。韓信多次給項羽獻計，項羽不予採納。劉邦入蜀後，韓信離楚歸漢。韓信多次同蕭何交談，蕭何也十分賞識他。劉邦被項羽封為漢王（實為排擠到漢中），從長安到達南鄭，就有數十位將領逃亡。韓信估計蕭何等人多次在劉邦面前舉薦過自己而漢王不用，也逃走了。就有了「蕭何月下追韓信」的故事。

韓信被追回後，官拜將軍，得到劉邦會見，為劉邦制定了東征以奪天下的方略。

作為統帥，韓信處於一人之下，萬人之上，率軍出陳倉、定三秦、破代、滅趙、降燕、伐齊。在滅齊後，龍且戰死，項羽非常恐慌。派武涉前去遊說韓信反漢與楚聯合，三分天下稱王齊地。韓信謝絕說：「我奉事項王多年，官不過是個郎中，位不過執戟之士。我的話沒人聽，我的計謀沒人用，所以才離楚歸漢。漢王劉邦授我上將軍印，讓我率數萬之眾，脫衣給我穿，分飲食給我吃，而且對我言聽計從，所以我才有今天的成就。漢王如此親近、信任我，我背叛他不會有好結果的。我至死不叛漢，請替我辭謝項王的美意。」

武涉遊說失敗，齊人蒯通知道天下大局舉足輕重的關鍵在韓信手中，於是用相人術勸說韓信，認為他雖居臣子之位，卻有震主之功，名高天下，所以很危險。終於說動韓信，但韓信猶豫而不忍背叛劉邦，又自以為功勞大，劉邦不會來奪取自己的齊國，於是沒有聽從蒯通的計謀。

接著韓信指揮了垓下之戰，十面埋伏，四面楚歌，完全消滅掉了項羽。

漢六年有人告韓信謀反。劉邦用陳平的計策，說天子要出外巡視會見諸侯，通知諸侯到陣地相會，說：「我要遊覽雲夢澤。」其實是想要

襲擊韓信，韓信卻不知道。劉邦將到楚國時，韓信打算起兵謀反，但又認為自己無罪；想去謁見劉邦，又怕被擒。這時有人向韓信建議：「殺了鍾離昧去謁見漢高祖，高祖必定高興，也就不用擔心禍患了。」於是韓信把此事與鍾離昧商議，鍾離昧說：「劉邦之所以不攻打楚國，是因為我在你這裏，如果想逮捕我去討好劉邦，我今天死，隨後亡的定是你韓信。看來你也不是位德行高尚的人。」結果鍾離昧自殺而亡。韓信持鍾離昧首級去陳謁見劉邦。劉邦令武士把韓信捆綁起來，放在隨從皇帝後面的副車上。韓信說：「果若人言，『狡兔死，良狗亨；高鳥盡，良弓藏；敵國破，謀臣亡。』天下已定，我固當亨！」（《史記‧淮陰侯列傳》）高祖說：「有人告你謀反。」就給韓信戴上械具。回到洛陽，赦免了韓信的罪過，改封他為淮陰侯。

韓信入朝進賀，呂后派武士把韓信捆縛起來，在長樂宮中的鐘室裏斬殺了他，並被誅滅三族。韓信臨斬時說：「吾不用蒯通計，反為女子所詐，豈非天哉！」（《漢書‧韓信傳》）

功高震主的韓信辯士蒯通勸他背叛劉邦，投奔項羽，或者中立，所謂「天下三分，權在韓信」；可是他沒有及時做出決斷，以至於在最後被呂后設計陷害，才後悔當初沒有聽蒯通的計策，發出「高鳥盡，良弓藏；狡兔死，走狗烹」

有疑難需要做出判斷；行事有方案，需要做出抉擇；計畫要變成行動，也需要決斷。

的哀歎，給後人留下慘痛的教訓。這也是一個當
斷不斷，導致最後失敗結局的一個典型。所以
說：在時機到來後一定要把握好，並適時地做出
決斷。

謀術五　度以往事

鬼谷子說：「度之往事，驗之來事，參之平素，可則決之。」根據前因後果關係判斷事物，是人最常用的「決」的手段之一，鬼谷子先生主張在說服的過程中要以過去的經驗和對未來的預測作為決事斷物的基本方法。謀臣策士要善於總結和反思，這樣才能慮事周密，易於勸服對方。經驗是認識的基礎，「前事不忘，後事之師」、「以史為鑒」都是強調經驗判斷的作用。

謀臣策士要善於總結和反思，這樣才能慮事周密，易於勸服對方。

《戰國策‧魏策》中有段記載，就說謀臣魯共工勸服梁惠王的故事。

梁惠王魏嬰即位初期，魏國是戰國諸雄中最為強大的國家，在中原諸侯中第一個自封為王。為展大國風采，梁惠王在范臺上宴請各國諸侯。酒酣耳熱之時，梁惠王請魯共工舉杯飲酒。魯共工覺得梁王酒興正濃，容易貪杯誤國，應該告誡對方。

魯共工一邊站起身來，一邊說出一番頗殺風景的話來：「從前大禹喝了儀狄進獻的美酒，覺得很美妙，於是就戒喝甜酒，說：『後世必有以酒亡其國者』；齊桓公吃了易牙精心烹製的夜宵，覺得很可口，直到第二天早晨還沒睡醒，後來他說：『後世必有以味亡其國者』；晉文公得到美女南之威，三天不理朝政，於是推開南之威

而疏遠她。他說：『後世必有以色亡其國者』；楚昭王登上強台，唯覺山水之樂而忘記人之將死，於是在強臺上發誓不再遊山玩水。後來他說道：『後世必有以高臺陂池亡其國者』。如今主君的酒杯裏酒好似儀狄釀的酒；主君的飯菜與易牙烹調的相媲美；身邊左有白台右有閭須，都是和南之威一樣的美貌；前面是夾林後邊是蘭台，猶如遊強台一樣的樂趣。如果在這裏只有一種樂趣，就可以使國家滅亡的話，可是如今你兼有這四種樂趣，就完全可以不戒備了！」在美酒、美味、美色、美景俱全，一派歌舞昇平、其樂融融的氛圍中，這一番勸誡之言不啻一盆敗興的冷水，魯共工力述前人經驗，指出身為人君，酒、食、色、遊，貪一即可能導致誤國，如果四種毛病都有，又會如何？

以今天的眼光看，在梁惠王正值春風得意之時，且在大庭廣眾之下，魯共工敢於直言「敲打」、提醒，真的勇氣可嘉。而梁惠王不愧為一大國之君，雖然面子上有些不好看，倒也沒龍顏大怒，反而對他連連稱讚不已。接受了他的諫言。

魯共工擁有豐富的歷史知識，用歷史經驗來解決了當前的問題。他從歷史的典籍中尋找到了解決當前問題的方法，用一系列的事例讓梁惠王認識到了沈迷於酒食色遊的危害，勸服了梁惠

決斷的目的是解疑，解疑的目的是趨利避害。

君，舟也；人，水也。水能載舟，亦能覆舟。

357

王。

　　唐初政治家魏徵，為唐太宗時代的宰相，他忠言直諫，是歷史上有名的諍臣，魏徵忠言直諫，是「兼聽則明，偏聽則暗」這一至理名言的提出者。他多次勸唐太宗以隋亡為鑒，把君、民關係喻為舟與水的關係，提出：「君，舟也；人，水也。水能載舟，亦能覆舟」。

　　魏徵一生中陳諫二百多條，絕大多數為太宗所接受。魏徵死後，唐太宗傷歎曰：「夫以銅為鏡，可以正衣冠；以古為鏡，可以知興替；以人為鏡，可以明得失，朕嘗此三鏡以防已過。今魏徵殂逝，逐亡一鏡矣。」

　　大千世界，芸芸眾生。人在與其他人交往的過程中，必然發生很多關係，有時候會產生很多的疑慮，有時候會面臨不同的選擇，這也就要求人能辯明是非，斷明可否。

　　只有對事物各個方面判斷準確，了解周全，並能做到決斷果敢，不失時機，才可以有利於事情的發展，否則就適得其反。

只有對事物各個方面判斷準確，了解周全，並能做到決斷果敢，不失時機，才可以有利於事情的發展，否則就適得其反。

鬼谷子

—的謀略寶典

第十二篇

符言十二

符言，御國治民之策略，為君上治國平天下指引修養之術，

包含九個方面：主位、主明、主德、主賞、主問、主因、主周、

主恭、主名。

安徐正靜，其被節先肉。善與而不靜，虛心平意以待傾損。

右主位。

目貴明，耳貴聰，心貴智。以天下之目視者，則無不見；以天下之耳聽者，則無不聞；以天下之心思慮者，則無不知；輻輳並進，則明不可塞。

右主明。

德之術曰勿堅而拒之，許之則防守，拒之則閉塞。高山仰之可極，深淵度之可測，神明之德術正靜，其莫之極。

右主德。

用賞貴信，用刑貴正。賞賜貴信，必驗耳目之所聞見，其所不聞見者，莫不闇化矣。誠暢於天下神明，而況奸者干君。

右主賞。

一曰天之，二曰地之，三曰人之；四方上下，左右前後，熒惑之處安在。

右主問。

心為九竅之治，君為五官之長。為善者，君與之賞；為非者，君與之罰。君因其所以求，因與之，則不勞。聖人用之，故能賞之。因之循

理，故能久長。

　　右主因。

　　人主不可不周；人主不周，則群臣生亂，家于其無常也，內外不通，安知所開，開閉不善，不見原也。

　　右主周。

　　一曰長目，二曰飛耳，三曰樹明。明知千里之外，隱微之中，是謂洞天下奸，莫不闇變更。

　　右主恭。

　　循名而為實，安而完，名實相生，反相為情，故曰名當則生於實，實生於理，理生於名實之德，德生於和，和生於當。

　　右主名。

對眼睛來說，最重要的就是明亮；對耳朵來說，最重要的是靈敏；對心靈來說，最重要的就是智慧。

不要固執己見而拒絕別人的任何意見，不要隨便輕易就答應別人的任何要求。

　　如果身居君位的人能做到穩重安詳、和緩從容、坦然公正、沉靜平和，那麼他的為人一定能夠做到寬容大度。如果他對下屬友善親近，但社會還不平靜，那麼就需要虛懷若谷，心意平靜，用這樣的態度來處理下級的紛爭和形勢出現的危機。以上講的是君主如何更好地保持遵守本位的問題。

　　對眼睛來說，最重要的就是明亮；對耳朵來說，最重要的是靈敏；對心靈來說，最重要的就是智慧。君王如果能用天下人的眼睛來看待事物，就不會有什麼看不清的；如果用天下人的耳朵去聽事物，就不會有什麼聽不懂的；如果用天下人的心思去思考問題，就不會有什麼不明白的。這樣全天下的人就都可以像車輻條集輳於轂上一樣歸附君主，君主就能做到明察一切，不會讓人蒙蔽。以上講的是如何保持君王明察秋毫的問題。

　　聽取別人意見的技巧和方法是：不要固執己見而拒絕別人的任何意見，不要隨便輕易就答應別人的任何要求。如果能多吸納別人意見，民眾就會擁戴君主，自己也多了一層保護；如果拒絕別人進言就會閉塞聖聽。仰望高山，無論多高都

可以看到山頂；測量深淵，無論水多深都能夠量測到底。而如果君王聽取意見像神明一樣正直寧靜，那麼沒有誰能夠測量出君主的高深了。以上講的是端正聖聽、虛心納諫的問題。

對臣民實施獎賞時，最重要的是恪守信用；實施刑罰時，最重要的是公正無私。獎賞重要的一點是讓人們親眼看見、親耳聽到，應驗證於臣民所見所聞的事情，這樣對於那些沒有親眼看到的和親耳聽到的人也有潛移默化的作用。君王的誠信如果能暢達天下，那麼連神明也會來保護，又何懼那些奸邪之徒冒犯君王？以上講的是賞罰必信的問題。

作為在位的君王，諮詢的範圍包括天時、地利、人和三個方面。四面八方、上下左右前後的情況都需要了解清楚，火星的方位及其預示的禍福也要搞清楚。以上講的是君王不恥下問、分辨情況的問題。

心臟是九竅的統帥，君王是百官的首長。對於從事善行的臣民，君主應該給他們賞賜；對於為非作歹的臣民，君主則應該給予他們懲罰。君主根據據臣民的功過，斟酌實際情況給予賞賜，這樣就不會覺得太勞心了。高明的人使用賞罰來控制其他人，並且要遵循客觀規律或者法則，所以才能維持長久的統治。以上講的是如何遵規循理、控制臣民的問題。

根據事物的名稱去說明客觀事物的實際，按照客觀事物的實際來確認事物的名稱。事物的名稱與客觀事物的實際，互以對方為前提，同時又互以對方為內涵，彼此不能分離。所以說，事物適當的名稱是從客觀事物的實際中產生出來的，而正確把握客觀事物的實際，則取決於人們對客觀事物的認識。

363

作為君王考慮事情必須周密嚴謹，如果不周密，那麼在群臣就容易發生騷亂，秩序被打亂，上下內外不能相互溝通，言路也就無法開啟。開放和閉合運用不適當，就無法發現事物的開始和根源。以上講的是君王如何遍通事理、周密考慮的問題。

君王應該用天下人的眼睛去看，就會看得更遠，這叫做「長目」；用天下人的耳朵去聽，就會聽得更遠，這叫做「飛耳」；用天下人的頭腦去思考，就會想得更全面，這叫做「樹明」。即使是在遠離自己的地方，所發生的事情，君王也能覺察出來。千里之外，隱隱約約、渺渺茫茫的地方就叫做「洞」。君王能洞察一切，天下的奸邪之徒就沒有不暗中停止自己的胡作非為的了。以上講的是蒐集信息、洞察奸邪的問題。

根據事物的名稱去說明客觀事物的實際，按照客觀事物的實際來確認事物的名稱。事物的名稱與客觀事物的實際，互以對方為前提，同時又互以對方為內涵，彼此不能分離。所以說，事物適當的名稱是從客觀事物的實際中產生出來的，而正確把握客觀事物的實際，則取決於人們對客觀事物的認識；人們對於客觀事物的正確認識，則又產生於對事物的名稱與客觀事物的實際的一種共識；這種事物的名稱與客觀事物的實際的共識，則產生於事物「名」與「實」的和諧統一；

安徐正靜，其被節先肉。善與而不靜，虛心平意以待傾損。

目貴明，耳貴聰，心貴智。

364

而這種和諧與統一，又產生於事物「名」與「實」的適當。以上講的是君王如何把握名分、尋名求實的問題。

這種事物的名稱與客觀事物的實際的共識，則產生於事物「名」與「實」的和諧統一；而這種和諧與一，又產生於事物「名」與「實」的適當。

以天下之目視者，則無不見；以天下之耳聽者，則無不聞；以天下之心思慮者，則無不知；輻輳並進，則明不可塞。

釋　義

　　「符言」，據陶弘景注為，「發言必應，有若符契」。所謂「符」，是指古代朝廷傳達調令或者調兵遣將時用的憑證，分別用金、玉、銅、竹、木等材料製成，雙方各執一半，合之以驗真假，如兵符、虎符等等。所謂符言就是指發言必驗，言辭和事實像符契一樣的吻合。言出必應可以叫做符言；言出必行也叫做符言。《四庫全書》中說，「符言者，揣摩之所歸也，捭闔之所守也，千聖之所宗也。如符然，故曰符言」。

　　有學者考證，本篇的內容見於《管子・九守篇》，其中「主明」、「主因」兩段也出現在《鄧析子・轉辭篇》。管仲生活在春秋時期的齊國，是當時著名的政治謀略家，比鬼谷子先生生活的年代要早；但《管子》的作者劉向是西漢人，則比《鬼谷子》一書的作者要晚得多，鄧析則生活在春秋末期，基本上與鬼谷子同時代，一般認為他是名家的創始人，但也有學者說他是縱橫家的創始人。無論是哪種說法，這篇「符言」可能在先秦時期曾廣泛流傳過，其著作權很難說是該歸於誰的名下。

　　本篇是《鬼谷子》一書中專門寫御國治民策略的，實際上是談論君上應採用的處理事務的謀

略和方法，主要論述了君上治國平天下指引修養之術，作為君上必須注意各種思維能力的提高以及如何才能使君王的思維更加準確、縝密等問題。文中列了九個方面：主位、主明、主德、主賞、主問、主因、主周、主恭、主名。具體地說隱含著以下幾種思想：

一是要善於調整自己的心理狀態。「安徐正靜，其被節先肉。善與而不靜，虛心平意以待傾損。」寧靜以致遠、澹泊以明志，用平和、寬容、友善、虛心來處理下級的紛爭和局勢出現的危機，作為君上，要有良好的心理素質，能夠保持穩定的心理狀態去處理事務。

二是要善於視、聽、思。「目貴明，耳貴聰，心貴智。以天下之目視者，則無不見；以天下之耳聽者，則無不聞；以天下之心思慮者，則無不知；輻輳並進，則明不可塞。」用「天下」的目、耳、心去視、聽、思，才能做到明察一切，不會讓人蒙蔽。

三是要善於聽取和採納別人意見。「勿堅而拒之，許之則防守，拒之則閉塞。」不要拒人於千里之外，要廣開言路、端正視聽，虛心納諫、從諫如流，只有這樣才不會出現失誤而自己不知道，才能民眾擁護你，服從你的管理。

四是要善於運用賞罰的手段。「用賞貴信，用刑貴正」，對臣民實施獎賞時，最重要的是恪

用賞貴信，用刑貴正。賞賜貴信，必驗耳目之所聞見，其所不聞見者，莫不闇化矣。誠暢於天下神明，而況奸者干君。

守信用；實施刑罰時，最重要的是公正無私。根據事實明辨是非，賞罰分明，講究誠信，公正無私，這是作為君上在運用賞罰手段的時候需要注意的幾個方面。只有這樣才能取信於人，才能直至激勵的作用。

五是要善於用全面的、多角度的視覺去觀察、思考問題。「一曰天之，二曰地之，三曰人之；四方上下，左右前後」，需要考慮的問題包括天時、地利、人和三個方面，四面八方、上下左右前後的情況也需要了解清楚。

六是要善於遵循事理、循理而行。「因之循理，故能長久」，只有這樣，君王的統治才能長治久安。君上需要明乎事理，順乎民心，賞善罰非，役使百姓。

七是要善於開合，注重與下屬的溝通、行事周密。「人主不可不周……內外不通，安知所聞，開閉不善，不見原也。」君王考慮事情必須周密嚴謹，如果不周密的話，那麼在群臣就容易發生騷亂，秩序被打亂，上下內外不能相互溝通，言路也就無法開啟。開放和閉合運用不適當，就無法發現事物的開始和根源。為君者，忌慮事不周。

八是要善於洞察秋毫、明辨真偽。「明知千里之外，隱微之中，是謂洞天下奸，莫不闇變更」。君王要是能洞察一切，天下的奸邪之徒就

只有暗中停止自己的胡作非為了。而要做到明察秋毫，需要「一曰長目，二曰飛耳，三曰樹明，就是用天下人的「長目」、「飛耳」、「樹明」去察及千里之外的事物。

　　九是要善於將「名」與「實」結合起來。文章中主要論述了名與實的關係，循名求實，因實定名，名實相生，互相依存。「名」為形式，「實」為內容，名與實的關係類似於形式與內容的關係。

　　人主不可不周；人主不周，則群臣生亂，家于其無常也，內外不通，安知所開，開閉不善，不見原也。

　　「明知千里之外，隱微之中，是謂洞天下奸，莫不闇變更。」

369

謀術一　主明主德

鬼谷子在本篇中強調為人君者，需要「主明」、「主德」，也即用「天下」的目、耳、心去視、聽、思，做到明察一切，不會讓人蒙蔽；要善於聽取和採納別人意見，不要拒人於千里之外，廣開言路、端正視聽，虛心納諫、從諫如流，只有這樣才會成為一個成功的帝王。

兼聽訥諫

《貞觀紀要》卷一記載了唐太宗與魏徵的一段對話，可以當作鬼谷子先生的注解：

唐太宗有一次問魏徵：「什麼明明君？什麼叫暗君？」魏徵回答說：「君之所以明者，就在於能夠聽取各方面的意見，君之所以暗者，就因為偏聽偏信。以前秦二世居住深宮，不見大臣，疏遠那些和自己意見不合的下級官吏，只是偏信宦官趙高，直到天下大亂以後，自己還被蒙在鼓裡；梁武帝偏信朱異，以至於侯景發動了叛亂而潰敗，他還沒有得到一點點消息；隋煬帝偏信虞世基，天下郡縣多已失守，自己居然毫不知情」。並對此進行了充分的發揮和闡述。魏徵認為，任何個人的才智都是有侷限性的，皇帝也不

能例外，因為「皇帝身居深宮，對民間的事不能親自看到，他必須通過大臣，才能了解到下情」，所以他要經常聽取各方面的意見，才不會與外界隔絕。他認為當皇帝，「要管的事情很多，如果一人獨斷，不去聽取臣下的意見，是不可能處理好的。」

　　一般說來，封建君主專制主義的理論，強調君尊臣卑，一切由君主說了算，臣子即使看出了錯誤，也不能反對。魏徵沒有同意這種理論，他認為，君臣只有同心同德，才能治理好國家。君主再聖明，如果沒有大臣的齊心協助，也是難以治理好國家的。唐太宗對此也是贊成的，他一再強調：「我與各位大臣，共同治理百姓。」所以他要求大臣們，「支持皇帝正確的東西，幫助皇帝改正錯誤的東西，這才是君臣共同治理百姓。」正是在唐太宗的倡導下，魏徵才能做到犯顏直諫，也才能出現唐初那種君臣同舟共濟，兼聽納諫，廣開言路的政治局面。

心為九竅之治，君為五官之長。為善者，君與之賞；為非者，君與之罰。君因其所以求，因與之，則不勞。聖人用之，故能賞之。因之循理，故能久長。

支持皇帝正確的東西，幫助皇帝改正錯誤的東西，這才是君臣共同治理百姓。

謀術二 刑貴正

實施刑罰時，最重要的是公正無私。只有公正無私地實施刑罰，才能樹立威信，讓下屬和百姓遵守規則行事，才能控制他人，才能維持長久的統治。

田穰苴重權立威

目貴明，耳貴聰，心貴智。以天下之目視者，則無不見；以天下之耳聽者，則無不聞；以天下之心思慮者，則無不知；輻輳並進，則明不可塞。

春秋時期，各諸侯國征戰不休。有一年齊國連吃敗仗，齊景公很著急，很想找到一位得力的將領能夠扭轉局面。

齊景公根據正卿晏嬰的推薦，決定令田穰苴為將軍，領兵開赴前線回擊敵軍。田穰苴原來只是一名下級官吏，他拜謝景公後，誠懇地提出一條請求，說：「君王，我一向地位卑微，現在您一下子把我從卒伍之間提拔到將軍之位，我擔心士卒們不聽我的，百官不信我的，這是因為人微權輕。我請求您派一位高尊的大臣，做我的盟軍，以助士氣。」齊景公說：「這好辦。」當即派他的寵臣莊賈走一趟。田穰苴與莊賈約定好第二天中午在軍門外會合出發。

第二天，田穰苴很早就帶領部隊來到軍門外，列好隊伍，等候莊賈。可是到了傍晚，莊賈

才大搖大擺地來到軍門。田穰苴很生氣地厲聲喝問：「莊大人為什麼這麼晚才來？」

莊賈因受景公寵愛，一向狂妄驕橫，他哪裡把小小的田穰苴放在眼裡，就傲慢地說：「親朋餞行，多飲了幾杯……」田穰苴說：「眼下敵軍入侵，大王寢不安席，食不甘味，士卒戰死在邊境，百姓的性命難保，你卻為酒菜而違犯軍法……」莊賈毫不在乎地說：「你不要太神氣，才當了幾天將軍就教訓起我來了。」田穰苴毫不示弱，厲聲吼道：「違犯軍法該當何罪？當斬！」說時遲，那時快，田穰苴剛剛下令，莊賈的腦袋就被砍了下來。

田穰苴的舉動，威震三軍，將士們俯首帖耳地聽從他的指揮。

幾個月後，擊退了敵人，田穰苴率軍凱旋，齊景公親自迎接，後提升他為大司馬。

嚴明賞罰奏奇效

春秋末期，魯國國都北邊的一個大柴蕩著火，天刮北風，火勢向南蔓延，快要危及國都。國君魯哀公親自救火，但他旁邊只有幾名隨從，許多人都去追趕被火逼出來的野獸，卻不去救火。魯哀公很生氣，把孔子召來，問他應該怎麼辦。孔子說：「那些追趕野獸的人又快活又不受

一曰長目，二曰飛耳，三曰樹明。明知千里之外，隱微之中，是謂洞天下奸，莫不闇變更。

處罰，而救火的人又勞苦又沒有獎賞，這就是救火的人少的原因。」魯哀公說：「你的意見很好，應該賞罰分明。」孔子說：「現在是危急時刻，來不及去賞救火的人，再說，凡是救了火的人都要獎賞，國家的花費就很大，您只要用刑罰就管事。」於是，魯哀公下令說：「不救火的人，與戰爭中投降叛逃者同罪；追趕野獸的，與擅入禁地的同罪。」這道命令頒布後，火很快就被撲滅了。

漢靈帝熹平三年（公元174年），曹操舉孝廉進京為官。皇帝看他文武雙全，就派他擔任洛陽北部尉，掌管京都北城治安。

這是個苦差事，因為洛陽北城住的都是皇親國戚、達官豪強，不好管理，歷任北部尉，都不敢去捅這個馬蜂窩。

曹操有心計，上任頭一天，他就找匠人做了十根粗細適中的棒子，點染五色，號稱「五色棒」，十個兵丁各持一根，分列衙門兩側。

過路的百姓不知他葫蘆裡賣的什麼藥，曹操就貼出告示：為整頓北城秩序，嚴防歹徒擾民，今日起宵禁！違者，五色棒伺候！百姓看了都笑起來：這種告示，見得多了，當官的誰怕呀？頂個屁用！曹操也不吭聲，只管帶兵巡夜。

這天夜裡，天上烏雲遮月，洛陽城很寂靜，忽聽一人喊「救命」，曹操連忙帶兵應聲尋來，

只見一匹高頭大馬上坐著一個老頭，正拈鬚微笑呢。再看，幾個大漢拽著一個年輕女人，似在搶人。曹操不覺大怒，拔劍怒喝：「住手！」老頭冷笑道：「你知道我是誰嗎？」曹操說：「我巡夜查禁，管你是誰！給我拿下！」

哪知曹操一聲令下，手下兵丁竟無一人動手。班頭過來悄悄地說：「此人乃當朝蹇碩大人的親叔叔蹇叔，拿不得。」曹操說：「王子犯法，與庶民同罪，拿下！」兵丁們見曹操與以往的北部尉不同，敢於碰硬，便齊吼一聲，上前就把這群惡棍捆住了。百姓見曹操動真格的了，家家開門，人人助威。

話說曹操捉了蹇叔，連夜升堂取證，百姓也紛紛指控。曹操重責蹇叔，把他拉到大街上，扒掉褲子，用五色棒狠狠地打了五十下。蹇叔疼得大叫，百姓拍手叫好！

從那以後，北城豪強一聽曹操二字，脊梁骨就發緊，一見五色大棒，渾身起雞皮疙瘩，再也不敢禍害老百姓了。

馬謖失街亭

諸葛亮平定南中之後，又經過兩年準備，公元227年冬天，就帶領大軍駐守漢中。因為漢中接近魏、蜀的邊界，在那裡可以隨時找機會進攻

魏國。離開成都的時候，他給後主劉禪上了一道奏章，要後主不要滿足現狀，妄自菲薄；要親近賢臣，疏遠小人；並且表示他決心擔負起興復漢朝的責任。這道奏章就是歷史上有名的《出師表》。

過了年，諸葛亮採用聲東擊西的辦法，傳出消息，要攻打郿城（今陝西眉縣），並且派大將趙雲帶領一支人馬，進駐箕谷（今陝西褒城北），裝出要攻打郿城的樣子。魏軍得到情報，果然把主要兵力去守郿城。諸葛亮趁魏軍不防備，親自率領大軍，突然從西路撲向祁山（今甘肅禮縣東）。蜀軍經過諸葛亮幾年嚴格訓練，陣容整齊，號令嚴明，士氣十分旺盛。自從劉備死後，蜀漢多年沒有動靜，魏國毫無防備，這次蜀軍突然襲擊祁山，守在祁山的魏軍抵擋不了，紛紛敗退。蜀軍乘勝進軍，祁山北面天水、南安、安定三個郡的守將都背叛魏國，派人向諸葛亮求降。

那時候，魏文帝曹丕已經病死。魏國朝廷文武官員聽到蜀漢大舉進攻，都驚惶失措。剛剛即位的魏明帝曹叡比較鎮靜，立刻派張郃帶領五萬人馬趕到祁山去抵抗，還親自到長安去督戰。諸葛亮到了祁山，決定派出一支人馬去佔領街亭（今甘肅莊浪東南），作為據點。讓誰來帶領這支人馬呢？當時他身邊還有幾個身經百戰的老將，

循名而為實，安而完，名實相生，反相為情，故曰名當則生於實，實生於理，理生於名實之德，德生於和，和生於當。

376

可是他都沒有用，單單看中參軍馬謖。

　　馬謖這個人確是讀了不少兵書，平時很喜歡談論軍事。諸葛亮找他商量起打仗的事來，他就談個沒完，也出過一些好主意。因此諸葛亮很信任他。但是劉備在世的時候，卻看出馬謖不大踏實。他在生前特地叮囑諸葛亮，說：「馬謖這個人言過其實，不能派他幹大事，還得好好考察一下。」但是諸葛亮沒有把這番話放在心上。這一回，他派馬謖當先鋒，王平做副將。

　　馬謖和王平帶領人馬到了街亭，張郃的魏軍也正從東面開過來。馬謖看了地形，對王平說：「這一帶地形險要，街亭旁邊有座山，正好在山上紮營，布置埋伏。」王平提醒他說：「丞相臨走的時候囑咐過，要堅守城池，穩紮營壘。在山上紮營太冒險。」馬謖沒有打仗的經驗，自以為熟讀兵書，根本不聽王平的勸告，堅持要在山上紮營。王平一再勸馬謖沒有用，只好央求馬謖撥給他一千人馬，讓他在山下臨近的地方駐紮。

　　張郃率領魏軍趕到街亭，看到馬謖放棄現成的城池不守，把人馬駐紮在山上，暗暗高興，馬上吩咐手下將士，在山下築好營壘，把馬謖紮營的那座山圍困起來。馬謖幾次命令兵士衝下山去，但是由於張郃堅守住營壘，蜀軍沒法攻破，反而被魏軍亂箭射死了不少人。魏軍切斷了山上的水源。蜀軍在山上斷了水，連飯都做不成，時

間一長，自己先亂了起來。張郃看準時機，發起總攻。蜀軍兵士紛紛逃散，馬謖要禁也禁不了，最後，只好自己殺出重圍，往西逃跑。

王平帶領一千人馬，穩守營盤。他得知馬謖失敗，就叫兵士拼命打鼓，裝出進攻的樣子。張郃懷疑蜀軍有埋伏，不敢逼近他們。王平整理好隊伍，不慌不忙地向後撤退，不但一千人馬一個也沒損失，還收容了不少馬謖手下的散兵。

街亭失守。蜀軍失去了重要的據點，又喪失了不少人馬。諸葛亮為了避免遭受更大損失，決定把人馬全部撤退到漢中。諸葛亮回到漢中，經過詳細查問，知道街亭失守完全是由於馬謖違反了他的作戰部署。馬謖也承認了他的過錯。諸葛亮按照軍法，把馬謖下了監獄，定了死罪。諸葛亮殺了馬謖，想起他和馬謖平時的情誼，心裡十分難過，把馬謖的兒子照顧得很好。

諸葛亮認為王平在街亭曾經勸阻過馬謖，在退兵的時候，又用計保全了人馬，立了功，應該受獎勵，就把王平提拔為參軍，讓他統率五部兵馬。諸葛亮對將士們說：「這次出兵失敗，固然是因為馬謖違反軍令。可是我用人不當，也應該負責。」他就上了一份奏章給劉禪，請求把他的官職降低三級。

劉禪接到奏章，不知該怎麼辦才好。有個大臣說：「既然丞相有這個意見，就依著他吧。」

劉禪就下詔把諸葛亮降級為右將軍，仍舊辦丞相的事。由於諸葛亮賞罰分明，以身作則，蜀軍將士都很感動。大家把這次失敗當作教訓，士氣更加旺盛。這年冬天，諸葛亮又帶兵殺出散關，包圍了陳倉，殺了一個魏將；第二年春天，又出兵收復武都、陰平兩個郡。後主劉禪認為諸葛亮立了功，下了一道詔書，恢復諸葛亮的丞相職位。

如果身居君位的人能做到穩重安詳、和緩從容、坦然公正、沉靜平和，那麼他的為人一定能夠做到寬容大度。

不要固執己見而拒絕別人的任何意見，不要隨便輕易就答應別人的任何要求。

謀術三　賞有信

「用賞貴信……賞賜貴信……右主賞」。對臣民實施獎賞時，最重要的是恪守信用；獎賞重要的一點是讓人們親眼看見、親耳聽到，應驗證於臣民所見所聞的事情，這樣對於那些沒有親眼看到的和親耳聽到的人也有潛移默化的作用。

商鞅立木建信

　　新法準備就緒後，還沒公布，恐怕百姓不相信，就在國都後邊市場的南門豎起一根三丈長的木頭，招募百姓中能把木頭搬到北門的人賞給十金。百姓覺得這件事很奇怪，沒人敢動。又宣布「能把木頭搬到北門的人賞五十金」。有一個人把它搬走了，當下就給了他五十金，借此表明令出必行，絕不欺騙。事後就頒布了新法。

　　新法在民間施行了整一年，秦國老百姓到國都說新法不方便的人數以千計。正當這時，太子觸犯了新法。衛鞅說：「新法不能順利推行，是因為上層人觸犯它。」將依新法處罰太子。太子，是國君的繼承人，又不能施以刑罰，於是就處罰了監督他行為的老師公子虔，以墨刑處罰了給他傳授知識的老師公孫賈。第二天，秦國人就

都遵照新法執行了。新法推行了十年，秦國百姓都非常高興，路上沒有人拾別人丟的東西為己有，山林裏也沒了盜賊，家家富裕充足。人民勇於為國家打仗，不敢為私利爭鬥，鄉村、城鎮社會秩序安定。

本篇中具有積極意義的領導原則，無論過去、現在還是將來，都有很強的現實意義，只要存在有國家、社會，存在有組織，這些原則就都有其實用的功效。

對臣民實施獎賞時，最重要的是恪守信用；實施刑罰時，最重要的是公正無私。

君王如果能用天下人的眼睛來看待事物，就不會有什麼看不清的；如果用天下人的眼睛來看待事物，就不會有什麼看不清的；如果用天下人的耳朵去聽事物，就不會有什麼聽不懂的；如果用天下人的心思去思考問題，就不會有什麼不明白的。

國家圖書館出版品預行編目資料

鬼谷子靈活應變處世學／鬼谷子 原典，
；－新北市：新BOOK HUOSE，2016.9
　　面；　公分
　　ISBN 978-986-93380-1-1（平裝）
1.鬼谷子 2.研究考訂 3.謀略

121.887　　　　　　　　　　　　　105011954

鬼谷子靈活應變處世學

鬼谷子／原典

侯涌／譯著

〔出版者〕**新**
BOOK
HOUSE

　　　　電話：(02) 8666-5711
　　　　傳真：(02) 8666-5833
　　　　E-mail：service@xcsbook.com.tw

〔總經銷〕聯合發行股份有限公司
　　　　新北市新店區寶橋路235巷6弄6號2樓
　　　　電話：(02) 2917-8022
　　　　傳真：(02) 2915-6275

印前作業　東豪印刷事業有限公司

初版一刷　2016年09月